Magnus Klaue

Verschenkte Gelegenheiten

Magnus Klaue

Verschenkte Gelegenheiten

Polemiken, Glossen, Essays

ça ira

Gesamtverzeichnis, Leseproben, Texte
www.isf-freiburg.org

Postfach 273 www.ca-ira.net
79002 Freiburg info@ca-ira.net

Umschlag: Martin Janz, unter Verwendung einer Kinderzeichnung aus dem 1922 erschienenen Buch *Der Genius im Kinde* von G. F. Hartlaub.
Druck: CPI buchbücher.de GmbH, Birkach

ISBN 978-3-86259-118-3

Bibliografische Information der Deutschen Bibliothek
Die Deutsche Bibliothek verzeichnet diese Publikation in der Deutschen Nationalbibliografie; detaillierte bibliografische Daten sind im Internet über http://dnb.ddb.de abrufbar.

Inhalt

Je tiefer der Kritiker in der eigenen Bedeutungslosigkeit versinkt, desto stärker wird sein Bedürfnis, sich durch Gesten der Grundsätzlichkeit und Radikalität von den profanen Gebrauchsschreibern abzugrenzen, zu denen nicht zu gehören in der Epoche des differenzierten Stumpfsinns sein einzig verbliebenes Distinktionsmerkmal ist. Während aus seinen unwiderleglichen Traktaten der Geist sprechen soll, der die an der Oberfläche des Alltags klebenden Feuilletonisten ihrer Banalität überführt, ist der Geist längst zum bloßen Denkmal jenes Vergänglichen und Lebendigen erstarrt, das sich doch in ihm regen muß, damit er nicht genauso blöde wird wie die Welt, über die er sich erhebt. Wo er nicht aus der Erscheinungswelt schöpft, deren Erfahrung er über sich hinaustreibt, ist er zu nicht mehr zu gebrauchen als die nutzlosen Gebrauchstexte, über die seine Gralshüter sich mokieren. Denn jeder triftige Gedanke ist einer Gelegenheit entsprungen, die er nicht selbstherrlich gewählt hat, sondern die sich ihm darbot, wie manchmal fremde Menschen einander erkennen. Daß er die Gelegenheit, indem er sie ergreift, verfehlen muß, zeugt für die Verkehrtheit der Welt, die er zu begreifen sucht. Daß es womöglich andere gibt, die den Gedanken ergreifen, ist die schwache Hoffnung, die ihn treibt.

Die Texte folgen keiner strikten thematischen Ordnung und Chronologie. Dennoch lassen sich ihnen vielleicht Konturen eines Zusammenhangs ablesen, den sie eher darstellen als bündig entwickeln. Kein Denken beginnt am Anfang und hört am Ende auf.

Die Bauchredner des Affekts

Alle Lust will Ewigkeit, und alle Sprache Versöhnung. Eine Naturgeschichte der menschlichen Sprache dürfte sie nicht als eine „Kulturtechnik“ neben anderen untersuchen, sondern müßte von der Ahnung ihren Ausgang nehmen, daß sie ihren Ursprung in einem sehr späten, stets prekären Friedensschluß hat. Wie der Kampf, den der Stärkere gewinnt, im Streit, bei dem das bessere Argument entscheidet, zugleich stillgestellt und fortgeführt wird, so ist alle Sprache sublimierter Affekt. Man redet miteinander, wo man in freiwilligem Einverständnis darauf verzichtet hat, sich totzuschlagen. Deshalb ist die „Dialogbereitschaft“ der Menschen und Nationen umso gefährlicher, je ostentativer sie beschworen wird. Wo die Möglichkeit der Versöhnung nicht absichtslos aus der Sprache selbst erwächst, sondern ihr angedichtet werden muß wie eine mysteriöse Zauberkraft, hat sie in Wahrheit längst kapituliert, und an ihre Stelle droht erneut die Gewalt zu treten, deren Nachklang sie schon immer durchdrungen hat. Im Grunde ist Sprache im politischen Leben stets nur in glücklichen Augenblicken mehr gewesen als ein Alibi, mit dem die Menschen sich um die Bedrohung der Regression auf den blinden Naturzwang betrügen: Darin liegt das offene Geheimnis jeder Diplomatie. Doch wie die Diplomatie, die ihren Ursprung im Bewußtsein um die Brutalität und Destruktivität aller unmittelbaren Aktion hat, im Laufe ihrer Entwicklung zu einer eigenen Wirklichkeit geworden ist, der jeder, der sich Gehör verschaffen will, Zugeständnisse machen muß, so ist auch aus dem Alibicharakter der Sprache eine eigenständige Kraft entwachsen, ohne die der Prozeß der Zivilisation nicht zu denken wäre. Sprechen heißt immer, sich auf ein Allgemeines beziehen, das eigenen Gesetzen folgt, mit denen es dem Sprechenden widerspricht. Wo Sprache ganz in der Willkür dessen aufgehen soll, der sich ihrer bedient, verliert sie ihren emphatischen Sprachcharakter und verkommt zur Propaganda. Eben dadurch aber wird sie zum schlecht Allgemeinen, das nur noch feststellt und befiehlt, statt zu vermitteln. Ganz und gar der hybriden Subjektivität unterworfen, wendet sie sich gegen die Subjekte und verschmilzt bis in ihre innerste Form mit der objektiven Gewalt. Der lebendige Impuls aller Sprache ist das Bewußtsein um die Möglichkeit gelungener Vermittlung. Sprechen heißt, sich an ein Allgemeines zu entäußern, um jener Subjektivität zum Ausdruck zu verhelfen, die entgegen dem sentimentalen Alltagsbewußtsein nichts Innerliches ist, sondern nur gewonnen werden kann, indem das Subjekt sich als empirisches vergißt. In den glücklichen Momenten der Sprache erkennt das Subjekt die Form der eigenen Subjektivität als Zwang, der überschritten werden muß, um das ihr innewohnende Versprechen endlich wahr zu machen. Darum erfährt, wer in der Sprache zu sich kommt, die eigenen Affekte paradoxerweise als etwas Äußerliches, Zufälliges und Partikulares, als leere Hülsen, die vom Sprechenden abfallen wie abgelegte Überzeugungen. Die Traurigkeit oder Angst, die Freude oder das Begehren, die notwendig am Ursprung allen Sprechens stehen – was sollte im Sprechen zum Ausdruck kommen, wenn nicht sinnliche Impulse –, verlieren, je vollkommener sie Sprache werden, ihre Unentrinnbarkeit. Der blinde Affekt wird in der Sprache ebenso transzendiert wie der leere Begriff, der zu ihm paßt wie der Topf zum Deckel. Das heißt nicht, daß der Sprache jede Affektivität fremd wäre. Im Gegenteil, gerade wo der Sprechende sich ihr intentionslos überläßt, erschüttert ihn eine Erfahrung, welche die bornierten Affekte, die ihn in der empirischen Wirklichkeit umtreiben, ihrer Ohnmacht und Unzulänglichkeit überführt. Nicht zufällig ist es die Ästhetik, die für diese Erfahrung die anschaulichsten Begriffe gefunden hat: Der von Platon beschriebene Enthusiasmus der Künstler, der Liebenden und Verzückten, die Ekstasis der Mystiker, aber auch die Katharsis der antiken Affektlehre zielen gleichermaßen auf den nur für Augenblicke gelingenden Einstand von Wollust und Selbstbesinnung, in dem aufscheint, was möglich wäre, wenn die Sprache nicht nur Sprache, sondern lebendige Kraft wäre. Jede Sprache wird falsch, sobald sie laut wird. In ihren schönsten Augenblicken kann sie flüstern oder sogar verstummen, aber niemals schreien. Im Schrei dementiert sie sich selbst. Daraus erklärt sich die seit der Antike andauernde Rivalität zwischen Rhetorik und Poetik. Als Lehre vom artikulierten

Sprechen ist die Rhetorik eine freundliche Wahlverwandte der Poesie. Sie vermag das gestische Moment der Sprache auf den Begriff zu bringen, das in ihrer Fixierung zum Buchstaben vergessen zu werden droht und in dem doch der sinnliche Impuls, der alle Sprache durchklingt und trägt, allein aufbewahrt bleibt. Zugleich aber war die Rhetorik, gerade weil sie sich weniger mit der Sprache als mit dem Sprechen beschäftigt, immer auch eine heimliche Komplizin des schlimmsten Gegners aller Poesie, der Kommunikation. Gerade im gestischen Aspekt der Sprache, der sie zur Poesie überhaupt erst berufen macht, liegt die Gefahr der falschen Mimesis, der Anbiederung ans Allgemeine, die das der Sprache innewohnende Versprechen gelungener Vermittlung verrät, indem sie aus ihr eine Vermittlungstechnik macht. In diesem Sinn ist Kommunikation die Warenform der Sprache und Rhetorik ihre zuverlässige Gebrauchsanleitung. Je weniger Rhetorik die Lehre vom lebendigen Sprechen ist und statt dessen zur Technik der Publikumsmanipulation herunterkommt, desto mehr verfällt sie dem blinden Affekt, dessen Transzendierung im lebendigen Ausdruck ihr genuiner Gegenstand wäre. Mit der schon in den antiken Rhetoriklehren angelegten Verschmelzung von Rhetorik und Politik wird dieser Ausverkauf der Poesie an die Kommunikation besiegelt. Die Wiederentdeckung der Rhetorik, die heute als angeblich große Neuerung der Postmoderne gegen Ästhetik und Poetik ausgespielt wird, sanktioniert lediglich die universale Regression von Sprache auf Propaganda, deren Wundmale sich nicht nur an der auf Signalworte herabgesunkenen Alltagssprache, sondern an fast jedem schriftlichen oder mündlichen Sprechakt ablesen lassen.

An kaum einem Phänomen läßt sich diese negative Aufhebung des Widerspruchs zwischen Rhetorik und Poetik so drastisch erkennen wie an der Rehabilitation von Wut als politischer und sprachlicher Kategorie. Man fordere die Menschen auf, zu sagen, worüber sie wütend sind, und jeder Kleinbürger mutiert zum Expressionisten auf Befehl. Alle sprachlosen Ressentiments, unverdauten Frustrationen und mühsam hinter der ohnehin ramponierten Fassade des Alltagsselbst zurückgehaltenen Größenphantasien brechen dann in ungeahnter Vitalität hervor.

Daß Sprachverbrechen wie die Rede von den „Wutbürgern" oder diverse „Tage der Wut" und des „Zorns" an der Tagesordnung sind, heißt nicht, daß die Menschen nun endlich Mut zur Freiheit gefunden hätten und sich Inhumanität und Gewalt nicht länger bieten lassen wollen, sondern daß sie offen und schamlos ihre Bereitschaft bekunden, jederzeit gegen prospektive Feinde loszuschlagen, sobald die Kriegserklärung erfolgt. Es erzählt etwas vom traurigen Mißlingen jahrhundertelanger Zivilisierungsbemühungen und davon, daß Sprache dem längst altbackenen Sprachidealismus des Bürgertums zum Trotz noch immer aus nichts anderem als aus Wörtern besteht. Die Möglichkeit von Schönheit und Lust, Selbstbesinnung und Versöhnung, die in ihr liegt, ist von den Menschen nie wirklich zu ihrer eigenen Sache gemacht worden, sie wird noch immer als Hindernis wahrgenommen, das alles Eigentliche verdecke, von den wirklichen Gefühlen und Bedürfnissen ablenke und im Grunde nichts als eine gesellschaftlich geduldete Form der Heuchelei sei. Deshalb ist es so einfach und wird sogar immer einfacher, all jene zu verhöhnen, denen Sprache mehr als ein probates Mittel ist, um ihre Nebenmenschen zu manipulieren, sie für sich einzunehmen oder ihnen zu drohen: Heimlich weiß jeder, daß man im Ernstfall auf sie ebenso leicht verzichten kann wie auf die antiquierten Gesten der Höflichkeit und all den zeremoniellen Schnickschnack des täglichen Miteinanders, der einem schon immer irgendwie zeitraubend und lästig erschien.

Die Sprache verbindet die Menschen, indem sie sie voneinander trennt. Das hat sie mit dem Geld gemein, und der Haß auf die Zirkulationssphäre kommt so richtig erst im Haß auf die Sprache zu sich selbst. Sie zum Grund des Seins zu hypostasieren oder sie als nutzlosen Zierat zu verachten, dessen man sich zu entledigen habe, sobald es zur Sache geht, läuft auf das gleiche hinaus und verdankt sich demselben Ressentiment. Die eigentlichkeitsbesessene Sprachemphase Heideggers ist in seinen späten Texten vom Gelalle des zum bürgerlichkeitsfeindlichen Kasperletheater gewordenen Dadaismus kaum noch zu unterscheiden: Sprachmetaphysik und Sprachzerfall konvergieren. Auch die heutigen „Wutbürger" haben gegen den durch den

Existentialismus, die Ökobewegung, den Vulgärfeminismus und diverse Bürgerbewegungen renovierten Jargon der Eigentlichkeit nichts einzuwenden. Im Gegenteil, Wut ist selber ein Stichwort aus dessen Vokabular. Daß die Wut der Geknechteten und Zukurzgekommenen im Namen von Freiheit und Revolution entfesselt werden müsse, daß es nötig sei, sich zur eigenen Wut zu bekennen, um emanzipatorische Politik zu machen, daß zur Kreativität immer auch ein bißchen Wut gehöre und Wut eine positive Energie sei, ist Teil des Phrasenrepertoires aller autoritätssüchtigen Kämpfer gegen die Autorität. Und wie schon früher existenzphilosophische Traktate meist wie schlechte Werbetexte und Werbetexte wie unverdaute Existenzphilosophie klangen, so sind die Authentischen, Existentiellen und Emotionalen, die heute als Bauchredner des kollektiven Affekts ihre Wut gegen die schlechte Welt in Stellung bringen, versierte Marketingexperten in eigener Sache.

Was die Fachleute in Sachen Existenz und die Fachleute in Sachen Marketing verbindet, ist ihre Großspurigkeit, ihre Neigung zur Aufgespreiztheit und zum affektiven Extrem. Entweder sie sind verbissen wütend oder verbissen fröhlich, entweder sie umarmen die ganze Welt oder schlagen ihr ins Gesicht. Daß mittlerweile der gesamte Alltag von ihrem grellen Licht beleuchtet, mit ihren schrillen Farben illustriert und vom Lärm ihrer Quirligkeit durchdrungen ist, zeugt vom universalen Scheitern der Sprache als Agens gelungener Vermittlung. Wer immer an ihr Versprechen erinnert, erregt Ärger. Wer sie zu gut beherrscht, gilt als arrogant, wer sich zu sehr von ihr begeistern läßt, als naiv. Und jeder sprachliche Ausdruck, der nicht einfach den eigenen stumpfen Affekt verdoppelt, ist verdächtig, während die Fähigkeit zur beflissenen sprachlichen Manipulation als Zeichen von Eloquenz gelobt wird. Die Wut aber, die die Zeitgenossen zum affektiven Kulturgut adeln, ist nichts als die nach innen gestaute, stumm und böse gewordene Trauer über den Tod, den man längst gestorben ist.

Das sogenannte Ich

Zur Sprachpolitik der Political Correctness

Die meisten Linken hierzulande ähneln sich darin, daß sie weder lesen noch schreiben können. Wie sie sich aber das Vergnügen an ihren ebenso vorhersehbaren wie folgenlosen „Mobilisierungen" nicht durch die Enttäuschung darüber verderben lassen, daß jeder abgefeierte Aufstand sich früher oder später als zeitgemäße Form der Regression entpuppt, so gerät ihre redundante Gesinnungstextproduktion durch ihren habituellen Analphabetismus nie ins Stocken. Weit davon entfernt, die Sprache gleich anderen Öffentlichkeitsarbeitern als unbegriffene, aber nützliche Hirn- und Mundspülung zu verwenden, sich ihr also mit lässigem Pragmatismus zu nähern, wollen sie sie sogar verbessern, um sie möglichst geschlechter- und schichtengerecht zu gestalten. Wie bei allen ihren Projekten geht es ihnen auch bei solchem Sprachreformismus statt um Wahrheit nur um Politik. Sprache gilt ihnen nicht als Ausdrucksform, in der sich die Erfahrung einer widersprüchlichen Wirklichkeit kristallisiert, sondern als „Konstruktion", an der so lange herumzulaborieren sei, bis sie der vermeintlich korrekten Gesinnung entspricht, deren sprachlichen Niederschlag man dann mit jener Realität verwechselt, die man längst nicht mehr zur Kenntnis nimmt. Den konformierenden Dissidenten erkennt man daran, daß er auf die zarteste Regung verwirklichter Freiheit eher verzichten kann als auf den Unterstrich.

Anders als die Beschwörung verändernder Praxis suggeriert, ist dieses Sprachverständnis durch und durch idealistisch. Weil Sprache nicht als Form des Ausdrucks verstanden wird, deren Triftigkeit oder Hohlheit an ihr selbst aufzuweisen wäre, sondern als Modus der Konstruktion von Realität, verschmelzen in der linken Sprachpolitik Paranoia und Willkür. Einerseits wähnt man sich, da man Sprache nicht anders zu denken vermag denn als alles und jedes überhaupt erst konstituierendes Zwangssystem, von diversen „Diskursen" und „Dispositiven" umstellt oder wenigstens „adressiert". Andererseits glaubt man, mittels der Sprache, da sie doch wirklichkeitskonstituierende Kraft habe, gleich auch die Gesellschaft verändern zu können, die sie spricht, und frönt einem Reglungswahn, der noch vor 50 Jahren das Privileg deutschnationaler Sprachreiniger gewesen ist. Mit diesen gemein haben die progressiven Sprachwächter zumindest die Annahme, daß die Sprache und ihre Verwendung permanent auf die Korrektheit der ihr zugrunde liegenden Gesinnung überprüft werden müßten. Die Frage, weshalb all die geschlechtergerecht sprechenden Menschen sich im Alltag untereinander genauso roh und geistlos verhalten wie je, kommt gar nicht mehr auf. Das Bemühen um die korrekte Sprache hat die Sehnsucht nach dem besseren Leben erstickt. Während Sprachpolitik sich nur dafür interessiert, wozu Sprache dienen kann, nimmt Sprachkritik die Sprache in dem ernst, was sie wirklich sagt. Gäbe es heute noch Sprachkritik, würde sie sich beispielsweise der Frage widmen, was es sozialpsychologisch bedeutet, daß Menschen ganze Arbeitskreise zwecks Optimierung der sprachlichen „Repräsentation“ ihrer sexuellen, ethnischen oder sozialen Identität gründen, oder weshalb lesbische, schwule, transsexuelle und bisexuelle Menschen es als politischen Erfolg statt als Erniedrigung auffassen, sich in einem Wort zusammengeschweißt zu finden, das wie der Kurztitel einer neuen Castingshow klingt, LGBT. Sie würde sich überdies fragen, welche gesellschaftliche Disposition in der Tatsache zum Ausdruck kommt, daß der progressive Politsprech von Metaphern der Medienwelt, von Optionen, Netzwerken und Schnittstellen, durchzogen ist, oder weshalb Menschen, die früher soziale Kämpfe führten, sich heute zu politischen Akteuren depotenzieren. Doch der akribische Blick fürs Oberflächliche, der im rhetorischen Abhub der Wirklichkeit die Wahrheit über sie entdeckt, ist der Bereitschaft gewichen, alle sprachlichen Skrupel im Kampf um die Deutungshoheit fahrenzulassen. Die Sprache ist im Guten wie im Schlechten nicht mehr Medium der Erkenntnis, sondern der kulturellen Hegemonie: Wenn kein Karl Kraus mehr über sie richtet, verwandeln sich alle eingebildeten Kritiker in kleine Antonio Gramscis.

Das Verschwinden der Sprachkritik ist indes kein bloßes Verfallsphänomen, sondern hat seinen objektiven Grund im Schwinden der Möglichkeit von Freiheit, das es den Individuen kaum noch erlaubt, sich auch nur augenblicksweise für etwas anderes als den beliebigen Vertreter einer beliebigen Meinung zu halten. Die Resignation angesichts der gesellschaftlich erzeugten Beliebigkeit befördert nicht die Dezenz, sondern den Größenwahn. Weil, was man sagt, ohnehin niemals Anspruch auf Wahrheit anmelden kann und nichts als Ausdruck eines partikularen „Sprechorts" ist, muß man sich auch nicht mehr an Widersprüchen messen, sondern kann jedem Einwand mit dem Hinweis auf dessen „Situiertheit" begegnen. In welchem Maße dieser hybride Relativismus längst auch dort herrscht, wo der sprachkritische Impuls noch vorhanden ist, läßt sich an Matthias Dusinis und Thomas Edlingers Buch *In Anführungszeichen* studieren, das im Untertitel nicht zufällig *Glanz und Elend der Political Correctness* heißt und an die Stelle der Sprachkritik einen unentschiedenen Liberalismus setzt. Seinen Ausgang nimmt das Buch von der treffenden Beobachtung, daß fast alle Menschen heute buchstäblich in Anführungszeichen sprechen: „Sie heben die Hände in die Höhe und biegen Zeige- und Mittelfingerspitzen synchron zweimal nach unten (...). Ein tauber Beobachter könnte die gewunkenen Gänsefüßchen dahingehend interpretieren, daß sich der Sprecher von sich selber distanzieren möchte: Ich, das sogenannte." Was wie eine Geste bescheidener Selbstrelativierung aussieht, bezeugt in Wahrheit die Konvergenz von Entselbstung und Anmaßung. Weil sie das Ich der anderen wie das eigene nur noch als sogenanntes, gleichsam zitiertes kennen, glauben die Menschen, um so rücksichtsloser mit eigenen wie fremden Meinungen verfahren zu können. Die Selbstrelativierung schlägt um in Selbstüberhöhung: „Anführungszeichen sind (...) ein funktionales Element einer Opferrhetorik, in der die berechtigten Forderungen auf (sic!) Anerkennung zu Floskeln moralischer Selbstüberhöhung erstarren können." Indessen deutet die windschiefe Diktion bereits darauf hin, daß auch die Autoren selbst nicht von jenem Zwang zur Relativierung frei sind, der nicht mehr zwischen Wahrheit und Lüge, sondern nur noch zwischen „berechtigten Forderungen“ und Übertreibungen – und daher letztlich gar nicht mehr – zu unterscheiden erlaubt. Dazu paßt ihr Vorhaben, nicht etwa den Widerspruch, sondern die „Spannungsfelder“ zwischen „Respekt und Skepsis, Stolz und Scham, Märtyrerpathos und Handlungsunfähigkeit“ zu untersuchen, auf welche die Rhetorik der Anführungszeichen verweise. Wo sich statt Antagonismen Spannungsfelder auftun, hat der Geist bereits kapituliert.

Konsequent bieten die Autoren zwar eine beeindruckende Materialsammlung zu Themen und Formen der Political Correctness, bereden diese jedoch nur, statt sie auf den Begriff zu bringen. Sich einen Begriff von der Unwahrheit politisch korrekter Sprache zu machen, würde implizieren, auch deren mittlerweile ebenso beliebtes Gegenstück, die Rhetorik politischer Unkorrektheit, der Lüge zu überführen, wie sie die Diktion libertärer Korrektheitskritiker prägt. Doch denen sind Dusini und Edlinger selbst zu nahe, um sie kritisieren zu können. Statt die Norm der Korrektheit im Namen einer urteilenden, der Sache gerecht werdenden Sprache zu verabschieden, schimpfen sie nur auf die vermeintlichen Übertreibungen, in welchen politischen Milieus auch immer sie diese vermuten. Dadurch verwandelt sich ihre Sprachkritik am Ende in eine Spielart spätbürgerlicher Anerkennungspolitik. So geißeln sie die „totale Dialogbereitschaft“ gegenüber ethnischen Gruppen, verharmlosen aber das Kopftuch zum „feuchten Traum der Islamophobiker“. Genderaktivisten werfen sie die Kultivierung ihrer Empörung vor, Antideutsche, die jenen Opferkult sehr früh kritisiert haben, rügen sie dafür, sich „auf die energische Zurückweisung verborgener deutscher Interessen im Weltgeschehen spezialisiert“ zu haben. Über Frauenfußball und Dreadlocks machen sie sich lustig, Dildos und den Slutwalk finden sie okay. Mit Kritik hat dieses Vergeben von Pro- und Contra-Punkten schon deshalb nichts zu tun, weil es die Widersprüche überspielt, statt sie zu pointieren.

Ob sie im konkreten Fall nun im Recht sind oder nicht, stets erscheinen die Ansichten der Autoren zufällig, ohne der Konsequenz eines Gedankens zu folgen. Staatliche Erlasse zwecks Optimierung der Sprachgerechtigkeit wie den 2010 erstellten „Leitfaden für diskriminierungsfreie Sprache, Handlungen, Bilddarstellungen“ des österreichischen Ministeriums für Arbeit und Soziales lehnen sie ab, weil diese die Gesellschaft als „voll von potentiellen, sich überidentifizierenden Adressaten von Diskriminierungen“ erscheinen ließen. Andererseits bezeichnen sie die Regeln der Political Correctness ihrerseits im Leitfadendeutsch als „Kompaß“, den „manche immer feiner einjustieren wollen, während andere ihn bloß noch Verrücktspielen sehen“, und dekretieren: „Gleichzeitig aber muß, wenn das eigene Gesicht sich vor Zorn zu röten beginnt und trotzdem das Gemeinschaftliche im Auge behalten werden will, die Anerkennung meines Maßes mit der Anerkennung aller anderen Selbstbezüge kompatibel gemacht werden.“ Eine Welt, in der alle einander wechselseitig als kompatibel anerkennen und stets „das Gemeinschaftliche im Auge behalten“, kann schwerlich etwas anderes als die Hölle auf Erden sein. Besonders deutlich zeigt sich die Beliebigkeit der Argumentation dort, wo Dusini und Edlinger sich mit Israel beschäftigen. Während sie bei ihrer Kritik postfeministischer Sprachpolitik so aggressiv werden, daß der Verdacht naheliegt, der wahre Gegenstand ihrer Abscheu sei eher das weibliche Geschlecht als das Genderdeutsch, verfallen sie beim „Nahostkonflikt“ in jenen Jargon, den sie zuvor noch anprangerten: „Der Nahostkonflikt verdeutlicht nicht nur, wie nationale und kulturelle Narrative zwischen Europa und dem arabisch-israelischen Raum anhand der Opfer/Täter-Dichotomie politische Leidenschaften mobilisieren. Er offenbart auch, daß die verkürzte Rede von kollektiven Identitäten die Wirklichkeit (...) verfehlt (...). Postidentitäre, emanzipative Bewegungen betonen hingegen die Fluidität und Pluralität des gesellschaftlichen Standorts, von dem aus die jeweiligen Akteure sprechen und handeln.“ Am Ende des Nahostkapitels steht eine Utopie von Jerusalem „als geteilte und gleichzeitig doppelte Hauptstadt zweier in ihren Opferstigmatisierungen gefangenen Gesellschaften“, in der „die Selbstentfremdung zur Bedingung von Selbstachtung“ geworden wäre. Die Viktimisierungsrhetorik,

die die Autoren am Feminismus beanstanden, treiben sie selbst auf die Spitze. Wo der jüdische Staat zwanglos im „israelisch-arabischen Raum“ verschwindet, scheint die Unterscheidung zwischen Terroristen und ihren Opfern hinfällig geworden zu sein.
Die Beliebigkeit ist also nicht harmlos, sondern hat hier wie auch sonst ein bestimmtes Ziel: die Zerstörung individueller Urteilskraft zugunsten einer Logik der „Anerkennung“, in der jeder Lüge Recht gegeben und jede triftige Erkenntnis in die Schranken ihres „Standorts“ verwiesen wird. Daß Israel im Namen dieser besseren Welt ebenso zurückgepfiffen wird wie jeder Universalität reklamierende Geltungsanspruch, versteht sich von selbst. Damit aber wird der Anspruch auf Erkenntnis, in dem sich Kritik von Politik unterscheidet, zugunsten purer Taktik preisgegeben. Anders als Gerechtigkeit ist Wahrheit unteilbar. Sofern sie nicht allen ganz gehört, hat sie keine Wirklichkeit; das hat sie mit der Freiheit gemein. Weil Kritik darauf zielt, zu zeigen, weshalb alle gegeneinander im Recht und an sich selbst im Unrecht sind, ist ihr Medium eher die Einseitigkeit als eine vorgetäuschte Vielfalt, die jedem zustimmt und damit jeden um das Ganze bringt. Die Kritik trifft die Sache nur, wo sie übertreibt, daher wird sie, sofern sie gelingt, der Ungerechtigkeit geziehen. Und doch regen sich allein in der Überempfindlichkeit der Kritik noch Spuren dessen, worin das Ich über seine Benennung hinausreicht. Nur weil die Menschen sich gar nicht mehr wünschen, etwas anderes als Sogenannte zu sein, weisen sie jede Erinnerung daran als Anmaßung zurück.

Matthias Dusini/Thomas Edlinger: *In Anführungszeichen. Glanz und Elend der Political Correctness*, Berlin 2012

Was vom Idealismus übrig blieb

Künstlerischen Darstellungen des „Denkers" wohnt oft ein heroisches Moment inne, das der Tätigkeit des Denkens zutiefst widerspricht. Ob Denken überhaupt eine Tätigkeit genannt werden kann, ist keineswegs ausgemacht. Obwohl es nicht auskommt ohne das besondere Subjekt, das denkt, ist es, wo es substantiell wird, eher etwas, das dem Denkenden geschieht, als etwas, das dieser bloß täte. Deshalb werden wahrhafte Gedanken vom Denkenden als paradox erfahren. Zwar empfindet er sie stärker als sein Eigentum denn das Produkt irgendeiner anderen Arbeit, und doch scheinen sie dagewesen zu sein, bevor er sie dachte: eher Fundstücke als Schöpfungen. Im entrückten Blick, der den pragmatischen Lebenszusammenhang überschreitet, anders als der Blick des Träumers aber konzentriert und entschlossen ist, faßt die populäre Ikonographie dieses Paradox zusammen. Zugleich aber figuriert der Denker, exemplarisch in Auguste Rodins berühmter Skulptur, oft als nach innen gewendeter Heros. In sich versunken, blickt er, das Kinn auf den Handrücken gestützt, gleichsam seine Gedanken an, denen er sich eher konfrontiert als ihnen nachzuhängen.

Dieser um sich selbst ringende Charakter, der dem Denken nachgesagt wird, klingt auch in Humboldts Formel von der Einsamkeit und Freiheit des Wissenschaftlers an, die in ihrem Pathos auf mehr zielt als auf dessen Freistellung vom höfischen und klerikalen Dienst. Vielmehr ist die Beschwörung der Einsamkeit des Denkers auch als Kompensation seiner tatsächlichen Ohnmacht zu verstehen. Anders als das Alleinsein, das einen Zustand der Privation bezeichnet und wenig Heldenhaftes hat, wirft die Einsamkeit einen idealistischen Mehrwert ab: Wer einsam ist, ist im Grunde gar nicht allein, weil er dem Alleinsein einen höheren Sinn abtrotzt. So gewiß der Idealismus, der in diesem Pathos mitschwingt, die Anerkennung einer autonomen Sphäre des Geistes erst ermöglichte, so sehr deutet sich in ihm schon bei Humboldt eine Ahnung von der Unvereinbarkeit solchen Denkens mit dem Begriff gesellschaftlich nützlicher Arbeit an. Da man den Denker nicht wirklich gebrauchen, aber auch nicht auf ihn verzichten kann, wird sein Außenseiterstatus ihm als Auszeichnung gutgeschrieben: Von den Meriten, die dabei abfallen, haben die Geisteswissenschaften lange Zeit gezehrt. Doch je eklatanter unter dem Druck von Evaluation und Drittmittelerwerb der Widerspruch zwischen der behaupteten Autonomie des Geistes und den Versuchen wird, dessen Nützlichkeit zu beweisen, desto mehr gerät die Formel von „Einsamkeit und Freiheit" zur Drohung. Wer als geistig arbeitender Mensch frei sein will, muß auf den Schutz durch die Institution verzichten und wird mit einer Einsamkeit bestraft, die nicht mehr zur Auszeichnung umgemünzt werden kann.

Evident wird dies an den Verfallsformen eines Typus, in dessen Skurrilität immer auch ein Moment von Autonomie steckte: des Privatgelehrten. Seine akademischen Erben sind der Emeritus, der Privatdozent und der Lehrbeauftragte. Gemeinsam ist ihnen, daß sie in der Institution, deren Sinn sie in gewisser Weise am reinsten verkörpern, doch nur Gäste sind. Besonders flagrant ist dieser Exotenstatus beim Privatgelehrten selbst, der stets im Ruch des Dilettantismus stand. Noch heute stellt man ihn sich vor, wie er im Biedermeier porträtiert worden ist: als Privatier, der seine Tätigkeit entweder mit ökonomischen Entbehrungen erkauft oder aus seinem Vermögen finanziert und über keine zureichende akademische Qualifikation verfügt, obwohl er den akademisch Approbierten überlegen ist. Mögen die Universitäten seinem Denken auch mitunter eine Bühne bieten, ist er doch abgeschnitten vom ordentlichen Lehrbetrieb. Gleichzeitig ist er unfähig, aus seinem Dasein eine Ich-AG zu machen. Da es ihm bei allem, was er tut, zuerst um die Sache geht, hat er kein Talent zum Selbstmarketing. Weil er nicht taktieren kann und Wittgensteins Maxime teilt, wonach Ehrgeiz der Tod des Denkens ist, besitzt er weder Ambitionen noch Chancen, im wissenschaftlichen Betrieb Karriere zu machen. So ist er nicht erst im Rückblick eine anachronistische Figur. Von der Geschichte überholt worden zu sein, gehört zu seiner geistigen Physiognomie.

Sein Anachronismus rückt den Privatgelehrten sowohl in die Nähe zum Märtyrer wie zum Narren. Nietzsche, dessen freiwilliger Rückzug von seinen akademischen Ämtern als emphatisches Bekenntnis zur Einheit von Freiheit und Privation verstanden werden kann, hat in sich selbst beides zugleich gesehen. Andere, die der Typologie des Privatgelehrten in der Realität nahe gekommen sind, haben auf den Versuch verzichtet, die Einheit der Extreme zu verwirklichen, und sich in Selbstbescheidung geübt. Wittgenstein, ebenfalls Erbe und Privatier, arbeitete als Lehrer und Gärtner, bevor er sich ins Privatleben zurückzog. Der Sprachphilosoph Fritz Mauthner, einer der mit größtem Unrecht Vergessenen des späten 19. Jahrhunderts, war Romancier und Journalist.

Den übrig gebliebenen Vertretern des Typus steht heute allein der Weg der Bescheidenheit offen: Entweder sie zehren von dem, was sie durch Herkunft, Glück oder Verdienst ansammeln konnten, um die Ergebnisse ihrer Arbeit einem Markt zur Verfügung zu stellen, der nichts honoriert, was nicht durch akademische oder mediale Weihen abgesegnet worden ist. Oder sie finanzieren sich durch eine Tätigkeit, die ihnen Kraft und Zeit nimmt, zu tun, was sie als ihre Bestimmung empfinden, ihnen aber doch erlaubt, Fragmente davon zu verwirklichen. In beiden Fällen schrumpft das Wichtigste zur Freizeitbeschäftigung zusammen. Daß dieses Syndrom nicht mehr nur die ohnehin Abgehängten, sondern das universitäre Leben selbst betrifft, wissen die akademischen Nachfolger des Privatgelehrten, die Emeriti, Privatdozenten und Lehrbeauftragten, nur zu gut. Am besten geht es noch dem Emeritus, hat er doch eine Karriere hinter sich, die dem originären Privatgelehrten nie offenstand. Sein Privatgelehrtenstatus ist gleichsam der Lohn für den fast lebenslangen Verzicht darauf. Nun kann er verwirklichen, wofür Lehrroutine und Gremienarbeit ihm die Zeit genommen haben. Doch die Institution, die ihm nach seinem Ausscheiden erlaubt, was sie während seiner Dienstzeit verhindert hat, dankt ihm seine nachgetragenen Leistungen nicht.

Wie das Zeremoniell der Festschrift längst zur Textabladestelle heruntergekommen ist, hat auch der Emeritus im universitären

Alltag kaum noch Platz. Die einzige Legitimation seiner Anwesenheit besteht in seiner Entlastungsfunktion. Sofern er weiterhin lehrt, reduziert er die Personalkosten, und sein Name vermag einem in Bürokratie und Routine erstarrten Betrieb eine Art postume Aura zu verleihen. Ansonsten aber hat er nicht viel zu melden. Sein Dienstzimmer muß er mit Schicksalsgenossen teilen, die Bibliotheksangestellten kennen weder sein Gesicht noch seine Schriften, und das modularisierte Studiensystem hat für seine obskuren Spezialitäten keinen Ort. So wird er zu dem Relikt gemacht, als das er dann bei Bedarf verspottet werden kann.

Privatdozenten und Lehrbeauftragte sind im Grunde nichts anderes als Emeriti vor Dienstantritt. Beide können sich freuen, für ihre Arbeit überhaupt honoriert zu werden, und beide stehen unter ständigem institutionellen Druck. Wie die sogenannte Titellehre Habilitierte ohne ordentliche Professur in vielen Bundesländern zwecks Erhalts ihres akademischen Grads zur unentlohnten Lehre zwingt, müssen Promovierte, die keine Postdoktorandenstelle ergattern konnten, wegen des bei vielen Stellenausschreibungen erwünschten Nachweises von Lehrerfahrung gegebenenfalls unbezahlte Lehraufträge annehmen. Selbst die honorierten indes bringen hierzulande nicht mehr als 500 bis 1500 Euro pro Semester ein. Der Lebensunterhalt muß also durch Stellenvertretungen, Projektmitarbeit, außeruniversitäre Lohnarbeit, eigene Rücklagen oder das Einkommen des Partners gedeckt werden. So werden Habilitierte ohne Professur und Promovierte ohne Postdoc-Stelle in der Mitte ihres Lebens zu denselben Dinosauriern gemacht, als die sich die Emeriti nach Ende ihrer Dienstzeit fühlen – ebenso überflüssig, nur mit weniger Geld. Ohne ihre im Grunde ehrenamtliche Tätigkeit könnte sich das ganze System nicht mehr finanzieren.

Die Emphase der Zweckfreiheit, die das akademische Milieu im Typus des skurrilen Gelehrten zwar verlacht, aber auch zu ihrem Recht gebracht hat, wird dabei nur noch als Störfaktor wahrgenommen. Wer mit vierzig nicht Fuß gefaßt hat, mit dessen Lebensplanung kann etwas nicht stimmen. Alter gilt nicht mehr als möglicher Index von Erfahrung, sondern als

Index von Wertverlust, während der Betrieb, der sich so viel auf seine Effizienz zugutehält, in sich selbst immer nutzloser wird. Was er vielleicht einmal wollte, verkörpern am ehesten diejenigen, denen er die Tür weist und die in einer Zeit, die Humboldt allenfalls als Floskellieferanten kennt, ihre Einsamkeit und Freiheit als Lebensnot erfahren.

Der Geist als Beute

Wie ein Betrieb zur Bande wird

Eine „Art der Lähmung und des apathischen Abwartens" diagnostiziert Axel Honneth, Direktor des Frankfurter Instituts für Sozialforschung, angesichts der Misere an den deutschen Hochschulen, wie sie sich in der Modularisierung der Studiengänge, der Einführung von Studiengebühren in vielen Bundesländern und der Degradierung einer Generation ausgewiesener Geisteswissenschaftler zu Lehrbeauftragten oder Privatdozenten manifestiert. Besonders beklagt Honneth die „Individualisierung", den „Profilierungsdruck" sowie die „Einführung des Konkurrenzgedankens in die Hochschullandschaft" – allesamt, wie er zwar nicht sagt, aber insinuiert, Importe aus den USA, wo im Gegensatz zur Bundesrepublik bekanntlich schon lange der wilde Kapitalismus herrscht. Nicht ohne Stolz verweist er auf den singulären Stellenwert seines Instituts, das „in modularisierter Form den alten Magisterstudiengang" erhalten habe, weil der Bachelor of Arts (BA) „zu einer drastischen Unterhöhlung der Studienerfahrung" führe.

So richtig diese Feststellung ist, wird doch nicht klar, was der Schwund geistiger Erfahrung mit der vermeintlichen Tendenz zur „Individualisierung" zu tun haben soll. Welcher qualifizierte Forscher oder Lehrer hätte ernsthaft Angst vor einem Hochschulsystem, in dem fachliche Profilbildung und „Konkurrenz" zum bestimmenden Prinzip avancierten? Eine Universität, in der intellektuelles Mittelmaß keine Chance hätte, wäre durchaus wünschenswert. In Wahrheit kann der universitätspolitische Widerstand, den Honneth beschwört, schon deshalb nicht zustande kommen, weil sich in der Warnung vor der „Einführung des Konkurrenzgedankens" die Universitätspräsidenten, die Studenten und die Bildungspolitiker mit Honneth einig sind. Nichts fürchten die Hochschultechnologen mehr als eine wirkliche, der immanenten Logik des jeweiligen Fachs folgende Konkurrenz, in der sich die Individuen mit dem differenziertesten geistigen „Profil"

durchsetzen könnten. Im Innersten sehnen sich selbst die von den Reformen ins Abseits Gedrängten nicht nach dem freien Markt der Ideen, sondern nach der universitären Gemeinschaft, die allen, die sich erkenntlich zeigen, ihren Anteil vom Kuchen zukommen läßt.
Gerade gegen diese Selbstentmündigung, die im Namen eines emphatischen Begriffs geistiger Freiheit doch zuerst bekämpft werden müßte, regt sich aber keinerlei Widerstand – weder seitens der Lehrenden, die sich in ihrer Rolle als prekarisierungsbedrohte Marketingexperten in eigener Sache nicht unwohl fühlen, weil sie ihnen ermöglicht, ihre Patchworkdiskurse als Resultat ökonomischer Sachzwänge zu rationalisieren, noch seitens der Studierenden, die mit einer Mischung aus Aggression und Protektionsbedürfnis unbefragte Autorität immer häufiger geradezu einfordern.

Sokrates vs. Al Capone

Der Markt als Forum des Austauschs freier und gleicher Bürger in Erscheinungsform der Polis war die Geburtsstätte abendländischen philosophischen Denkens. Sokrates, Freigeist und Verführer der Jugend, machte sich die marktförmige Organisation des öffentlichen Dialogs in freier Rede und Gegenrede zunutze, um seine Gesprächspartner auf Gedanken kommen zu lassen, welche die Ordnung, der sie sich verdanken, radikal in Frage stellten. Was in postmodernen Kommunikationstheorien zur Selbstkarikatur zusammenschrumpft, war in der Gestalt des Sokrates noch in seiner ganzen Paradoxie präsent: ein Begriff geistiger Freiheit, der die etablierten gesellschaftlichen Normen transzendiert, zugleich aber bis ins Innerste von der Marktförmigkeit gezeichnet ist, der er entsprungen ist und die er kritisiert.
Nietzsche hat in seiner Kritik des sokratischen Denkens in *Die Geburt der Tragödie* bei aller Polemik beide Momente erfaßt: Der werbende Tonfall, die Rhetorik der Überredung, die zum Gestus gewordene Anschmiegsamkeit der sokratischen Rede waren ihm ein Dorn im Auge, weil sie die Autonomie, von der sie zeugen, im gleichen Moment durch Anpassung zu verraten,

zu entstellen drohen. Wer seine Mitbürger mit der Macht der Sprache zur Mündigkeit erheben möchte, muß in gewisser Weise selbst die Sprache der Unmündigen sprechen, um sie über sich hinauszutreiben: Von dieser Aporie war die Arbeit am Begriff, die dessen pure Begrifflichkeit überschreiten will, stets geprägt, sofern sie der Tradition der Aufklärung nicht völlig entsagt hat. Erst wenn die Individuen sich in Eigenverantwortlichkeit bereit erklären, nichts als Eisenspäne im Magnetfeld der Macht zu sein, werden ihre Worte zu jenen Spielmarken, die Nietzsche mit dem Pathos der Spekulation bereits in Sokrates' Rhetorik meinte aufspüren zu können. Der Ort solchen Denkens ist nicht mehr der Markt, sondern das Hinterzimmer (oder Podium), sein Agens nicht die Öffentlichkeit, sondern die Clique.

Die universitätspolitischen Reformen, die mit dem Schlagwort der Amerikanisierung eher abgehakt als bezeichnet werden, gewinnen erstaunliche Kohärenz, wenn man versucht, sie als Symptom der Racketbildung zu deuten, wie sie Max Horkheimer über Jahrzehnte hinweg in immer neuen Anläufen – anhand der Ärzteschaft, aber auch der Universitäten – als Neutralisierung gesellschaftlicher Freiheit analysiert hat. Das Wort „Racket" bezeichnet Banden und Cliquen, die sich im Zuge des Zerfalls gesellschaftlicher Ordnung bilden, um die sozial (und meist auch) dissoziierten Individuen durch Aufnahme in einen ebenso behütenden wie repressiven Gemeinschaftsverband vor den Folgeerscheinungen ihrer negativen Autonomie zu schützen. Im Gegensatz zur Anonymität der Gesellschaft übernimmt das Racket unmittelbar Wohlfahrts- und Familienfunktionen: „Der ins Racket Aufgenommene ist gesichert, aber er ist ihm unbedingt verpflichtet. Hingegen hat er nach außen hin kein Gewissen und keine Verantwortung." (Max Horkheimer)

Die vom Zerfall staatlicher Ordnung freigesetzten emanzipatorischen Kräfte werden vom Racket nicht befördert, sondern ersetzt durch persönlichen Zwang. Der Einzelne ist nicht mehr primär von staatlichen Institutionen und anderen Vermittlungsinstanzen abhängig, sondern von den Angehörigen der Gang, die nicht Einsicht in die Notwendigkeit der Achtung von Sachautorität, sondern blinde Gruppenloyalität einfordern. Während die Kraft der Verführung, durch die Sokrates seine Schüler faszinieren konnte, daran erinnert, daß Rhetorik und Argumentation, Rationalität und Mimesis, obschon sie nie in eins fallen, doch nicht voneinander zu trennen sind, verkümmert unter den Bedingungen des Rackets das Argument zum Ornament, die Rhetorik zum Dienstbefehl. Nicht das Interesse an der gemeinsamen Sache, der geistigen Erkenntnis, konstituiert den Arbeitszusammenhang, sondern der Zwang, sich bei der Verteilung der Pfründen zu behaupten, verpflichtet die Gruppenmitglieder zu einer Sache, die allenfalls zufällig mit ihrem Erkenntnisinteresse korrespondiert. Je stärker sich die Cliquen institutioneller Kontrolle entziehen, desto mehr wird die Bürokratie als Sachverwalterin der Verteilungsgerechtigkeit durch Korporationen ersetzt, die nicht nach dem Prinzip freier Konkurrenz, sondern auf Basis von „Freundschaft" und Protektion funktionieren. Was in einem friedlichen Gemeinwesen als mafiöse Clanstruktur erscheinen mag, wird, hat es sich einmal durchgesetzt, zur demokratisch akzeptierten Norm; Al Capone war Gangsterboß und Politiker in Personalunion (Wolfgang Pohrt: *Brothers in Crime*, Berlin 1997). Die Transformation halbwegs transparenter sozialer Institutionen in Rackets vollzieht sich, wie Horkheimer anhand der Ärzteschaft evident gemacht hat, nicht durch gewaltsame Umstürze, sondern durch Reformen – durch allmählichen Umbau, der direkt an der internen Organisation der Institution ansetzen kann. So hat es in der Universität schon immer Formen von Klientelwirtschaft und Protektion gegeben, ohne die der Forschungs- und Lehrbetrieb kaum hätte aufrechterhalten werden können. In der Studienförderung sind das die verschiedenen weltanschaulich gebundenen Stiftungen der Kirchen und Parteien, die zuerst ihre Klientel bedienen; der Lehr- und Forschungsbetrieb wäre undenkbar ohne unterschiedliche Schulen; in der Berufungspolitik geht es stets mehr oder minder offen darum, aus welchem Stall ein Bewerber kommt. All dies scheinen nach Maßgabe des „freien Marktes" sachfremde, willkürliche Kriterien zu sein, die dem Prinzip des Racket verhaftet sind. Sie haben auf dem Gebiet des Geistes jedoch einen sachlichen Sinn, weil intellektuelle Leistungen notwendig einseitig sind und nur vergleichbar werden, wenn man ihre Bindung an inkommensurable geistesgeschichtliche Traditionen in Rechnung stellt, durch die Originalität erst möglich wird.

Das bisherige Hochschulsystem mit seiner Staffelung von Professuren, Zeit- und Teilzeitstellen, Lehraufträgen, Privatdozenturen und einer relativ flachen Hierarchie bei enger Bindung des Einzelnen an bestimmte Personen war im Grunde ein auf Dauer gestellter Kompromiß zwischen den objektiv veralteten, der Sache nach aber notwendigen feudalen Residuen, wie sie sich in den Ordinarien manifestierten, und den Sachzwängen einer anonymen staatlichen Bürokratie. Dieser Zustand beförderte Rivalität und Mißgunst, hatte aber den Vorteil, den Forschenden jene minimale Ruhe und Arbeitskontinuität zu gewähren, ohne die die Sozialstruktur einer Universität zerfällt. Er brachte Neurotiker, Eigenbrötler und Obsessive hervor, jenes Personal also, das eine Hochschule für geistig empfängliche Menschen erst attraktiv macht.

Seit der politisch verordneten Zerschlagung des Magistersystems ist damit Schluß. Erst mit ihr droht sich wirklich ein System von Rackets zu etablieren, weil sie das Patronatswesen, das zumindest idealiter einen sachlichen Sinn hatte, durch Cliquen ersetzt, die um so mehr Druck ausüben, als sie sich nicht als Forschungs-, sondern als Notgemeinschaften begreifen: Künftig geht es vor allem darum, schon während des Studiums einen Fuß in die universitäre Tür zu bekommen und sich so bald wie möglich sein Revier zu sichern, das dann, unabhängig von spontanem geistigen Interesse, zum „Profil" hypostasiert werden kann. Ein solches System produziert keine geistigen Menschen, sondern Monaden, die sich als Duzgruppe gerieren, solange sie im gleichen Cluster arbeiten, im Falle von dessen Zerfaserung aber sofort bereit sind, sich im Namen eines Konkurrenzkampfes, der keiner ist, in jedes profilkompatible Netzwerk einzufügen.

Das paktierende Denken

Die universitäre Kultur von professoraler Autorität und Distanz, in der schon die Achtundsechziger allein das Moment der Entfremdung sahen, erscheint im System der Rackets als Anachronismus. An ihre Stelle tritt eine autoritäre Kumpelkultur, in der jeder mit jedem kann, obwohl sich im Grunde die meisten verachten. Ihr Zauberwort ist das Du, ihr Sozialisationsmedium das Projekt, ihre Fächergruppe die Kulturwissenschaft. Auch kritische Nachwuchstalente sind gern gesehen, wenngleich sie nicht auf längerfristige Solidarität hoffen dürfen. Solidarität, in der sich der Einzelne im Fremden, womöglich im Gegner, als Ebenbürtigen erkennt, wird vom Racketsystem durch Wohlfahrt ersetzt: „Solidarität bezeichnete im Römischen Recht keine Gemeinschaft und keine innere Verbundenheit und schon gar keine Gesinnung, sondern ein bestimmtes rechtliches Verhältnis, wonach jeder für das Ganze, in solidum: für die Gesamtsumme, haftet. (...) Ob man jemanden kennt oder nicht, hat keine Bedeutung für die Solidarität." (Gerhard Scheit: *Jargon der Demokratie*, Freiburg 2006) In der Wohlfahrt dagegen findet sich das Individuum in Beziehungen wieder, „die nicht durch Tausch konstituiert sind, sondern durch Gabe: durch einen Tausch also, dessen Gegenstände und Leistungen sich vom Individuum nicht loslösen". Verbindlichkeiten richten sich dann nur noch nach der Frage, wem man „etwas schuldet", nicht danach, wem man geistigen Respekt zollt oder mit wem eine Kooperation sich inhaltlich anbietet.

Insofern ist es konsequent, daß Studenten künftig vor allem Schuldner sein werden: gegenüber den Unternehmen, die ihnen den Aufenthalt an der Uni auf Kredit ermöglichen, gegenüber der Familie, die ihnen Unterkunft gewährt, und gegenüber den Stiftungen, die ihnen die Lohnarbeit ersparen. Wer solcherart durch paternale Gunstbezeugungen hochgepäppelt worden ist, wird sich, so die Hoffnung, weitgehend widerspruchslos durch das System schleusen lassen. Die tradierten Formen disziplinärer Dogmatik, die seit den Sechzigern einer bald selbst zum Dogma erstarrten Ideologiekritik unterzogen worden

sind, werden im System der Cluster und Bildungsreviere kaum Chancen haben; sie sind zu starr. An ihre Stelle tritt, was Alexander García Düttmann „paktierendes Denken" nennt. Während der Vertrag die Individuen als Rechtssubjekte setzt und ihnen durch diese Abstraktion zumindest idealiter erlaubt, als je eigene denkende Menschen zu agieren, verpflichtet der Pakt sie als „ganze Menschen", die das Team, in dem sie handeln, nicht als Ermöglichung eigener Leistungen wahrnehmen, sondern als Gemeinschaft bejahen und noch ihre Kritik als konstruktiven Beitrag zum Diskurs verstehen müssen: „So entsteht das dichte und doch lockere Gefüge, das man von Vorträgen (...) kennt, in denen Schlagwörter und Eigennamen, Einordnungen und Zuschreibungen, Strategien des Ein- und Ausschlusses Erfahrung und Argument ersetzen. (...) Kompetenz und Konkurrenz vermischen sich bis zur Unkenntlichkeit." (Alexander García Düttmann: *Philosophie der Übertreibung*, Frankfurt a. M. 2004)
Während das Ideal des „Marktes der Ideen" darauf zielt, daß die Konkurrenz die Kompetenz befördert, Kompetenz aber auch Konkurrenzfähigkeit sichert, verfestigt das paktierende Denken, dessen Foren nicht die konservativen Philologien, sondern Culture, Gender und Postcolonial Studies sind, einen Zustand, in dem alle, die dabeisein wollen, frühzeitig ihr Terrain besetzen müssen, um „nach jahrelangem Taktieren und Paktieren den bescheidenen Anspruch" erheben zu dürfen, „daß eine neue oder alte Institution ihr geschundenes Dasein rechtfertigt." (Düttmann)
Im Zeitalter der universalisierten Ich-AG sieht sich jeder als potentiell Prekarisierter und fühlt sich angesichts der böse eingerichteten Welt berechtigt, im sturen Pochen auf sein von subjektiver Erfahrung abgelöstes, zum Label erstarrtes „Profil" seinen Anteil der Beute einklagen zu dürfen, als die der Geist allenfalls in Betracht kommt. Deshalb erscheinen Qualifikationsarbeiten, wie Düttmann bemerkt, mit ihren „naiven und zugleich kalkulierten Danksagungen, (...) die sich über Seiten erstrecken und die Fußnoten beschlagnahmen", immer öfter als eine einzige „Abtragung von Schulden". Eben darin aber, sich nicht als Leistungsträger zu verstehen,

der seine individuellen Fähigkeiten dem Markt anbietet, sondern sich von vornherein als Ohnmächtiger zu fühlen und jedes Angebot projektgebundener Arbeit dankbar als Gabe entgegenzunehmen, besteht die „Qualifikation", mit der die Geistesarbeiter der Zukunft punkten sollen. Die Universitäten, deren Sozialstruktur zwar nie wirklich egalitär, aber vergleichsweise offen für Individuen verschiedener sozialer und politischer Provenienz gewesen ist, drohen dabei zur Jobagentur von Wirtschaft und Zivilgesellschaft zu werden, denen die Berufungs- und Rekrutierungsformen der Wissenschaft schon immer eher dubios waren. Künftig werden solche Differenzen, die auf dem Wohlfahrtssektor längst zugunsten unmittelbarer Selbstausbeutung eingezogen wurden, eine immer geringere Rolle spielen. Jeder, der halbwegs bei Vernunft bleiben will, wird sich strikt entscheiden müssen, was er für die geistige Freiheit, mit der die Exzellenzexperten ihre Münder spülen, zu zahlen bereit ist.

Lebenslang Feedback

Geisteswissenschaftler klagen in Deutschland oft, daß sie seit der Bologna-Reform kaum Zeit für ihre eigentliche Arbeit hätten, weil sie von Verwaltungsaufgaben aufgezehrt würden. Das liegt allerdings nicht nur am Drittmittelbetrieb, der Doktoranden, akademische Mitarbeiter und Professoren zwingt, einen Großteil ihrer Arbeitskraft für die Sicherung des Selbsterhalts aufzuwenden. Es hängt auch mit der Inflation des Evaluationswesens zusammen, das als unabdingbar für die sogenannte Qualitätssicherung angesehen wird. Für sie ist an vielen Universitäten mittlerweile ein eigener Mitarbeiterstab verantwortlich.

Evaluation ist etwas anderes als die Leistungsbeurteilung, die den in Forschung und Lehre Tätigen in ihrer Funktion als Gutachter und Prüfer obliegt. Leistungsprüfungen beziehen sich, wenngleich sie verallgemeinerbar sind und statistisch erfaßt werden, auf konkrete Gegenstände und Individuen. Evaluiert dagegen werden nicht individuelle Leistungen, sondern Prozesse. Evaluationen finden nie einfach nur zwischen Prüfer und Geprüften statt, sondern beziehen ein Netzwerk von Personen und Institutionen ein, die angehalten sind, sich permanent selbst und gegenseitig zu bewerten. Die Evaluationen, die mit darüber entscheiden, welchen Platz im neuesten Ranking eine Hochschule einnimmt, sind nur die allgemeinste Form eines Mechanismus, der den universitären Alltag bestimmt. Die eindeutige und dadurch meist kalkulierbare Hierarchie, die zwischen Prüfer und Prüfling besteht, wird durch das System der Evaluationen aufgeweicht und zugleich totalisiert.

Im Hinblick auf die Aufgabe der Qualitätssicherung sind nicht nur die Studenten ihrem Lehrer, sondern alle einander und dem Ganzen verantwortlich: Nicht nur die Universitäten werden evaluiert, auch Studenten evaluieren ihre Fächer, sich selbst und ihre Lehrkräfte, die ihrerseits ihre Studenten, ihr Fach und einander evaluieren. Wer als Dozent oder Vertreter eines anderen Berufszweigs an einem Mentoring-Programm teilnimmt, in dessen Rahmen er einem einzelnen oder einer

Gruppe von Studenten als professioneller Ansprechpartner zur Verfügung steht, schreibt am Ende kein Zeugnis, sondern erhält von der Hochschulverwaltung Evaluationsbögen, auf denen er die Entwicklung der Mentorierten ebenso einschätzen soll wie den eigenen Lernprozeß während der Kooperation. Erst aus dem Zusammenklang von beidem entsteht die Evaluation. Als Träger des Lernens erscheinen dabei weniger die einzelnen Beteiligten als die Institutionen selbst. An die Stelle des Urteils, das die Prüfungsnote fällt, tritt das Feedback, das sich alle ständig voneinander wünschen.
Mag das Urteil, das sich in der Prüfungsnote zusammenfaßt, durch spätere Urteile revidiert werden, so fungiert es doch als Momentaufnahme einer individuellen Bildungsgeschichte. Das Feedback hingegen fällt kein Urteil, sondern schätzt im Hinblick auf künftige Möglichkeiten einen Entwicklungsstand ab. Nicht zufällig faßt es sich am Ende nicht in einer Note, sondern in Kennziffern zusammen, die sich ständig ändern können. Es ist nicht verbindlich, sondern vorläufig und Teil des Prozesses, zu dessen Evaluation es beitragen soll. Damit erweist sich das Evaluationswesen als Symptom einer Pädagogisierung des Wissenschaftsbetriebs, der es weniger um Lernergebnisse oder individuelle geistige Erfahrung geht als um das an Universitäten, Schulen und in Unternehmen beschworene „lebenslange Lernen“.
Anders als oft suggeriert wird, zielt das „lebenslange Lernen“ nicht darauf, einem engstirnigen Fachidiotentum mit erfahrungsoffener Flexibilität zu begegnen. Vielmehr reagiert es auf die schwindende Bedeutung des Objektbezugs in den Geisteswissenschaften, deren Hauptzweck nicht mehr darin besteht, daß die Studenten lernen, sich einen Gegenstand selbständig zu erschließen, sondern darin, ihnen vom Gegenstand ablösbare „Kompetenzen“ beizubringen. Traditionell war die Pädagogik eine Fach- und Hilfswissenschaft zugleich. Eine Hilfswissenschaft, weil sie der Vermittlung von Fähigkeiten dienen soll, die in anderen Disziplinen erworben werden; eine Fachwissenschaft, weil die Lehre von der richtigen Vermittlung nicht den Einzeldisziplinen überlassen werden kann, sondern eigene Theorien und Begriffe erfordert.

Heute durchdringt die Pädagogik als interdisziplinäre Leitwissenschaft alle Geisteswissenschaften, während die Lehre in den Einzeldisziplinen vernachlässigt wird. Das ist kein Widerspruch, weil der Gegenstand des Lernens tendenziell das Lernen selbst geworden ist, das nicht mehr nur als Aufgabe der Studenten, sondern auch der Lehrenden begriffen wird.
Dies hat Folgen für das Verhältnis zwischen Student und Lehrer. Obwohl die Hierarchie zwischen ihnen fortbesteht, müssen sich Dozenten und Studenten fortan primär als Teil eines Teams begreifen, in dem alle daran arbeiten, daß alle besser werden. Die in den Einführungsseminaren inzwischen fast obligatorische Gruppenarbeit, die Organisation von Forschungsclustern auf der Basis verbindlicher Teamtreffen, das „Mentoring-Tandem", das die überkommenen Tutorien ergänzt oder ersetzt, und der Einsatz von Techniken wie der Powerpoint-Präsentation sind Symptome dieser Entwicklung. Solche „flachen" Hierarchien verwirklichen aber nicht das Ideal der Einheit von Lehre und Forschung, sondern hebeln die produktive Konkurrenz aus, die vor der Modularisierung der Studiengänge aus der Widersprüchlichkeit der wissenschaftlichen Einzelinteressen entsprang. Der Kampf etwa, der bis in die neunziger Jahre an philologischen Fakultäten zwischen Anhängern der Hermeneutik, der Diskursanalyse und kritischen Theorie Forschung und Lehre prägte, konnte dazu führen, daß man im selben Semester zwei Seminare zu Hugo von Hofmannsthal besuchte, die verschiedene Autoren vorzustellen schienen. Das war nicht nur ein hochschulpolitisches Ränkespiel. Vielmehr brachte es den Studenten zur Anschauung, was erst Meinungsstreit genannt zu werden verdient: Sie wurden mit einander widersprechenden, aber in sich berechtigten Deutungen desselben Gegenstands konfrontiert und damit im besten Sinn alleingelassen.
In einem akademischen Milieu, das sich weniger in Schulen als in Teams organisiert, tritt an die Stelle des Meinungsstreits ein leerer Pluralismus, in dem beliebige Sichtweisen beliebiger Gegenstände koexistieren. Das exemplarische Lernen wird ersetzt durch ein Erlernen von Prozeduren, die auf die Objekte nur angewendet werden. Deshalb ist an der modularisierten

Universität jedes Fach pädagogisiert, während Forschung und Lehre im Hochschulalltag auseinanderfallen. Studenten können, was Literatur ist, immer seltener am selbstgewählten Objekt lernen, Dozenten kaum Seminare halten, die sich an ihren Forschungsinteressen orientieren. Vielmehr findet Forschung weitgehend unabhängig vom Seminarbetrieb in Clustern und Sonderforschungsbereichen statt, die ihre Ergebnisse auf Symposien einer Öffentlichkeit präsentieren, die sie ansonsten von der eigenen Arbeit ausschließen. Die Lehre hingegen, vor allem in der Einführungsphase, wird von „Lehrkräften für besondere Aufgaben" abgeleistet, die mitunter 16 und mehr Semesterwochenstunden unterrichten und zur Forschung kaum kommen.

Als Kriterium von Leistung gilt immer weniger, wie gut es einem Dozenten gelingt, einen Gegenstand aufzuschließen, oder wie eigenständig sich ein Student einen solchen anzueignen vermag, sondern in welchem Maße sich beide die vom jeweiligen Gegenstand abgelösten Prozeduren zu eigen machen, zu deren Vermittlung Pädagogik großteils verkümmert ist. Gerade weil aber der Objektbezug schwindet und die Prozeduren, Methodologien und „Theorieansätze" zur Hauptsache werden, zeigt sich diese Verkümmerung im Universitätsalltag als Totalisierung der Pädagogik. Für alles, was früher von Studenten und Lehrenden in spontanem Zusammenspiel einfach nur getan wurde, muß es heute eine eigene Didaktik geben, während der Gegenstand, um dessentwillen die pädagogische Bemühung geschieht, als störend oder überflüssig erscheint.

Das Ergebnis dieser objektlosen Pädagogik ist nicht das gebildete Individuum, das sich in einigem gut und ebendeshalb notwendigerweise in vielem nicht gut auskennt, sondern die Parodie des Universalisten: Menschen, denen ihr Abschluß bescheinigt, daß sie nicht etwa für ein Berufsfeld besonders geeignet, sondern aufgrund ihrer Kompetenzvielfalt für möglichst vieles zu gebrauchen sind. Das aber ist nicht nur Resultat einer falschen Organisation von Forschung und Lehre, sondern kommt einem Bedürfnis vieler Studenten entgegen, das Theodor W. Adorno schon 1962 in seinem Vortrag „Philosophie und Lehrer“ benannt hat: die „Fähigkeit, überhaupt etwas Geistiges an sich herankommen zu lassen und es produktiv ins eigene Bewußtsein aufzunehmen“, zu ersetzen durch ein möglichst flexibles, aber in sich starres Instrumentarium von Doktrinen und Methodologien, die es einem erlauben, sich mit beliebigen Objekten „lernend auseinanderzusetzen“, Erkenntnis also aufzulösen in den Techniken, die ihr eigentlich dienen sollen.

Wer nicht fragt, bleibt dumm

Der „Bildungsstreik“ und die Austreibung des Geistes aus den Geisteswissenschaften

Selten wurden die Protagonisten einer Protestbewegung von denjenigen, gegen die sie protestiert, so innig geliebt wie die des „bundesweiten Bildungsstreiks“. Mit ihren putzigen Krümelmonsterkostümen, ihren Comedy-Quatschclub-reifen PR-Aktionen (Wegtragen von „Bildungsleichen“), mit der schalen Diktion ihrer „Forderungskataloge“ und ihren deutsch-österreichischen Größenphantasien („Solidarität mit Wien“, „Wien, Deutschland, und morgen die ganze Welt“) konnten sie innerhalb kurzer Zeit bei Jung und Alt, Doof und Schlau richtig groß rauskommen. Ihre Forderungen zielen vorwiegend auf Maßnahmen, für die sich die Bildungspolitiker ohnehin aufgeschlossen zeigen: Reduktion der Verschulung, größere internationale Mobilität, paritätische Entscheidungen, gerechtere Finanzierungssysteme. Ihre eigenen Präsidenten haben sie für die Besetzung von Hörsälen gelobt, Wissenschaft sjournalisten von *Taz* bis *FAZ* haben sich mit ihnen solidarisch erklärt, Mütter und Schüler haben ihnen applaudiert. Im Grunde hätte die kollektive Euphorie niemanden überraschen dürfen: In puncto Geist und Bildung herrscht in Deutschland seit jeher Generalstreik, und wer Bücher nur auf Befehl liest, durfte sich hier schon immer zu Hause fühlen. Neu ist aber die Schamlosigkeit, mit der Menschen, denen selbst Adorno und Horkheimer eine größere Reflexionsfähigkeit als dem statistischen Durchschnittsbürger zutrauten, die Weigerung, erwachsen zu werden, als Eigenkapital ihrer Existenzgründung reklamieren. Kindischer als ihre kleinen Geschwister und abgeklärter als die eigenen Eltern, schicken sie sich an, ihrem Professor zu beweisen, daß sie das Schlechte besser können als er selbst. Deshalb soll im Folgenden anstelle freundlicher Begleitreflexionen Material für die anstehende Erledigung dieser „Bewegung“ geliefert werden.[1]

Die Lust am Feueralarm

Wenn es ein verbindendes Element der verschiedenen Bildungsstreikaktionen gegeben hat, so war es der nur halb ironisch bemäntelte Infantilismus, mit dem man sich in trotziger Affirmation freiwillig noch einmal zu dem Grundschüler macht, als der man vermeintlich ohnehin behandelt wird. Konsequent borgt man sich Flugblattlogos und Kostüme von der „Sesamstraße" und der „Sendung mit der Maus", veranstaltet öffentliche „Momo"-Lesungen, bei denen die Sache mit den grauen Männern natürlich völlig ernst gemeint ist, und inszeniert Hörsaalbesetzungen als Pfadfindercamping mit Zelten und Kochgeschirr, um sich als frustrierte Zuteilungsempfänger in Szene zu setzen, denen angesichts der Tatsache, daß die Bildungsakkumulateure den Rohstoff bunkern, nichts übrigbleibt, als mit der gleichen Aggressivität auf die eigene Beschränktheit zu pochen wie der Hartz-IV-Empfänger auf seine Bedürftigkeit. Um die antisemitischen Implikationen des eigenen Bilderrepertoires – graue Männer, ein bissiger Hund als Karikatur des Kapitalisten usw. – schert man sich nicht, weil man, um sie zu durchschauen, ja jener „Bildung" bedürfte, welche die Agenten des „Verwertungszusammenhangs" einem verweigern. Charakteristisch für die geistige Disposition solchen Protests ist die Brandmetaphorik, auf die sich die Bildungsprotestler rechtzeitig zum Jahrestag der Reichspogromnacht geeinigt haben: Wo immer für ein paar Tage ein Hörsaal besetzt wird, heißt es von nun an „Berlin, Halle, Bonn ... brennt", was, von allen anderen Bedeutungsnuancen abgesehen, auf „Hurra, die Schule brennt" anspielt – auf jenen prototypischen Pennälerspruch, der die Allianz von entfesselter Eigeninitiative und brutaler Geistesverachtung prägnant zusammenfaßt, die man in Deutschland als authentischen Ausdruck von Jugendlichkeit ansieht. Zumindest darin, daß willentliche Bücherzerstörung die Tatkraft und das Wir-Gefühl stärkt, sind sich Bildungspolitiker und Bildungsprotestler einig: Die einen verwandeln die Universitätsbibliotheken, wie es derzeit in Berlin geschieht, zurück in verkappten Privatbesitz der diversen Sonderforschungsbereiche und verscherbeln kostbare Doppelbestände zu Schleuderpreisen. Die anderen werben direkt nebenan für ihr bildungspolitisches Anliegen ausgerechnet mit dem Bild eines brennenden Pantheons. Wenn die Schule oder Uni brennt, macht der Ausnahmezustand Spaß und stiftet ein Gemeinschaftsgefühl, das umso wärmer ist, als sich niemand über die Wiederkehr der Normalität auf neuer Stufe täuscht. Entsprechend besinnungslos wird ein „Wir" beschworen, über dessen Unvereinbarkeit mit dem Begriff der Bildung, auf den man sich beruft, gar nicht erst nachgedacht wird. „Unsere Uni macht mit", heißt es auf Plakaten an der FU Berlin – ob beim Streik oder beim Elitewettbewerb, läßt sich schlechterdings nicht entscheiden (alle Hervorhebungen hier und im Folgenden von mir). „*Du bildest* die Uni", ermahnt mit schwacher Kalauerneigung ein anderes Plakat und beweist damit nur, daß die „*Du* bist Deutschland"-Rhetorik sich längst vom nationalen Kontext gelöst hat und als identitäres Bindemittel alle Verbände, Cliquen und Rackets beherrscht, die in organisierter Selbstzerfleischung den Volksstaat konstituieren. In den „Sprechchorübungen", die allerorten als mobilisierungsbegleitender Service angeboten wurden, war der Slogan „Wir sind viele, wir sind laut, weil man uns die Bildung klaut" besonders beliebt. „ ... weil man uns den Schnuller klaut" träfe den dahinter stehenden Affekt wohl besser, zielen doch alle konsensfähigen Forderungen der Bildungsprotestler auf die Verbesserung der institutionellen Schutzmechanismen und die Sicherung intellektueller Grundversorgung. Kaum ein Gedanke wird verschwendet auf mögliche neue geistige Inhalte und deren curriculare Formen, von einer Selbstkritik der Propaganda gegen „Ökonomisierung" und „Amerikanisierung", „Leistungsdruck" und „Verwertungslogik" ganz zu schweigen. Das überläßt man lieber Marx, der bekanntlich „Muß" ist und dessen Würdigung an degoutante Veranstaltungen delegiert wird, bei denen Gregor Gysi, Sahra Wagenknecht oder der marktführende Schweizer Antizionist Jean Ziegler als Gastredner bejubelt werden. Gerade ihre Reflexionslosigkeit hat den Bildungsprotestlern aber breite Aufmerksamkeit gesichert: Wer „laut" ist, hat in Deutschland immer Recht, und wenn man sich dann noch als Opfer gemeinen Raubs exponiert, hagelt es Zustimmung, weil zwischen den Zeilen jeder erkennt, daß solcher Protest nicht nur gegen die „Konzerne" und den „Markt" agitiert, sondern gleichsam blind auch gegen das akademische Milieu selbst – gegen jenes intellektuelle Schmarotzertum, das im Gegensatz zu seinen bodenständigen Söhnen selten „laut" wird und einen Begriff von Bildung entwickelt hat, der in seinem Idealismus wohl ideologisch ist, wie jede Ideologie aber sein Wahrheitsmoment hat: daß nämlich Bildung ein „Eigentum" ist, das zwar erworben, aber nicht zugeteilt, das zwar zunichte gemacht, aber nicht „geklaut" werden kann.

Die Gemeinschaft der Beraubten

Der Begriff von Bildung, der den Forderungskatalogen der Protestler zugrunde liegt, ist indessen von dem instrumentellen Bildungsverständnis, das sie mit dem Slogan „Bildung ist keine Ware" attackieren, völlig ununterscheidbar. Bildung wird als etwas angesehen, das akkumuliert, verkauft, geklaut, unter Wert gehandelt, vor allem aber vom Bildungsdienstleister, als der natürlich die Universität figuriert, demokratisch verteilt werden könne. Diktion und Denkform lassen die Propagandisten des Bildungsstreiks schon jetzt als jene bildungspolitischen Sprecher von Links- und sonstigen Parteien erscheinen, als die einige von ihnen früher oder später wohl wirklich enden werden. Ihr „Protest" ist keine Kritik, sondern ein prospektives Bewerbungsschreiben. So dekretiert Thomas Warnau vom „Freien Zusammenschluß von StudentenInnenschaften" (FZS) im Jargon jungsozialistischer Petitionsausschüsse in der *Jungle World* (Nr. 48/2009): „Die Forderung nach der Rückkehr zu den alten Abschlüssen und die ebenfalls oft geäußerte Forderung nach der Besinnung auf die Humboldtschen Bildungsideale *sind* dabei klar *zurückzuweisen*. Bildung zum Zweck der Förderung des deutschen Nationalbewußtseins (...) und eine (...) Beschränkung des Zugangs zu ‚höherer' Bildung *sind* ebenso *abzulehnen* wie eine Ausrichtung des Bildungssystems auf die Schaffung möglichst verwertbaren Humankapitals". Wer Forderungen, die (seien es auch kollektiv organisierte)

Individuen an andere stellen, nur in einer Rhetorik blinden Vollzugs zu formulieren vermag und wer anonyme, aber doch bewußtlos von Individuen exekutierte Transformationsprozesse nicht in ihrer Prozeßhaftigkeit, sondern einzig als erstarrte Optionen in den Blick bekommt („eine Beschränkung", „eine Ausrichtung"), der ist ein universitätspolitischer Sprechautomat und sollte seine Textproduktion auf die tagesübliche Verwaltungsprosa beschränken. Warnaus Gegner bei der *Jungle World*-Debatte, die Gruppe Campusantifa aus Frankfurt am Main, scheint sich zwar von ferne des Unterschieds zwischen Bildung und Strafvollzug bewußt zu sein, bedient aber letztlich dasselbe Ticket, wenn sie „eine soziale, gerechte und kritische Bildung" bzw. „eine selbstorganisierte, selbstbestimmte Bildung" einklagt. Die abstrakte Forderung nach „kritischer Bildung" läuft auf das autoritätssüchtige Sammeln „herrschaftskritischen Wissens" hinaus. Wahre Bildung, die doch wohl voraussetzt, daß irgendjemand in irgendeinem Aspekt menschlichen Lebens mehr weiß und mehr kann als ich, ist in gewisser Weise notwendig immer auch „fremdbestimmt". Und das Pochen auf „Selbstbestimmung" klingt nach autistisch vor sich hinwurschtelnden Polit-AGs, die sich, wie die Formulierung lautet, „kritisch" mit was auch immer „auseinandersetzen". Kurz gesagt: Aus solcher Diktion trieft in jeder Zeile jene Heteronomie, gegen die rhetorisch mobil gemacht wird.
Was solche „Kritik" nicht wahrhaben will und an bildungsphilosophischen Schriften von Humboldt über Nietzsche bis zu Adorno regelmäßig als „bildungsbürgerlich" und „romantisch" zurückweist, ist die simple Erkenntnis, daß Bildung, wenn darunter mehr verstanden werden soll als die allgemeine Zugänglichkeit der entsprechenden Infrastruktur, a priori nicht „demokratisch" sein kann. Bildung ist weder „Menschenrecht" noch „Ware", aber eben auch nicht einfach der Warensphäre entzogen. Sie bezeichnet, so ohnmächtig wie insistierend, gerade das Moment, worin jeder Einzelne, gerade weil er nicht nur „Mensch" ist, sich von allen anderen Einzelnen glücklich unterscheidet und in solchem Unterschied das Allgemeine vertritt – nichts anderes also als gelungene Individuation. Deshalb gibt es so viele gebildete Menschen, die

noch nie eine Uni von innen gesehen haben, aber auch so viele Soziopathen mit Doktortitel. So richtig es ist, daß das von den Achtundsechzigern geschmähte „Fachidiotentum“ diesem Begriff von Bildung widerspricht, so notwendig sind doch fachliche Profilierung und geistige Arbeitsteilung – also gerade die Transformation von Bildung in ein „Gut“ und die „Ökonomisierung“, mithin die Freisetzung der Universitäten vom politischen und konfessionellen Dienst – als Voraussetzung solcher Individuation. Wer diesen Doppelcharakter, der allen autonomen geistigen Gebilden ebenso wie der autonomen Kunst innewohnt – nämlich warenförmig zu sein, ohne in der Warenform aufzugehen[2] – nicht in den Blick bekommt, der endet entweder bei einer linkspädagogisch aufgemöbelten Betriebswirtschaft oder betrachtet Bildung, weil sie schließlich keine Ware sei, von vornherein als Beute: als von ominösen grauen Männern gebunkertes Zeug, das zwar im Grunde verächtlich ist, aber zwecks intellektueller Subsistenzsicherung qua „unmittelbarer Aneignung“, „Freiraumpolitik“ etc., also im Modus geistigen Mundraubs, seiner Bestimmung zugeführt werden müsse. Deshalb wohl auch der erstaunlich große Erfolg der „Piratenpartei“ unter Studenten: Die propagiert nämlich, als Institution gewordene Kaltstellung des Widerspruchs zwischen Liberalismus und Kommunismus, genau jene globale Enteignungspolitik, auf die sich heute antinationale Künstlerkollektive, illiterate Werbetexter und hauptamtliche Freiberufler aller Art jederzeit einigen können.

Wer als Antwort auf die Frage, wie man sich denn „selbstbestimmt“ bilden möge, nicht etwa ein Buch liest, eine Reise unternimmt, Menschen kennenlernt oder sich verliebt, sondern von den Bossen verlangt, den „Bildungsklau“ zu beenden, der stellt sich die bessere Zukunft nicht als eine Welt befreiter Ungleichheit vor, als eine Welt also, in der jeder ohne Angst und ohne Neid von jedem anderen lernen und sich an dem erfreuen kann, worin die anderen anders (und manchmal auch besser) sind als man selbst, sondern als Bildungsverteilungsanstalt, wo der Geist demokratisch portioniert wird wie die fleischlose Suppe in der Volksküche. Die Phantasielosigkeit „phantasievoller“ Protestaktionen – „Erschöpftes Umfallen im

Hörsaal", „Credit-Point-Jagd" in Fußgängerzonen oder die notorischen „Flashmobs" – verdeutlicht, daß es dabei nur noch um die beleidigte Einforderung von etwas geht, das man zu brauchen meint, aber schon lange nicht mehr begehrt. Wo aber die Begierde verkümmert – und durch Slogans wie „Lust auf Bildung" stirbt sie endgültig ab –, da verkümmert auch der Geist, der, wo er zu sich selbst kommt, eins ist mit der Lust. Ohne Rekurs auf das, was sich als Triebsubstrat jeder geistigen Erkenntnis bezeichnen ließe, läßt sich nicht verstehen, was die kritische Theorie, in Zuspitzung der materialistischen Momente des romantischen Bildungsbegriffs, als leiblichen Kern jeder Erkenntnis bestimmt: „Die Vernunft", schreibt Adorno in *Minima Moralia* mit Blick auf Freud, „ist ihm ein bloßer Überbau, (...) weil er den bedeutungsfernen, vernunftlosen Zweck verwirft, an dem allein das Mittel Vernunft als vernünftig sich erweisen könnte, die Lust. Sobald diese geringschätzig unter die Tricks der Arterhaltung eingereiht, selber gleichsam in schlaue Vernunft aufgelöst wird, ohne daß das Moment daran benannt wäre, das über den Kreis der Naturverfallenheit hinausgeht, kommt die ratio auf die Rationalisierung herunter. Nur wer es vermöchte, in der blinden somatischen Lust, die keine Intention hat und die letzte stillt, die Utopie zu bestimmen, wäre einer Idee von Wahrheit fähig, die standhielte."[3] Als „Zweck" der Vernunfterkenntnis ist die Lust nicht etwa unvernünftig wie die zur „Rationalisierung" heruntergekommene Ratio, sondern „vernunftlos", der Vernunft wie auch ihres falschen Gegensatzes ledig, die in ihr aufgehoben sind. Die Lust wie die Wahrheit sind blind: nicht im Sinne des „unerhellten Triebs", von dem die Psychoanalyse spricht und der gerade den abgespaltenen, destruktiv gegen das Subjekt sich wendenden Trieb bezeichnet, sondern im Sinne der Intentionslosigkeit, die keine partikularen Wünsche mehr kennt, weil sich in ihr alle erfüllen: blind wie das Glück. In der Verächtlichmachung jeder noch so flüchtigen Erinnerung an diese Einheit von Lust und Erkenntnis aber sind sich nicht erst seit „Bologna" alle einig – die Bildungsreformer, deren Zerstörung der stets eher proklamierten Einheit von Forschung und Lehre nur ein Oberflächenreflex der Zerstörung jener

Einheit ist; und die „Bildungsopfer“, die, wäre Bildung nicht eine so wichtige „Zukunftsinvestition“, ohne sie ebensogut leben könnten wie jetzt schon ohne Phantasie.

Phylogenese der Dummheit

Insofern ist es kein Zufall und kommt der psychischen Disposition der nachwachsenden Akademikergeneration entgegen, daß die Alltagsreligion der Neurophilosophie, die den Begriff der autonomen Vernunfterkenntnis und des freien Willens zu liquidieren sich anschickt, inzwischen einhergeht mit einer regelrechten Gefühlsrenaissance: Allerorten sprießen Ableger einer naturwissenschaftlich verbrämten Emotionalitätsforschung aus dem Boden, um zu beweisen, daß sich Vernunft und Sinnlichkeit, Gefühl und Ratio nicht unterscheiden lassen, weil beide nichts als akzidentielle Effekte jener subjektlosen Impulse seien, die in gewisser Weise die postmoderne Variante des lebensphilosophischen „Willens“ darstellen, der jeden individuellen Willen zugleich umfaßt und verzehrt. Damit gelingt der postmodernen Emotionalitätsforschung die negative Verwirklichung jener Aufhebung des Gegensatzes von Vernunft und Sinnlichkeit, die anzustreben an den Schriften der kritischen Theorie hämisch als „vorwissenschaftlicher“ Restbestand einer noch nicht ganz auf der eigenen Höhe arbeitenden Gesellschaftswissenschaft beanstandet wird. Im Abschnitt „Intellectus sacrificium intellectus“ in *Minima Moralia*, der den Exorzismus der Lust aus dem um die Dimension des Begreifens verkürzten Erkenntnisprozeß als Selbstopfer der Vernunft beschreibt, heißt es dagegen: „Nietzsches Aphorismus ‚Grad und Art der Geschlechtlichkeit eines Menschen reicht bis in den letzten Gipfel seines Geistes hinauf‘ trifft mehr als einen bloß psychologischen Sachverhalt. Weil noch die fernsten Objektivierungen des Denkens sich nähren von den Trieben, zerstört es in diesen die Bedingung seiner selbst. Ist nicht das Gedächtnis untrennbar von der Liebe, die bewahren will, was doch vergeht? Ist nicht jede Regung der Phantasie aus dem Wunsch gezeugt, der übers Daseiende in Treue hinausgeht, indem er seine Elemente versetzt? Ja ist nicht die einfachste Wahrnehmung an der Angst vorm Wahrgenommenen gebildet oder der Begierde danach? Wohl hat der objektive Sinn der Erkenntnisse mit der Objektivierung der Welt vom Triebgrund immer weiter sich gelöst; wohl versagt Erkenntnis, wo ihre vergegenständlichende Leistung im Bann der Wünsche bleibt. Sind aber die Triebe nicht im Gedanken, der solchem Bann sich entwindet, zugleich aufgehoben, so kommt es zur Erkenntnis überhaupt nicht mehr, und der Gedanke, der den Wunsch, seinen Vater, tötet, wird von der Rache der Dummheit ereilt. (...) Phantasie, heute dem Ressort des Unbewußten zugeteilt und in der Erkenntnis als kindisch urteilsloses Rudiment verfemt, stiftet allein jene Beziehung zwischen Objekten, in der unabdingbar alles Urteil entspringt: wird sie ausgetrieben, so wird zugleich das Urteil, der eigentliche Erkenntnisakt, exorziert. (...) Ist einmal die letzte emotionale Spur getilgt, bleibt vom Denken einzig die absolute Tautologie übrig. Die ganz reine Vernunft derer, die der Fähigkeit, ‚einen Gegenstand auch ohne dessen Gegenwart vorzustellen', vollends sich entschlagen haben, wird mit der reinen Bewußtlosigkeit, dem Schwachsinn im wörtlichsten Sinn konvergieren."[4]

Man weiß nicht, auf wen diese Worte prägnanter zu beziehen wären: auf die Bildungsreformer, denen der Geist, den ihre Zunft im Namen trägt, zunehmend als vielleicht doch nicht irreduzible Betriebsstörung erscheint; auf die Bildungsprotestler, die sich gegenseitig zum „Selbstdenken" auffordern wie Elke Heidenreich ihr dementes Publikum zum „Lesen!"; oder auf die zahllosen „unpolitischen" Studenten, die ihren Dozenten bei jedem zweiten Satz fragen, ob er denn prüfungsrelevant sei, und die, allesamt ihre eigenen SekretärInnen, besser mitschreiben als schreiben können – eine Armee antriebs- und witzlos gewordener Bouvards und Pécuchets, die jeden Vorschein des Begreifens als Bedrohung des Studierens wahrnehmen. Bei ihnen vollends ist selbst noch „die einfachste Wahrnehmung an der Angst vorm Wahrgenommenen gebildet", jedoch reflexionslos: Das „Recht auf Bildung", das sie allen Ernstes vom Staat einklagen, statt sich exmatrikulieren zu lassen und sich zu nehmen, was an Möglichkeiten eines freien Lebens noch übrig ist, meint nichts anderes als das Recht, ihre Angst vorm Denken und vorm Leben zu professionalisieren. Auch in den Zeiten vor Bologna, die von den Bildungsprotestlern idealisiert werden, war ein höherer Bildungsabschluß oder ein Stipendium nur in Ausnahmefällen Ausweis geistiger Autonomie. In Wahrheit bescheinigen akademische Zeugnisse seit jeher vor allem die Fähigkeit, betriebsgerecht zu schreiben und zu reden, und sanktionieren den Grad der individuellen Konformität mit dem universitären Apparat, der als zunehmend nutzloses Anhängsel der Kapitalverwertung qua ideellen Distinktionsgewinns weiterhin mitgeschleppt wird. Je tautologischer der Verwertungsprozeß und je offensichtlicher jene Nutzlosigkeit wird, desto evidenter erweist sich die gesamte universitäre Infrastruktur als virtuelles Jobcenter: Bafög-Ämter, Studienstiftungen, Sonderforschungsbereiche und Exzellenzinitiativen sind nichts als Zuteiler eines akademisch camouflierten (und oft noch nicht einmal viel großzügigeren) Arbeitslosengeldes, mit dem das nutzlose Menschenmaterial durchgefüttert wird, solange man sich zu strikteren Maßnahmen nicht zu überwinden mag. Deshalb agieren viele Bildungsprotestler in ihrem Denken und ihrer Rhetorik schon jetzt wie Hartz-IV-Empfänger. Sie pochen auf ihren Bildungsbedarf als eine sublime Form des Existenzminimums und können mit ihren Credit Points, ihrer Anwesenheitspflicht und ihrem „Campus Management" längst genauso gut tricksen wie jene mit ihrem ALG-II-Antrag.

Je totaler sich das Prinzip der ökonomischen und intellektuellen Alimentierung durchsetzt, desto mehr verkümmert, was der idealistische Begriff von Bildung als eines der materiellen Sphäre enthobenen, gleichsam unverlierbaren Eigentums ebensowenig erfaßt wie dessen materialistisches Komplement, dem Bildung nichts anderes ist als eine Art ideeller Mehrwert: der Konnex zwischen Erkenntnis und Lust. Wenn, wie Adorno schreibt, allein Phantasie „jene Beziehung zwischen Objekten" stiftet, „in der unabdingbar alles Urteil entspringt", so wird mit der Zerstörung des Zusammenhangs von „Triebgrund" und „Erkenntnis" nicht nur der Akt des Urteilens zum leeren Etikettieren, zur bloßen Meinungsäußerung, sondern

Sinnlichkeit selbst verkümmert, der Fähigkeit zur sprachlichen Artikulation beraubt, zum stumpfen Affekt. Phantasielosigkeit und Begriffslosigkeit, Freudlosigkeit und Unvernunft konvergieren und erzeugen jene Melange aus bornierter Interessenpolitik und haltlosem Wunschdenken, welche die „Forderungskataloge" der Bildungsprotestler und ihre an triste Schullandheimaktivitäten erinnernden Performances so unangenehm macht. Daß man nicht, wie die Rationalisten glauben, an Urteilskraft gewinnt, was man an Imagination einbüßt, aber auch nicht, wie die Vulgärromantiker meinen, den Verstand verlieren muß, um schöpferisch zu sein, bringt der von Adorno gewählte Begriff des „Schwachsinns" negativ auf den Punkt: bezeichnet er doch nichts anderes als den notwendigen Zusammenhang zwischen Entgeistung und Entsinnlichung. Nicht zufällig trägt das Schlußfragment der „Dialektik der Aufklärung", das sich auch als Skizze einer Urgeschichte des Bildungsbegriffs lesen läßt, den Titel „Zur Genese der Dummheit". „Das Wahrzeichen der Intelligenz", heißt es dort, „ist das Fühlhorn der Schnecke ‚mit dem tastenden Gesicht', mit dem sie, wenn man Mephistopheles glauben darf, auch riecht. Das Fühlhorn wird vor dem Hindernis sogleich in die schützende Haut des Körpers zurückgezogen, es wird mit dem Ganzen wieder eins und wagt als Selbständiges erst zaghaft wieder sich hervor. Wenn die Gefahr noch da ist, verschwindet es aufs neue, und der Abstand bis zur Wiederholung des Versuchs vergrößert sich. (...) In jedem Blick der Neugier eines Tieres dämmert eine neue Gestalt des Lebendigen, die aus der geprägten Art, der das individuelle Wesen angehört, hervorgehen könnte. Nicht nur die Prägung hält es in der Hut des alten Seins zurück, die Gewalt, die jenem Blick begegnet, ist die jahrmillionenalte, die es seit je auf seine Stufe bannte und in stets erneutem Widerstand die ersten Schritte, sie zu überschreiten, hemmt. Solcher erste tastende Blick ist immer leicht zu brechen, hinter ihm steht der gute Wille, die fragile Hoffnung, aber keine konstante Energie. Das Tier wird in der Richtung, aus der es endgültig verscheucht ist, scheu und dumm."[5]

Unter dem Bann der Gewalt wird Scheu zur Dummheit, obwohl doch gerade in ihr, wäre sie vom Druck der Furcht und des nach innen fortgesetzten Zwangs befreit, jener „Blick der Neugier" aufdämmern könnte, der allein „eine neue Gestalt des Lebendigen", erfüllte Individualität, verspricht. Nicht das auftrumpfende, und eben deshalb unfreie, refraktäre Selbstbewußtsein und nicht der sich als revolutionär beschwörende und umso ohnmächtigere Wunsch, die selbst Erscheinungsformen von Dummheit sind, verweisen auf diese Möglichkeit, sondern das tastende Gesicht und der tastende Blick, in denen das „Selbständige" des „Ganzen" gewahr bleibt, von dem es sich befreit. „Intelligenz", Vernunft selbst erweist sich der Bildlichkeit dieser Stelle zufolge als Organ und Organon eines Leibs, dessen Begierde sie erfüllt, indem sie sich von ihm löst. Dummheit bezeichnet nichts anderes als die Neutralisierung dieses Prozesses, die in der Regel als Zeugnis des Erwachsenseins mißdeutet wird: „Dummheit ist ein Wundmal. Sie kann sich auf eine Leistung unter vielen oder auf alle, praktische und geistige, beziehen. (...) Die endlosen Fragen des Kindes sind je schon Zeichen eines geheimen Schmerzes, einer ersten Frage, auf die es keine Antwort fand und die es nicht in rechter Form zu stellen weiß. (...) Sind die Wiederholungen beim Kind erlahmt, oder war die Hemmung zu brutal, so kann die Aufmerksamkeit nach einer anderen Richtung gehen, das Kind ist an Erfahrung reicher, wie es heißt, doch leicht bleibt an der Stelle, an der die Lust getroffen wurde, eine unmerkliche Narbe zurück, eine kleine Verhärtung, an der die Oberfläche stumpf ist. Solche Narben bilden Deformationen. Sie können Charaktere machen, hart und tüchtig, sie können dumm machen. (...) Der gute Wille wird zum bösen durch erlittene Gewalt. Und nicht bloß die verbotene Frage, auch die verpönte Nachahmung, das verbotene Weinen, das verbotene waghalsige Spiel, können zu solchen Narben führen. Wie die Arten der Tierreihe, so bezeichnen die geistigen Stufen innerhalb der Menschengattung, ja die blinden Stellen in demselben Individuum Stationen, auf denen die Hoffnung zum Stillstand kam, und die in ihrer Versteinerung bezeugen, daß alles Lebendige unter einem Bann steht."[6]

Dies ist die negative Wahrheit des Darwinismus: Jedes Individuum wiederholt, auf gleichwohl unverwechselbare Weise, jenen Weg der Deformation, auf dem die „Hoffnung“ ständig in Gefahr ist, zum „Stillstand“ zu kommen, und der dennoch der einzige ist, der unter den gegebenen Bedingungen zu gehen ist, will man nicht irgendwann auf der einen oder anderen Seite der Irrenanstalt landen. Die „Versteinerung“ ist nicht zu vermeiden, aber sie kann in glücklichen Konstellationen dazu führen, daß die „Lust“ nicht nur „getroffen“ wird, sondern durch Konzentration und Selbstbesinnung jene „konstante Energie“ entwickelt, die der „gute Wille“ haben muß, um nicht zum bösen zu werden. Nichts anderes als dieser Prozeß kann vernünftigerweise Bildung genannt werden, erinnert er doch nicht umsonst bis in seine Metaphorik hinein an die somatischen, gleichsam organischen Implikationen des Bildungsbegriffs und an dessen wahrhaft materialistische Grundlage, seinen „Triebgrund“. Konkret bedeutet dies, will man „Bildung“ nicht nur als Ticket beschwören, darüber nachzudenken, welcher keineswegs existentielle „Schmerz“ es denn ist, der jene ersten Fragen hervorruft, auf die noch kein Kind je eine Antwort hatte und die noch kein Kind in angemessener Weise zu stellen wußte; weshalb, mit anderen Worten, die Geschichte der Menschheit bis heute im Bann der „Tierreihe“ verharrt, die hier nicht aus kruder Anthropologie, sondern aus historischer Erkenntnis heraus die Metapher der „Menschengattung“ abgibt.

Für immer Schüler

Bei der Beantwortung dieser Frage könnte, zumal man aus ihr mehr über den Kommunismus lernt als bei Sahra Wagenknecht, durchaus die *Sesamstraße* helfen, in der es von merkwürdigen Figuren wimmelt, die gerade aus ihren Schwächen, Ticks und Spleens auf rätselhafte Weise ihre Stärke und ihren Sympathiewert beziehen, und in der die Fragen „Wieso? Weshalb? Warum?“ noch keine rhetorischen, sondern Kinderfragen sind. Im Milieu des „Bildungsstreiks“ jedoch, wo man sich auf derlei Motive nur halb verbissen, halb hämisch bezieht, kennt man immer schon die Antworten – die „Konzerne", die „Wirtschaft", das „Kapital", auf jeden Fall die „anderen" sind schuld – und verlangt mit der forschen Aufforderung, Fragen zu stellen und „selbst zu denken", in Wahrheit nur, die längst vorgegebenen Fragen und Antworten zu wiederholen. Indessen denkt, wer überhaupt denkt, schon immer selbst, und der Appell ans „Selbstdenken" ist nichts als ein verkappter Befehl, damit aufzuhören bzw. gar nicht erst anzufangen. An die Stelle der „verbotenen Frage" tritt dann die beantwortbare, erlaubte. Eben dadurch wird das Kind zum Schüler, der keine kindlichen, sondern höchstens kindische Fragen stellt und dessen Wünsche, im Gegensatz zu den stets noch uneinlösbaren des Kindes, genauso leicht zu befriedigen sind wie die pubertäre Sehnsucht nach gesellschaftlich sanktionierter Triebabfuhr.

Das Kind, keineswegs naiv oder unschuldig, ist zumindest potentiell ansprechbar, der Schüler dagegen ist die Verkörperung der Dummheit. Heutzutage, und gerade diesen Trend reproduzieren die Bildungsprotestler, ohne sich dessen auch nur annähernd bewußt zu sein, sollen tendenziell alle Menschen vom Mutterbauch bis zum Sterbebett in Schüler verwandelt werden. Die Gesellschaft des omnipräsenten Assessment-Centers ist zugleich ein gewaltiger Kindergarten, in dem erwachsene Menschen sich gegenseitig wie Unmündige behandeln, während die Unmündigen angehalten sind, schon im Krippenalter eine Autonomie zu imitieren, deren Verwirklichung ihnen um jeden Preis verwehrt wird. Die Kleinkinder werden zu Schülern gemacht durch schulvorbereitendes Kognitionstraining, die Studenten durch Verwandlung der Unis in Schulen; die Erwachsenen werden zu Schülern durch berufsbegleitende Pflichtfortbildung für Untergebene und Vorgesetzte sowie durch ein dichtes Netz von ABM- und Trainingsmaßnahmen, bei denen die Jobagenturen als ideelle Gesamtpädagogen agieren; die Alten werden zu Schülern durch Mehrgenerationenhäuser und infantile „Seniorenfreizeitangebote"; ja sogar die Ungeborenen werden zu Schülern durch pränatale Erziehungskurse für werdende Mütter. Eben diese Entmündigung, diese umfassende Verschulung aller großen

Bürger und kleinen Erdenbürger, nennt sich „lebenslanges Lernen", und nach „lebenslangem Lernen" gieren alle mit der gleichen Aggressivität, mit der sie jeden Funken Erinnerung an einen Zustand abwehren, in dem es keine Arbeit und kein Spiel mehr gäbe, sondern nur noch Glück, und der in der Blütezeit bürgerlichen Denkens mit einem Wort, das heute auch schon wie eine Drohung klingt, „ewiger Frieden" hieß. Das „lebenslange Lernen" verdammt die erfüllte Tätigkeit ebenso wie die Faulheit, die Zweckfreiheit und den Luxus. Es markiert die historische Liquidation der Möglichkeit des ewigen Friedens im Namen eines permanenten Beschäftigtseins, das von einem Zustand universaler Arbeitslosigkeit ironischerweise immer schwerer zu unterscheiden ist.

Wer jedoch, statt die Forderung zurückzuweisen, als Objekt von „Bildungsmaßnahmen" zu fungieren, „Bildung" offensiv einfordert und zu diesem Zweck womöglich sogar freiwillig an kollektiven Sprechchorübungen teilnimmt, der macht sich nur noch einmal zum Schüler und bekennt, ob nun willentlich oder bewußtlos, daß er nie im Leben etwas anderes sein will: daß er am liebsten auch in der Uni seine kleinen und seine großen Pausen hätte, daß er Fragen nur stellt, wenn man sie souffliert, Antworten nur gibt, wenn nach ihnen gefragt wird, und mit dem Plärren aufhört, sobald der Papa mit dem ersehnten neuen Spielzeug nach Hause kommt. Er macht sich freiwillig und vorbeugend zu jenem Unmündigen, zu dem er auf dem Umweg institutioneller „Bildung" ohnehin gemacht werden soll, und erfährt den Konflikt – das „Wundmal", von dem bei Adorno und Horkheimer die Rede ist – gar nicht mehr in seiner Schmerz- und Konflikthaftigkeit. Solcher Beweis der eigenen freiwilligen Selbstinfantilisierung ist freilich die beste Voraussetzung, um früher oder später von genau denen, gegen die man sich aufmüpfig zeigt und denen man schon jetzt erkennbar gleicht, in den Club der regredierten Eliten aufgenommen zu werden, die umso brutaler die „Exzellenz" beschwören, je weniger sie vom Adelsprivileg, das immerhin auch ein Glücksversprechen barg, noch wissen oder wissen wollen.

Kein Wunder also, daß die Aktionen und Veranstaltungen der Bildungsprotestler meistens so hirn- und freudlos ausfallen und die Stimmung eines verregneten ostzonalen Antifa-Camps verbreiten. Kein Wunder auch, daß sich, gleichsam als Nebenmotiv, auch der Antisexismus wieder zu Wort meldet. Nachdem es in der Wiener Universität zu einem, in den Medien nicht präziser beschriebenen, „sexuellen Übergriff" und zu chauvinistischen Beschimpfungen gekommen war, erklärten diverse antisexistische Initiativen in Berlin sich in einer ohne jeden Widerspruch geduldeten Plakataktion jedenfalls „solidarisch" und erteilten an die Kommilitonen Ratschläge in puncto sexueller „Zustimmungsreglung", auf denen gefordert wurde, an allen Unis einen „Frauenraum als Rückzugsraum" einzurichten, und das Prinzip sexueller „Zustimmung" dadurch definiert wurde, „jedes Mal und in jedem einzelnen Fall", auch vom festen Partner, vor „sexuellen Handlungen" „Zustimmung" einzuholen, wobei „sexuelle Handlungen" bestimmt wurden u. a. als „Küssen", „Streicheln" und „den Rücken Kraulen". „Mimik und Gestik", hieß es ohne präzisere Bestimmung weiter, seien „erlaubt", müßten aber vorher „abgeklärt" werden. Auch Sexualität wird hier offenbar nur noch gleichsam pädagogisch erfahren, als etwas, das, ganz genauso wie Bildung, unbedingt exakt geregelt werden muß, bei dem es keine Ambivalenz, keine Abgründe, keine Spontaneität und vor allem keine Individualität geben darf, das demokratisch verteilt und vertraglich fixiert werden soll – kurz, in völligem Gegensatz sowohl zur erwachsenen wie auch zur kindlichen Sexualität, als infantile nämlich. Selbst wenn nur eine Minderheit dem zustimmen mag, kein einziger hat widersprochen, kein einziger hat ausgesprochen, daß es eine Beleidigung von Frauen ist, für sie einen inneruniversitären Schonraum einzufordern, als könnten sie nicht, zumal an der Universität, für ihre Rechte und ihr Begehren selber einstehen.[7] Wie man sich hier die Sexualität vorstellt – nämlich reduziert auf jenes mutlose „Verscheuchtsein", das Adorno und Horkheimer zufolge Ausdruck von Dummheit ist –, so stellt man sich auch den Geist vor, und die Aufforderung auf einem alten Flugblatt der *Initiative Sozialistisches Forum*, „Hört auf zu studieren, fangt an zu begreifen", würde wohl heute als Aufforderung zu „übergriffigem Verhalten" verstanden werden. Freilich, anders als begreifend läßt sich nicht denken, und wer bei solchen Plakaten ratlos den Kopf schüttelt, fängt vielleicht endlich damit an.

Anmerkungen

1) Einen Überblick über die Streikaktivitäten vermittelt die Seite www.bildungsstreik.net. Die im Text erwähnten Aktionen und Zitate stammen aus Berlin, Köln, Bonn, Halle und Wien.
2) Vgl. Gerhard Stapelfeldt: *Geist und Geld. Von der Idee der Bildung zur Warenform des Wissens*, Münster 2003
3) Theodor W. Adorno: *Gesammelte Schriften*, Bd. 4, Frankfurt a. M. 1980, S. 136
4) Ebd., S. 136 f.
5) Theodor W. Adorno: *Gesammelte Schriften*, Bd. 3, Frankfurt a. M. 1981, S. 194
6) Ebd., S. 194 f.
7) Deshalb zeugt es von nichts als Zynismus, wenn die Bildungsprotestler der FU auf den Schautafeln, auf denen sie die Medienresonanz ihrer vermeintlich internationalen „Bewegung" dokumentieren, auch Artikel über die Studentenproteste im Iran platzieren, die für alles Mögliche kämpfen, aber nicht für den freiwilligen Rückzug der Frauen aus der universitären Öffentlichkeit.

Wie Völker sich bilden

Individuum und Gemeinschaft in der anarchistischen Theorie des 20. Jahrhunderts

In Zeiten, in denen eine christdemokratische Bundeskanzlerin sich eigenverantwortlich zum Staatssozialismus bekehrt, Zehntausende meist sich als „links" apostrophierende Demonstranten unter der Parole „Wir zahlen nicht für eure Krise" zur Jagd auf Heuschrecken aufrufen und die Volksmehrheit sich aggressiv wie selten nach dem wärmenden Gefühl gemeinschaftlicher Entbehrung sehnt, ist endlich, so sollte man meinen, die Stunde des Anarchismus gekommen – sei es wegen seiner Skepsis gegen jede Art staatlich organisierter Wohlfahrt, sei es wegen seiner Abneigung gegen sozialistischen Arbeitsfetischismus oder seines Plädoyers für Selbstgenuß und Wohlgefallen. Dennoch kann von einer Renaissance des Anarchismus weder als Lebenspraxis noch als Theorie die Rede sein. Jürgen Mümken, Teilnehmer des in Berlin veranstalteten Kongresses „Anarchismus im 21. Jahrhundert", äußerte sich im Interview mit der *Jungle World* (Nr. 15/2009) über „Anarchismus als Idee in der Krise" zwar kritisch zur pauschalen Staatskritik des Anarchismus („Wenn man Herrschaftsverhältnisse überwindet, verschwindet auch der Staat, aber wenn man den Staat überwindet, verschwinden noch lange nicht Herrschaftsverhältnisse"), vermochte als Beispiele für anarchistische Praxis jedoch kaum mehr anzuführen als den Protest gegen Castor-Transporte oder den Wunsch, „die Verhältnisse so zu ändern, daß der Mensch in einer freien Gesellschaft leben kann".

Indessen agieren dieselben, die am liebsten die gesamte Privatwirtschaft verstaatlichen würden, unter dem Schlagwort der „Zivilgesellschaft" längst im Namen der „Menschen" gegen den Staat, Politiker staatstragender Parteien beteiligen sich an der ökologisch korrekten Blockade von Bahngleisen, und das Hausen in Wohngemeinschaften oder Ladenfenstern ist dank der „digitalen Boheme" und diverser unappetitlicher Strandbars zum Lebensstil fröhlich prekarisierter Freiberufler geworden. Im Folgenden soll die Vermutung formuliert werden, daß der

Niedergang des Anarchismus im 20. Jahrhundert einherging mit dem Siegeszug eines trügerischen Doubles, das in weiten Teilen früherer anarchistischer Theorie bereits angelegt ist, aber erst im begriffslosen Wahn des Poststrukturalismus, wie er sich am authentischsten in der Sprach- und Denkform von Deleuzes und Guattaris *Tausend Plateaus* niederschlägt, zu sich selbst kommt. Erklärt sich die Widersprüchlichkeit früherer anarchistischer Theoriebildung aus ihrer defensiven, gegenüber den Verhältnissen ohnmächtigen Position, so erklärt sich der Erfolg ihrer postmodernen Widergänger aus der Tatsache, daß Ohnmacht und Desintegration längst keine marginalen, sondern allgemeine Erfahrungen geworden sind. Mit der Postmoderne geht die Ohnmacht in die Offensive und wird potentiell mörderisch, während der Anarchismus, seinen besseren Möglichkeiten zum Trotz, sich selbst zu annullieren droht.

Der „Staat" und die „Völker"

Den Anarchismus unterscheidet von sich kommunistisch nennender Herrschaftskritik nicht seine Kritik am Staat, sondern die spezifische Form, in der diese Staatskritik sich artikuliert. Während der Kommunismus, noch in seiner auf Engels zurückgehenden, sich „wissenschaftlich" nennenden Populärvariante, eine Aufhebung des bürgerlichen Staats avisiert, die das Vorhandensein entwickelter Formen bürgerlicher Vergesellschaftung, also die Ausbildung einer bestimmten Subjektform, den Begriff des autonomen Individuums, einen hohen Grad gesellschaftlicher und ökonomischer Differenzierung, vor allem aber die Genese einer gewissermaßen sozialpsychologischen Disposition zur Freiheit in den einzelnen Individuen immer schon voraussetzt, wohnt anarchistischen Ansätzen die Suggestion inne, all dies lasse sich nur gleichsam unterhalb des bürgerlichen Staats und seiner Institutionen entwickeln. Der Staat soll hier im strengen Sinn also gar nicht aufgehoben, sondern subvertiert oder untergraben werden.
Dieser Denkfigur, deren regressive Konsequenzen unverdeckt erst im Poststrukturalismus zu Tage treten, verdankt sich sowohl die penetrante Graswurzel-, Netzwerk- und Rhizom-

Metaphorik in den einschlägigen Texten wie auch die Affinität des Anarchismus zu diversen Subkulturen bei gleichzeitiger Ferne zu organisierter Arbeiterschaft und Bürgertum.[1] Die Subkulturen und das Lumpenproletariat oder, in postmodernem Soziolekt, „das Minoritäre", „Nomadische", spielen im Anarchismus die Rolle, die bei Marx der Arbeiterklasse zukommt. Die Rede vom Absterben des Staats wird denn auch in kommunistischer und anarchistischer Tradition durchaus unterschiedlich interpretiert. In der Formulierung von Engels, bei dem sich ansonsten zahlreiche fragwürdige Analogien zwischen Geschichtsschreibung und Naturwissenschaft finden, steht eine organizistische Deutung der Metapher nicht zur Debatte: „Sobald es keine Gesellschaftsklasse mehr in der Unterdrückung zu halten gibt, sobald mit der Klassenherrschaft und dem in der bisherigen Anarchie der Produktion begründeten Kampf ums Einzeldasein auch die daraus entspringenden Kollisionen und Exzesse beseitigt sind, gibt es nichts mehr zu reprimieren, das eine besondere Repressionsgewalt, einen Staat, nötig machte. (...) Das Eingreifen der Staatsgewalt in gesellschaftliche Verhältnisse wird auf einem Gebiete nach dem anderen überflüssig und schläft dann von selbst ein. An die Stelle der Regierung über Personen tritt die Verwaltung von Sachen und die Leitung von Produktionsprozessen. Der Staat wird nicht ‚abgeschafft', er stirbt ab."[2]
Der Staat stirbt demnach ab, nicht wie ein welkes Blatt, das die Pflanze zwecks Regeneration ihrer Lebenskraft von sich stößt, sondern wie eine anachronistisch gewordene Tradition, die sich zwar in der empirischen Wirklichkeit noch immer in vielerlei Institutionen, Handlungsweisen und Gewohnheiten sedimentieren mag, die jedoch – wie Kirchengebäude in einer vom religiösen Bedürfnis emanzipierten Gesellschaft – der Gesamtheit der Menschen zunehmend als ornamentales, komisches oder auch imposantes Relikt einer überwundenen Stufe ihrer Menschwerdung, als Restbestand der eigenen Vorgeschichte erscheint. Im Gegensatz zur „Abschaffung" ruft die Rede vom „Absterben" und „Einschlafen" jedoch auch das bewahrende Moment der „Aufhebung" in Erinnerung: Was glücklich aufgehoben worden ist, muß nicht getötet werden,

weil es sich aus seiner eigenen Dynamik heraus überflüssig gemacht hat, indem es verwirklichte, was nur durch es selbst denkbar und dennoch zugleich verhindert worden ist. Indem die Menschen ihre gesellschaftlichen Beziehungen, die ihnen in Form des Staats als Fremdes, Heteronomes gegenübertreten, zu ihrer eigenen Sache machen, realisieren sie im doppelten Sinn ihre Freiheit, die doch in nichts anderem besteht als in eben jenen Beziehungen, die sie zuvor als Abhängigkeiten erfahren hatten.

Der Anarchismus in seinen verschiedenen Varianten stellt diesem Bild des Absterbens oder Einschlafens des Staats zumeist eine Ikonographie des Belebens, Aufblühens und „Werdens“ der heterogenen Einzelnen entgegen, die nicht mehr, wie bei Marx in der Rede von der „Weltgesellschaft“ oder vom „Weltverkehr“[3], auf eine erfüllte Universalität bezogen sind, sondern als disperse Vielheit, als Gewimmel der an kein Territorium gebundenen nomadischen „Völker“ vorgestellt werden, die durch ihre „Alltagspraktiken“ den Staat zum Absterben bringen wie eine parasitäre Form, von der die lebendige Vielheit am Atmen gehindert werde.[4] Aus dieser Fetischisierung einer nur abstrakt bestimmten, jedoch als vital gedachten Pluralität, die bereits in den lebensphilosophisch grundierten anarchistischen Landkommunen- und Lebensreformprojekten der Jahrhundertwende omnipräsent ist und in Hardts und Negris dem „Empire“ gegenübergestellter „Multitude“ fröhliche Urständ feiert[5], beziehen anarchistische Gesellschaftsentwürfe ihren Distinktionsgewinn gegenüber dem vermeintlich starren Kollektivismus ihres kommunistischen Konterparts.

Um dieses Mißverständnis aufzulösen, genügt es, bei Marx selbst nachzulesen: „Erst wenn der wirkliche individuelle Mensch den abstrakten Staatsbürger in sich zurücknimmt und als individueller Mensch in seinem empirischen Leben, in seiner individuellen Arbeit, in seinen individuellen Verhältnissen, Gattungswesen geworden ist, erst wenn der Mensch seine ‚forces propres‘ als gesellschaftliche Kräfte erkannt und organisiert hat und daher die gesellschaftliche Kraft nicht mehr in Gestalt der politischen Kraft von sicht trennt, erst dann ist die menschliche Emanzipation vollbracht.“[6]

Aufhebung des Individuums als „abstrakten Staatsbürger" bedeutet demnach weder Liquidation der juristischen und ökonomischen Form der Staatbürgerschaft im Namen einer als menschengemäßer vorgestellten, naturwüchsigen „Kameradschaft" oder „Brüderlichkeit", noch Unterwanderung des bürgerlichen Staats und seiner Ökonomie durch anschaulichere Produktionsformen, „gerechten Tausch" oder „solidarische Ökonomie", wie dies in anarchistisch inspirierten Revolutionstheorien dann regelmäßig genannt wird, sondern Rücknahme des „abstrakten Staatsbürgers" in den „individuellen Menschen" und Aufhebung der Sphäre des Politischen durch Rückführung der als „politisch" vom Individuum abgespaltenen und an seine Funktion als Staatsbürger delegierten „gesellschaftlichen Kraft" ins Individuum selbst. Wenn der „individuelle Mensch" seine „forces propres" als „gesellschaftliche Kräfte" erkennt, so nicht, um sie einem heteronomen Zweck zu unterwerfen – das wäre nichts anderes als „Politik" –, sondern um sie durch Aufhebung der Sphäre heteronomer Zwecke zur gesellschaftlichen Kraft zu machen.

Daß dabei an die Stelle der „Regierung über Personen" die „Verwaltung von Sachen" tritt, heißt nicht, daß Personen wie Sachen behandelt würden, sondern daß der „individuelle Mensch" die bürgerliche Subjektform der „Person" sprengt und sich dadurch überhaupt erst in Stand setzt, die Bedingungen seines Lebens als seine eigene „Sache" und „Sache" der Menschheit zu bestimmen. Gerade indem er die Perpetuierung des Gattungszwangs durchbricht und von der Vorgeschichte in die Geschichte eintritt, wird der „individuelle Mensch" zum „Gattungswesen". Der individuelle Mensch ist mithin keine bloße Funktion der Emanzipation der Gattung, sondern deren Voraussetzung und Ziel und bleibt an jeder Stelle Gravitationspunkt des gesamten gesellschaftlichen Prozesses: „Das Bestehende, was der Kommunismus schafft, ist eben die wirkliche Basis zur Unmöglichmachung alles von den Individuen unabhängig Bestehenden, sofern dieses Bestehende dennoch nichts als ein Produkt des bisherigen Verkehrs der Individuen selbst ist."[7]

Anthropologie der Freiheit

Hierbei tun sich nun verwickelte Fragen auf, an denen nicht nur zahllose Anarchisten irre geworden sind: Wenn die Individuen, um zu „individuellen Menschen" zu werden, den „abstrakten Staatsbürger" in sich „zurücknehmen" müssen, obwohl doch allein die Form abstrakter Staatsbürgerschaft es ihnen denkmöglich macht, zu „individuellen Menschen" zu werden, müßten sie dann nicht, jeder Einzelne für sich selbst, ganz andere Menschen werden, bevor sie werden können, was sie sind? Wenn das „von den Individuen unabhängig Bestehende" der den Menschen heteronom gegenübertretenden Welt dennoch „nichts als ein Produkt des bisherigen Verkehrs der Individuen", ihre Unfreiheit also bewußtloses Produkt ihrer eigenen bewußten Handlungen ist, nach welcher Maßgabe wäre dann zu entscheiden, wann ihre Vorgeschichte endet und ihre Geschichte beginnt? Und wenn die Menschheit ihre Gattungsbestimmung nur erfüllen kann, indem jeder einzelne Mensch aus dem Zwang der Gattung heraustritt, was bedeutet dann der Gattungsbegriff?

Darauf zu antworten, hieße den Gordischen Knoten zu entwirren oder das Rätsel der Sphinx zu lösen, dessen Antwort in der Frage enthalten ist und eben deshalb unauffindbar scheint. Die sprachliche Dichte dialektischer Philosophie, von Hegel über Marx bis Adorno, mit der Anarchisten selten auf gutem Fuß standen[8], verdankt sich dem Versuch, tatsächlich das ganze Labyrinth zu durchschreiten, das durchqueren muß, wer das Allereinfachste erklären will. Der Anarchismus reagiert auf diese Herausforderung, indem er sich eine Abkürzung durchs Labyrinth sucht und supponiert, im Grunde seien alle Menschen, wie sie sind, bereits von sich aus in der Lage, die freie Menschengesellschaft zu verwirklichen, wenn man sie nur ließe. In dieser Hinsicht ist der Anarchismus nichts weiter als ein „libertär" gewendeter Liberalismus, ein Liberalismus mit schlechten Gewissen angesichts des Heers der Verarmten und Entrechteten. Dies gilt nicht nur für seine idealistische Variante etwa bei Stirner, sondern auch für deren vermeintliches Gegenbild, den kommunitaristischen Anarchismus in der

Tradition Kropotkins, der bei deutschen Anarchisten mit ihrer Vorliebe für bodenständige Produktionsformen schon immer besonders beliebt gewesen ist.

Noch Erich Mühsam, alles andere als ein orthodoxer Anarchist, nimmt in seinem programmatischen Essay *Die Freiheit als gesellschaftliches Prinzip* von 1929 die Diagnose, wonach keine soziale Bewegung je „erfolgreich um Anhang für sich werben könnte, wenn nicht auf ihrer Standarte das Bekenntnis zur Freiheit beschworen" werde, nicht etwa zum Anlaß, den Freiheitsbegriff in der hier angedeuteten Weise zum Problem zu machen, sondern als Beleg dafür, „daß die Sehnsucht nach individueller Freiheit in der menschlichen Natur selber begründet" sei: „Daher und weil bei primitiven Menschen ebenso wie bei differenzierten das Streben nach veredelter Gemeinschaft durchaus gleich empfunden wird mit dem Streben nach vermehrter Freiheit in der Verbundenheit aller", bezeichne Freiheit, obwohl mittlerweile „die seichteste aller öffentlichen Phrasen", als anthropologische Kategorie die naturwüchsige, von Staat und Gesellschaft lediglich stillgestellte Assoziationsform aller Lebewesen, die er unter Berufung auf Kropotkins philanthropisch umgedeuteten Sozialdarwinismus beschreibt: „Solidarität (ist) eine naturgegebene Eigenschaft aller lebenskräftigen Geschöpfe (...). Alle kameradschaftlich lebenden Tiere gründen ihr Gemeinschaftsdasein ausschließlich auf die natürliche Veranlagung zur kameradschaftlichen Brüderlichkeit, die (...) die den Kampf der Arten gegeneinander ergänzende Lebensform zur Erhaltung der Arten darstellt. Die Jagdgemeinschaften der Wölfe sind ebenso wie die Massenwanderungen des Damwildes zur Auffindung fruchtbarer Wohngebiete Beispiele in Freiheit organisierten gesellschaftlichen Lebens. Hier wirkt kein Staat, also keine zentrale Regierungsmaschinerie, sondern Anarchie."[9]

Obwohl es Mühsam also ausdrücklich um die Freiheit der Individuen, nicht des „Volkes" oder einer abstrakt gesetzten „Menschheit" geht – er spricht von der „Sehnsucht nach persönlicher Steigerung der Lebenswerte" als einer lebendigen Kraft, welcher noch „Werbung" und Propaganda Rechnung tragen müßten[10] –, wird diese Sehnsucht selber nicht als gesellschaftlich erworbene, im Prozeß geistiger und körperlicher Arbeit sich ausprägende Fähigkeit aufgefaßt, sondern als „naturgegebene Eigenschaft". Gesellschaftliche Freiheit wird damit nicht nur als „Veranlagung" aller „Geschöpfe" losgelöst von der genuin menschlichen Fähigkeit zur vernunftgeleiteten Reflexion, sondern als „ergänzende Lebensform zur Erhaltung der Arten" unter der Hand eben doch als Konstituens von „Lebenskraft" bestimmt und damit, allen Beschwörungen des Individuums zum Trotz, einem so konformistischen wie regressiven Imperativ unterworfen. Im „Kampf der Arten", der bei Mühsam ebenso wenig wie in Kropotkins Bienenstock-Kommunitarismus seiner Form nach als Anthropologisierung der Logik kapitaler Vergesellschaftung entziffert, sondern lediglich menschfreundlich renoviert wird, gewinnen dann ganz einfach nicht die Egoistischen und Rücksichtlosen, sondern die Solidarischen und Rücksichtsvollen, oder, wie die christdemokratische Staatssozialistin sagen würde, die Gemeinschaftsfähigen.

Weil er die Aporie des Begriffs der Naturgeschichte, welcher die Berufung des Menschen, seine Gattung zu überschreiten, als Privileg der menschlichen Gattung bestimmt, nicht zu fassen bekommt, landet Mühsam nolens volens nicht bei der Weltgesellschaft, sondern bei der „veredelten Gemeinschaft", nicht bei der „Solidarität" – die nichts damit zu tun hat, ob man jemanden kennt, sondern eine strikt gesellschaftliche Bestimmung ist –, sondern bei der „Kameradschaft", nicht bei der freien Assoziation, sondern beim Damwild. Die Formulierung, die Regierung über Menschen sei durch die Verwaltung von Sachen abzulösen, kommentiert er wie folgt: „Die Aufgabe derer, die die Freiheit zum gesellschaftlichen Prinzip erheben wollen, besteht demnach darin, das gemeinsame Wirtschaften der auf einander angewiesenen Menschen von der Leitung einer Gehorsamkeitspflicht gegen empfangene Befehle zur Erfüllung eines Kameradschaftsdienstes auf Gegenseitigkeit zu machen."[11]

Das „gemeinsame Wirtschaften" verströmt gegenüber der bürgerlichen Warenwirtschaft das Odium der Anschaulichkeit,

Handwerklichkeit und enthusiasmierenden Gruppenerfahrung. Wo jedoch die Menschen nach wie vor aus undurchsichtigen Gründen „auf einander angewiesen" sind, also sich unter dem Druck des Subsistenzkampfes, des „Kampfes der Arten", als Notgemeinschaft konstituieren, und die Logik von „Gehorsam" und „Befehl", die in der bürgerlichen Gesellschaft ja durchaus ihre Vermittlungsinstanzen kennt, zugunsten eines „Kameradschaftsdienstes auf Gegenseitigkeit" suspendiert wird, da scheint weniger die Zeit der Freiheit anzubrechen als die Zeit eines Gehorsams ohne Befehl[12], in der angesichts eines zwar absterbenden, die Individuen jedoch in ohnmächtiger Panik der sozialen Entropie ausliefernden Staats jeder sich gezwungen sieht, zum „Selbsthelfer" zu werden, der nur „Kameraden" statt Freunde kennt (denn Freundschaft ist zweckfrei und kennt keinen „Dienst"), um seine „Persönlichkeit", wie Mühsam es formuliert, als „vollkommene Einheit" mit der „gesellschaftlichen Gesamtheit" zu verwirklichen: „Die Gesellschaft der Freiheit ist ein Organismus, d. h. ein einheitlich und darum harmonisch schaltendes Lebewesen; das unterscheidet sie vom Staat und jeder Zentralgewalt, wo ein Mechanismus die Funktionen des organischen Lebens zu ersetzen sucht."[13]

Die gesellschaftlich produzierte, jede freie Sozialität zerstörende Verschmelzung von „Mechanismus" und „organischem Leben" ist dem Erfahrungshorziont Mühsams derart total geworden, daß er in einen Manichäismus verfällt, der den „Organismus" als „harmonische Einheit" dem „mechanischen" Staat als Repräsentanz von Abstraktion und repressiver Einheit gegenüberstellt – ein Rückfall in romantische Staatskritik, freilich ohne das dialektische Potential, das dieser, etwa bei Schelling, noch innewohnte.

Absonderung und Gemeinschaft

Während Mühsam, der in seiner Polemik gegen den Vegetarismus und in seinem Lob des Müßiggangs keinen Zweifel daran gelassen hat, daß es ihm um die Befreiung zu Genuß und Sinnesreichtum zu tun war[14], die „freie Gesellschaft" letztlich doch nicht anders denn als Notgemeinschaft zu bestimmen vermochte, hat Gustav Landauer, der Kropotkin ebenfalls schätzte und dessen Landkommunenprojekte heute als hilflose Versuche erscheinen, praktisch zu werden, in seinen theoretischen Schriften einen Begriff des Anarchismus entworfen, der gegen solche Mißverständnisse gefeit ist. Landauer geht von jener Aporie aus, die in dialektischem Denken, aber etwa auch in Hannah Arendts Theorie der Öffentlichkeit, detailliert entfaltet und bei Mühsam tendenziell ignoriert wird: daß sich zwischen Menschen, sobald entsteht, was Marx „Verkehr" nennt und was Voraussetzung aller menschlichen Freiheit ist, eben keineswegs einfach ein „Netzwerk" entspinnt, sondern ein immer auch notwendig über die individuellen Zwecksetzungen und Intentionen der Menschen hinausgehendes, sie nicht nur verbindendes, sondern auch voneinander trennendes und eben dadurch Intersubjektivität stiftendes „Gefädel" (Adorno), daß also niemand mit seinen Handlungen je nur erreicht, was er bezweckt, sondern immer zugleich weniger, mehr und anderes.

Der autonome Raum, der dabei entsteht und sich in aller bisherigen Geschichte gegen die Individuen und ihre Handlungen abgedichtet, ja die Individuen in ihrer Freiheit liquidiert hat, bleibt dennoch notwendige Voraussetzung dafür, daß die Individuen endlich ihre Bestimmung als „individuelle Menschen" verwirklichen könnten. Damit ist aber auch gesagt, daß die Menschen eben nicht als solche, in ihrer bornierten Partikularität, die bei Mühsam als „Natur" fixiert wird, zur Freiheit disponiert sind, sondern erst durch Entäußerung an jenen ihnen gegenüber fremden und doch von ihnen konstituierten Raum, den Landauer „Äther" oder „Weltall" nennt und der sich seines Zwangscharakters wiederum nur begeben kann, indem er von den Menschen in selbstmächtiger Entscheidung gestaltet wird.

Deshalb korrespondieren für Landauer Anarchismus und Individualismus: „Die Grunderkenntnis des Anarchismus oder Individualismus ist folgende: Es gibt in der menschlichen Gesellschaft nur Individuen und das Tun und Lassen von Individuen. Anarchistisch ist es, wenn gesagt wird, die so genannten Verhältnisse seien nur das Verhalten von Menschen

(...). Anarchie ist nur die negative Seite dessen, was positiv Sozialismus heißt. Die Anarchie ist der Ausdruck für die Befreiung des Menschen vom Staatsgötzen, vom Kirchengötzen, vom Kapitalgötzen; Sozialismus ist der Ausdruck für die wahre und echte Verbindung zwischen den Menschen, die echt ist, weil sie aus dem individuellen Geist erwächst, weil sie als das Gleiche und Eine im Geiste des einzelnen, als lebendige Idee blüht, weil sie zwischen den Menschen als freier Bund ersteht."[15]

„Anarchismus" ist also bei Landauer kein Konkurrenzprojekt zum Kommunismus, sondern bezeichnet von Seiten des Individuums, was „Sozialismus" von Seiten der Gesellschaft bezeichnet, und beide Begriffe, die keineswegs unmittelbar gesellschaftliche Praxis, sondern deren avisiertes Ziel beschreiben, konvergieren in dem Moment, wo der „individuelle Geist" sich in der Gesellschaft, die Landauer als „freien Bund", also nach Maßgabe von „Freundschaft" statt von „Kameradschaft" bestimmt, entäußern kann. Nicht eine anthropologisch auf „Freiheit" geeichte Natur aller „Geschöpfe", sondern „das Gleiche und Eine im Geiste des einzelnen" als „lebendige Idee", die Einheit in der Nichtidentiät ist es, die diesen Bund am Leben erhält. Aus diesem Gedanken entspringt Landauers in seiner Radikalität bis heute kaum entfaltetes Ideal einer gemeinschaftslosen, des Gemeinschafts¬charakters ledigen Gemeinschaft: „Die Gemeinschaft, nach der wir uns sehnen, die wir bedürfen, finden wir nur, wenn wir (...) uns ganz gründlich absondern, wenn wir uns als Einzelne in uns selber tiefst hinein versenken, dann finden wir schließlich, im innersten Kern unseres verborgensten Wesens, die urälteste und allgemeinste Gemeinschaft."[16]

Diese Gemeinschaft, die an sich immer bestanden hat, solange Menschen miteinander verkehrten, und doch für sich selbst noch nie Wirklichkeit geworden ist, hebt, da sie sich nur vermittelt durch „Absonderung" der „Einzelnen" konstituiert, jeden partikularistischen Begriff der Gemeinschaft, die immer nur in Abgrenzung zu anderen Gemeinschaften gedacht werden kann, auf in der „ältesten" und „allgemeinsten" Gemeinschaft, dem „Menschengeschlecht".[17] Deshalb kann Landauer schreiben: „Unser Allerindividuellstes ist unser Allerallgemeinstes. Je tiefer ich in mich selbst heimkehre, umso mehr werde ich der Welt teilhaftig“[18], und doch von der „Nichtigkeit des Konkretums, des isolierten Individuums“ sprechen, da die „Individuen“ nichts als „Erscheinungsformen und Durchgangspunkte, elektrische Funken eines Großen und Ganzen“ seien: „Individuum ist ein Starres und Absolutes als Ausdruck für ein sehr Bewegliches und Verbundenes.“[19]

Weil nur sein „Allerindividuellstes“ den einzelnen Menschen als schlechthin Unvergleichbares mit allen anderen verbindet, gibt es für einen solchen „freien Bund“ keine andere Appellationsinstanz als jenes Individuellste. Dieses jedoch ist nicht im „isolierten Individuum“, wie es in der bürgerlichen Subjektform vorgestellt wird, unmittelbar präsent, sondern kann sich erst verwirklichen durch Aufhebung des „Konkretums“, durch Vernichtung des Scheins seiner Starrheit und Freisetzung der in ihm aufgespeicherten Beweglichkeit und Lebendigkeit.

Die einzige Sprache, die Landauer in seiner Epoche zur Formulierung dieses Verhältnisses finden konnte, war die der Mystik. Was jedoch dem vulgärmaterialistischen Blick als Ausdruck von Gesellschaftsferne, Innerlichkeit oder Spiritismus erscheinen mag, ist in Wahrheit nichts anderes als der Versuch, aus der Perspektive des Individuums zu formulieren, was Marx aus der Perspektive des historischen Prozesses selbst entfaltet hat. Indem Landauer, wie nach ihm wohl nur noch Walter Benjamin, den materialistischen, innerweltlichen Gehalt christlicher und jüdischer Mystik freizulegen sucht[20], verdeutlicht er aber zugleich, daß die darin avisierte Praxis stärker als je von der empirischen Wirklichkeit abgeschnitten ist. Größe und Integrität seines Denkens sind ohne das Bewußtsein um diese Ohnmacht nicht zu erfassen. Was demgegenüber passiert, wenn anarchistischem Denken, 80 Jahre nach Landauer und 40 Jahre nach Auschwitz, dieses Bewußtsein ausgetrieben wird, illustriert der Poststrukturalismus in der Variante von Deleuze und Guattari.

Die „Völker" als „Meuten"

Um zu erklären, weshalb sie ihr Buch nicht gut bürgerlich in Kapitel, sondern schlecht anarchistisch in „Plateaus" gliedern, greifen Deleuze und Guattari zu Beginn der *Tausend Plateaus* auf die anarchokommunitaristische Wurzelmetaphorik zurück, die sie mit ihrem Konzept des „Rhizoms" überbieten wollen: Im Gegensatz zur „Pseudo-Mannigfaltigkeit" der „Bäume" und „Wurzeln", die auf eine organizistische Einheit bezogen bleibe, stelle das „Rhizom" eine „Mannigfaltigkeit" dar, die „weder Subjekt noch Objekt" kenne, sondern nur „Bestimmungen, Größen, Dimensionen, die nicht wachsen, ohne daß sie (die Mannigfaltigkeit, M.K.) sich verändert".[21]

Eine „Mannigfaltigkeit" freilich, die multiple „Bestimmungen" kennt, für sich selbst aber bestimmungslos bleibt, und sich ständig „verändert", obwohl sie als Bestimmungsloses zugleich das ganz und gar Unveränderliche ist, mag den Fallen dialektischer Naturphilosophie entkommen, verliert jedoch jeden kritischen Begriff der Natur als des Nichtidentischen, von instrumenteller Zurichtung Unerfaßten aus dem Blick. Umso blinder liefert sich solches Denken der spätbürgerlichen Naturverfallenheit aus, wenn es „Subjekt" und „Objekt" nicht mehr als antagonistische Pole ein und desselben Prozesses bestimmt, sondern zugunsten einer substantivisch, also als Zustand gedachten „Vielheit" liquidiert: „Das Prinzip der Mannigfaltigkeit: nur wenn die Vielheit tatsächlich als Substantiv, als Mannigfaltigkeit, behandelt wird, hat es zum Einen als Subjekt oder Objekt, als natürliche oder geistige Realität, als Bild und Welt keine Beziehung mehr."[22]

Weil jeder Rekurs auf das „Eine", also auf Universalität, als repressiv verworfen wird, kommt die Feier der „Vielheit", die als anarchistischer Einspruch gegen sozialistische Staatsverherrlichung bis in die zwanziger Jahre ihren historischen Sinn hatte, im Poststrukturalismus auf einen beziehungslosen Partikularismus herunter. Dessen historisches Komplement ist der Zerfall der bürgerlichen Gesellschaft in Gruppen desintegrierter Drop Outs, mit denen der Neoanarchismus sich bevorzugt identifiziert: Wie die Affinität des frühen Anarchismus zu Bohème und Lumpenproletariat eine Reaktion auf den Zerfall der Arbeiterbewegung war, reagiert die Fetischisierung einer dispersen „Vielheit" von Schizos, Nomaden usw. auf die drohende negative Aufhebung der bürgerlichen Gesellschaft, die nicht verhindert, sondern durch Mobilisierung der keinem Begriff von Universalität mehr verpflichteten „Minoritäten" vorangetrieben werden soll.

Die „Idee der einheitslosen Mannigfaltigkeit"[23], die in solcher Mobilisierung praktisch wird, verhilft dem Nichtidentischen, auf das Landauers Ideal des Anarchismus zielt, keineswegs zu seinem Recht, sondern läßt es untergehen im subjektlosen Wunsch- und Sprachstrom, der sich unschwer als Mystifikation des tautologisch gewordenen Kapitalprozesses entziffern läßt. In dieser Anhimmelung nicht etwa einer unerfaßten Natur, sondern eines aus der Vernichtung dieser Natur erst entspringenden „Lebens", in dem die Subjekte nichts als Partikel sind, liegt die Affinität des Poststrukturalismus zur Lebensphilosophie mitsamt ihren faschistoiden Ausläufern.

Gegenüber einem solchen Konzept von „Leben" erscheint die Idealisierung „natürlicher" Lebenszusammenhänge in Mühsams und Kropotkins Kommunitarismus als romantische Skurrilität. Das bewußtlose, aber glückliche Zusammenwirken aller Kräfte, in dem Mühsam an den Wölfen und am Damwild das Vorbild der freien Assoziation erblickt, wird bei Deleuze und Guattari ersetzt durch den Appell zur Selbstbarbarisierung der Individuen, die die bürgerliche Subjektform nicht aufheben, sondern abwerfen sollen, indem sie sich als asoziale „Meute" organisieren: „Beim Tier-Werden hat man es immer mit einer Meute zu tun, mit einer Bande, einem Rudel, einer Population, einer Bevölkerung, kurz gesagt, mit einer Mannigfaltigkeit. (...) Der Wolf ist in erster Linie keine Eigenschaft oder eine bestimmte Anzahl von Eigenschaften, sondern ein Wolfsgewimmel. Die Laus ist ein Läusegewimmel (...) etc. Was ist ein Schrei, unabhängig von einem Volk, nach dem er ruft oder das er zum Zeugen macht?"[24]

„Meute" ist also nicht etwa ein Gegenbegriff zur „Mannigfaltigkeit", sondern deren Verwirklichung, die sich immer dann ankündigt, wenn eine „Bevölkerung" sich in eigenverantwortlichem Amoklauf nicht nur der Form der Staatsbürgerschaft, sondern auch aller besonderen „Eigenschaften" entledigt, um zum „Gewimmel" zu werden, zu dem sich freilich nur ohnmächtige, ihre Bewußtlosigkeit in blindem Haß ausagierende Menschen machen können. Das „Tier-Werden" hat nichts mit romantischer Natursehnsucht zu tun, sondern ist das Projekt der an ihrer zerfallenden Sozialität irre werdenden Individuen, die sich nach Tod und Vernichtung sehnen, weil sie Freiheit nur noch als Angsttraum kennen. Worauf dieses Projekt hinausläuft, wird unverkennbar, wenn sich „Wolfsgewimmel" auf „Läusegewimmel" stürzen und „Schrei" und „Volk" ihren Einstand feiern.

Wer vom Anarchismus retten will, was von ihm zu retten wäre, muß sich illusionslos vor Augen führen, daß die Sehnsucht nach einem solchen Absterben des Staats im Haß auf den bürgerlichen Staat immer schon angelegt, daß also „dem Bürger zu mißfallen" nicht genug ist – „auch der Nazismus war ja eine ‚völlig unbürgerliche Aventüre'".[25]

Anmerkungen

1) Natürlich gab es im Anarchismus syndikalistische und „individualistische" Strömungen, die jedoch keine eigene Tradition ausbilden konnten. Auf diesem Feld der Heterodoxie gäbe es, von Franz Jung und Otto Gross bis hin zu Simone Weil, noch viel zu entdecken. Gerade in der deutschen Linken ist bis heute indes allein die kommunitaristische Variante des Anarchismus erfolgreich. Ein gutes Bild der Anarchismus-Rezeption der Achtundsechziger bietet die Textsammlung von Otthein Rammstedt (Hrsg.): *Anarchismus*, Köln u. a. 1969.
2) Friedrich Engels: *Die Entwicklung des Sozialismus von der Utopie zur Wissenschaft*, MEW 19, S. 177 ff., hier S. 224
3) Über den „Weltverkehr" vgl. Karl Marx/Friedrich Engels: *Die deutsche Ideologie*, MEW 3, S. 50 ff.
4) Zum Begriff der „Alltagspraktiken" Michel de Certeau: *Kunst des Handelns*, Berlin 1988, S. 101 ff. – Als Altphilologe und jesuitischer Mönch gehört der Autor

zu den erträglicheren Vertretern des „postmodernen“ Anarchismus. Deleuze, Guattari und Lyotard sind auf ihrer Suche nach der „Stärke der Schwachen“ dagegen stets bei den „unterdrücken Völkern“ gelandet, nach deren Bild sie ihre Wahrnehmung von Irren, Kindern, Frauen und anderen „Minderheiten“ modelten.

5) Fabian Kettner: *‚Empire‘ – Neues in der Weltordnung von Michael Hardt und Antonio Negri?*, in: AStA der Geschwister-Scholl-Universität München (Hrsg.): *Spiel ohne Grenzen*, Berlin 2004

6) Karl Marx: *Zur Judenfrage*, MEW 1, 347 ff., hier S. 370

7) Karl Marx/Friedrich Engels: Die deutsche Ideologie, MEW 3, S. 70 f.

8) Der Einwand, Bakunin, Stirner oder Bauer seien „Dialektiker“ gewesen, ist untriftig. Die Widersprüche deren Denkens, etwa Bakunins abstrakter Antiautoritarismus oder Stirners Solipsismus, lassen sich vielmehr aus den Problemen erklären, die sie mit der Dialektik hatten.
Zur dialektischen Kritik am Anarchismus vgl. neben den Passagen der „Deutschen Ideologie“ die Marcuse-Kritik von Hans Heinz Holz: *Utopie und Anarchismus*, Köln 1968.

9) Erich Mühsam: *Die Freiheit als gesellschaftliches Prinzip*, in: Ders.: *Ich bin verdammt zu warten in einem Bürgergarten*, hg. von Wolfgang Haug, Darmstadt/Neuwied 1983, Bd. 2, S. 156 ff., bes. S. 162 f.

10) Ebd., S. 157

11) Ebd., S. 161 f.

12) Clemens Nachtmann: *Gehorsam ohne Befehl – Bombenlegen aus Erfahrung*, in: Bahamas, Heft 27, 1998, S. 21 ff.

13) Mühsam, a.a.O., S. 165

14) Siehe den *Gesang der Vegetarier* in seiner Studie *Ascona*, a.a.O., Bd. 1, S. 30 ff.

15) Gustav Landauer: *Individualismus*, in: Ders.: *Auch die Vergangenheit ist Zukunft*, hg. von Siegbert Wolf, S. 138 ff., hier S. 139 f. und S. 144

16) Gustav Landauer: *Durch Absonderung zur Gemeinschaft*, in: Ders.: *Zeit und Geist*, hg. von Rolf Kauffeldt und Michael

Matzigkeit, Düsseldorf 1997, S. 80 ff., hier S. 82
17) Ebd.
18) Ebd., S. 95
19) Ebd., S. 90
20) Arno Münster: *Utopie, Messianismus und Apokalypse im Frühwerk von Ernst Bloch*, Frankfurt/M. 1982
21) Gilles Deleuze, Félix Guattari: *Tausend Plateaus*, Berlin 1997, S. 18
22) Ebd., S. 17
23) Manfred Frank: *Was ist Neostrukturalismus?*, Frankfurt a. M. 1983, S. 440
24) Deleuze/Guattari, a.a.O., S. 326
25) Frank, a.a.O., S. 434

Wo niemand Dir was Böses will
Die deutsche Reformpädagogik als Avantgarde

Wenn sich die Sünde vorwagt, wird sie von der Polizei verboten. Wenn sie sich verkriecht, wird ihr ein Erlaubnisschein erteilt.
Karl Kraus

Dem deutschen Menschen, so scheint es, ist Sünde nicht anders vorstellbar denn als schale Après-Ski-Phantasie. Was für Amerika der Lolita-Mythos, war hierzulande der „Schulmädchen-Report", die Abgründe der Ekstase enthüllten sich dem Massenpublikum mit Vorliebe beim Blick auf schneeweiße Alpenlandschaften in Filmen wie „Jagdrevier der scharfen Gemsen", statt Erotikthriller schaute man sich „Aufklärungsfilme" an, und die vakante Doppelstelle von de Sade und Justine wurde auf Lebenszeit durch Oswald Kolle und Beate Uhse vertreten. Als „Sexbombe" im deutschen Fernsehen galt Ingrid Steeger, in den pädagogisch wertvollen Softpornos aus der Zeit der „sexuellen Befreiung" ließ Horst Tappert die Hosen runter. Hier bemühten sich vom platonischen Eros beseelte Klassizisten von Winckelmann bis Wyneken um den „schönen Leib", hier haben progressive Sozialkundler das Wort „Sexualhygiene" erfunden, und nur hier ist das Genre des pornographischen Unterhaltungsfilms fast vollständig im Dunstkreis von Schule, Sport und Eigenheim angesiedelt. Für das Überwältigtwerden durch die Lust, das jede aufstrebende junge Frau ebenso frühzeitig absolvieren muß wie das Staatsexamen, liegt die reibungslose Entjungferung durch den Sport- oder Klavierlehrer nahe, während der Mutter und Hausfrau die lockende Fremde in Gestalt des Klempners oder Fitneßtrainers begegnen darf. „Deutsche Erotik" wäre wohl ein aussichtsreicher Titel für den kürzesten Film der Welt.

Der Wille zur Zote

An deutsche Aufklärungspornos der sechziger und siebziger Jahre fühlte sich erinnert, wer die Presseberichte verfolgt hat, in denen die reformpädagogische hessische Odenwaldschule nach Enthüllung diverser, meist verjährter Mißbrauchsfälle als pädagogisches Sodom und Gomorrha in Szene gesetzt wurde. „Pädagogen teilten ‚sexuelle Dienstleister' fürs Wochenende ein", meldete der *Spiegel* am 6. März 2010 und beklagte den „jahrelangen Mißbrauch von Schutzbefohlenen" an der „Unesco-Modellschule", nachdem ehemalige Zöglinge berichtet hatten, sie seien dort „regelmäßig durch das Streicheln der Genitalien geweckt", „mit Drogen und Alkohol versorgt" sowie „zu Oralverkehr gezwungen" worden. Gleichzeitig veröffentlichte die *Frankfurter Rundschau* einen Bericht über eine ehemalige Schülerin, die zwei Lehrer sich „als Gespielin geteilt" hätten, und zitierte einen Absolventen mit den Worten, an der Odenwaldschule habe eine wahrhafte „Anti-Spießer-Hysterie" geherrscht: „Es ging da in all den Jahren sehr freizügig zu." Daß sie bei jeglichem Widerstand gegen die verordnete „Freizügigkeit" als „verklemmte schwäbische Spießerin" diffamiert worden sei, bekannte im selben Monat auch die Autorin, Fernsehmoderatorin und Ex-Odenwaldschülerin Amelie Fried, die ihre Mißbrauchserinnerungen für die *Frankfurter Allgemeine Zeitung* vom 14. März 2010 in eine lyrische Prosa mit dem Titel *Die rettende Hölle* gießen durfte. Darin schwärmt sie zwar wortreich vom „Wohnen mit Gleichaltrigen" und der „Erziehung zu Mut", zeichnet vom alltäglichen Zusammenleben im Odenwald aber zugleich ein Schreckbild für jeden bodenständigen Hausvater – mit Überraschungsbesuchen der Lehrer im Gruppenduschraum, mit erzwungenen „Strip-Poker-Runden" und der „Hand unter der Bettdecke" als morgendlichem Weckruf für Knaben. Ein Szenario, das im Mai durch die Nachricht komplettiert wurde, im Odenwald habe ein Musiklehrer, der inzwischen verstorben sei und daher leider „nicht mehr belangt" werden könne, „seine Schutzbefohlenen zu sexuellen Handlungen vor der Kamera gezwungen" und einige von ihnen „bis zu 200 Mal mißbraucht" (*Süddeutsche Zeitung*, 2. 5. 2010). Auch Amelie Fried, die nach wie vor kein einziges kritisches Wort über das Konzept der Reformpädagogik als solches und dessen „humanitäres" Menschenbild übrig hat, deutet die Mißbrauchsfälle an der Odenwaldschule vor allem als besonders verantwortungslose Form des *Autoritäts*mißbrauchs und jammert über die Korruption ihres einst stabilen pädagogischen Ich-Ideals, wenn sie dem damaligen Schulleiter Gerold Becker im Ton empfindsamer Betroffenheit, nämlich duzend und anklagend zugleich, entgegenschmettert: „War das, was Du uns auf der Odenwaldschule beigebracht hast, ernst gemeint? Konflikten nicht aus dem Weg gehen. Sich für andere einsetzen. Mutig sein. Dann gehe Konflikten nicht aus dem Weg! Sei mutig! Entschuldige Dich und bitte Deine Opfer um Verzeihung!"

Gerold Beckers Reaktion beschränkte sich auf eine laue Entschuldigung für eventuelle „Annäherungen", während sein Lebensgefährte, der berüchtigte Herzenspädagoge Hartmut von Hentig, in Fried-kompatibler Schmalzigkeit entgegnete, das wahre Problem bestehe weniger in den sexuellen Übergriffen als darin, daß die erkaltete moderne Gesellschaft „mißtrauisch auf jede Zärtlichkeit" blicke und in ihrer panischen Angst vor Transzendenz „Schutzvorkehrungen gegen den scheuen Gott" errichte (*Süddeutsche Zeitung*, 13. 3. 2010). Becker, selbst ist im Juli nach längerer Krankheit gestorben, hat aber vorher noch miterleben dürfen, mit welchen therapeutischen Maßnahmen seine Ehemaligen ihre „traumatischen Erlebnisse" zu bewältigen suchen. Die *Süddeutsche Zeitung* gab am 19. April in einem Artikel mit dem raunend-reißerischen Titel „Morgens früh um sechs...", der den Bildzeitungsjournalismus fast schon sympathisch erscheinen läßt, erleichtert bekannt, „nun endlich" fänden „die Opfer eine Sprache und das Gehör, um die drastischen Taten von damals auszudrücken und öffentlich zu machen", und könnten mit ihrer „Trauerarbeit" beginnen: „Bei einer zum Schuljubiläum in Heppenheim eröffneten Ausstellung haben Absolventen ihre Erlebnisse jetzt in Kinderreime gekleidet: ‚Im Odenwald, da bleibt kein Hoden kalt.' Als Teil einer Kunstinstallation singen sie vom Band: ‚Morgens früh um sechs, da gibt es erst mal Sex. Morgens früh um sieben, wird's nochmal getrieben (...). Übergriff um elf, geht dann bis um zwölf.' Schon in Schülertagen, so berichtete bei einer Podiumsdiskussion Thomas Bockelmann, der heute Intendant am Theater in Kassel ist, sei gesungen worden: ‚Der Be-ecker, der Be-ecker, der findet Jungens le-ecker.'" Was das deutsche Zentralorgan für Opferschutz als „mit drastischen Worten" absolvierte „Trauerarbeit" deutet, die die adäquate Antwort auf „drastische Taten" sei, erinnert in Wahrheit nicht zufällig eher an die verklemmten Selbstenthemmungsversuche refraktärer Pfadfinder, die um 1900 im Zuge der sich formierenden Jugendbewegung erstmals jene Konvergenz von Lustfeindlichkeit und Spaßkult, uneingestandener Prüderie und autoritätssüchtiger Tabubrecherei zelebrierten, die wenig später in der deutschen Volksgemeinschaft, die eben nicht einfach „körperfeindlich" gewesen ist, zu sich selbst kommen sollte. Die Zoten, mit denen die Ehemaligen ihre sexuellen Demütigungen „verarbeiten" und deren Mischung aus Homophobie, kaltschnäuzigem Primanerhumor und kollektivem Ressentiment mit der Individualität und Intimität von Trauer nichts zu tun hat, weil sie allein an das Einverstandensein der Gemeinschaft appelliert, unterscheiden sich von den abgeschmackten Sexspielchen, die im Odenwald praktiziert worden sein sollen, ebenso wenig wie das hohle Herzensbildungspathos in den Stellungnahmen der „Anklägerin" Amelie Fried und des „Verteidigers" Hartmut von Hentig. Es handelt sich bei den Versen denn auch gar nicht um „Kinderreime" – dafür fehlt es ihnen sowohl an Naivität wie an Abgründigkeit –, sondern um eine Variante jener Fahrtengesänge, mit denen die jugendbewegten Lebensreformer des frühen 20. Jahrhunderts ihre, wenngleich meist imaginäre, brutale Gesundheit zu feiern pflegten. Die Hoden auf den Odenwald und den Sex auf morgens früh um sechs zu reimen, verhöhnt die tatsächliche Hilflosigkeit angesichts unerwünschter sexueller Berührungen ebenso, wie es jede Erinnerung an die Möglichkeit denunziert, daß Sex morgens früh um sechs auch etwas anderes als Rohheit bedeuten könnte. Statt ihren Lehrern vorzuwerfen, daß die Lebenswirklichkeit im reformpädagogischen „Laboratorium", wie Paul Geheeb, Gründer der Odenwaldschule, seine Erziehungsanstalt nannte, dem Versprechen freier Sexualität hohnsprach, wird mit dieser Wirklichkeit gleich auch jenes Versprechen selbst denunziert. Die „Trauerarbeit" folgt in Wahrheit der Logik, wonach es nur ausreichender Gewieftheit und Selbstabhärtung bedarf, um sich in einem Milieu, in dem ohnehin alle Charakterschweine seien, als schlagkräftiges Mitglied eines virilen Pubertätskollektivs zu behaupten, das seine eigene Demütigung in der Hatz gegen die als weichlich verspottete Autorität – den „Becker", der „Jungens lecker" findet – austoben darf. Solch autoritärer Antiautoritarismus, der in einer Mischung aus Eigentlichkeitspathos, Kraftmeierei und Anzüglichkeit seinen adäquaten Ausdruck findet, ist in der Ideologie der Reformpädagogen selbst bereits angelegt.

Beate Uhse als Symptom

Die Allianz aus Verklemmtheit und Enthemmungssehnsucht, die nicht nur die sexuellen Anzüglichkeiten der Odenwaldlehrer, sondern auch die Obsessionen ihrer heutigen Kritiker prägt, läßt sich exemplarisch an einer prominenten Schülerin des Internats demonstrieren, die schon mit 15 Jahren hessische Meisterin im Speerwerfen war, in der NS-Zeit als Sportfliegerin reüssierte, Deutschlands erste Stunt-Pilotin wurde, kurz nach Kriegsende den ersten deutschen Erotikversand gründete, 1962 ein „Fachgeschäft für Ehehygiene" eröffnete und die „funktionale Reizwäsche" erfunden hat: Beate Uhse, die Leni Riefenstahl der sexuellen Revolution. Sie verkörpert beispielhaft jenes kulturprotestantische Verständnis „freier Sexualität", welches seit Beginn des 20. Jahrhunderts vorzugsweise aus Deutschland und Skandinavien gegen das als Dekadenzsymptom wahrgenommene Raffinement und die Koketterie „französischer" Erotik, aber auch gegen das uneigentliche, oberflächliche Körperbild der aus Amerika importierten „Girls" ins Feld geführt wurde. Repräsentierte das „Girl", das in der Weimarer Republik im Zuge der Neuen Sachlichkeit zeitweise zur massenkulturellen Ikone werden konnte, die lässige Sportifizierung des eigenen Körpers und die zwanglose Adaption ehemals als „männlich" wahrgenommener sozialer Verkehrsformen durch die „Neuen Frauen", wie sie in der Alltagswirklichkeit vor allem unter den weiblichen Angestellten zu finden waren, so stand die „französische" Erotik für die

Versöhnung von Sexualität und Zweckfreiheit, Triebnatur und Luxus sowie für das in Deutschland stets als bedrohlich wahrgenommene Glücksversprechen, daß die Stilisierung des eigenen Körpers durch Mode und Kosmetik der sinnlichen „Natur" allererst zum Bewußtsein ihrer selbst verhelfen könnte, statt sie zivilisatorischer Entfremdung auszuliefern. Gegen beide Erscheinungsformen der glücklichen Vermittlung von Zivilisation und Trieb ist der *nordic sex* gerichtet, den Beate Uhse sich als Erfolgsmodell patentieren ließ und dessen Ursprünge im leibes- und lebensfeindlichen Körperkult der Jugendbewegung und ihrer reformpädagogischen Ausläufer zu suchen sind. Diese „freie Sexualität", die nicht umsonst vorwiegend in Termini von Medizin, Leibesertüchtigung und Volksgesundheit gefaßt worden ist, bezeichnet den losgelassenen, aber *unerhellten* Trieb, dessen restlose wie blinde Bedürfnisbefriedigung, weil sie nur um den Preis ebenso restloser Selbstverstümmelung zu haben ist, in Destruktion umschlägt, in der die Ansprüche von Gesellschaft und Individuum, Zivilisation und Trieb gleichermaßen verraten werden. Deshalb ist es kein Widerspruch, sondern konsequent, daß es ausgerechnet einer Frau, die ihr halbes Leben der Transformation von Sport in Leibesqual gewidmet hat, erstmals gelingen konnte, Reizwäsche und Sexspielzeug dem deutschen Volkskonsum zugänglich zu machen. Der Kultus des Sports, der auch für den „Girl"-Kult der Weimarer Republik kennzeichnend war, hat in seiner angloamerikanischen Variante eine andere Bedeutung als in seiner deutschen. Der Sportkult des Amerikanismus war zumindest idealiter immer auch ein Zivilisationsmodell. „Fair Play" und „Sportsgeist" haben dort noch heute eine Doppelbedeutung als sportspezifische und gesellschaftliche Begriffe, die die Fähigkeit des Individuums zu gelungener Intersubjektivität bezeichnen, die Fähigkeit also, die eigenen Interessen gerade durch Anerkennung der Interessen des Gegenüber und durch Hineinnahme des Moments der Konvention ins eigene Verhalten durchzusetzen. In der lässigen Geschmeidigkeit angloamerikanischer „Sportlichkeit" hat sich dieser Anspruch sedimentiert. Der deutsche Sportkult dagegen impliziert ein Ideal heroischer Selbstbezwingung des Leibes, der durch strenge Knechtung in Stand gesetzt werden soll, rücksichtslos und brutal die eigenen Bedürfnisse geltend zu machen, die ihrerseits nicht anders denn als rücksichtslose und brutale erfahren werden können. Einem solchen Körperverständnis ist eine Kleidung, die durch Pikanterie und Raffinement die Sinnlichkeit des Leibes intensiviert, von Grund auf fremd und müßte eigentlich als Quelle von Luxus und Verweichlichung abgewehrt werden. Es bedurfte einer lebensreformerisch geschulten Kampfpilotin, die statt von Lust von „Hygiene" sprach, Dessous zu „Reizwäsche" arisierte und der antikatholischen Humanistischen Union angehörte, die bis heute zu den wichtigsten Fürsprechern der Reformpädagogik in Deutschland zählt, um die Zweckfreiheit von Erotik für die Optimierung eines „hygienischen Sexuallebens" in Dienst zu nehmen: Darin besteht die deutsche Variante „sexueller Freizügigkeit" vom Odenwald bis zur Kommune I.

Der nackte Körper, den die Reformpädagogik als „Lichtkleid" feiert und zum Mittelpunkt ihrer pädagogisch-ästhetischen Zurichtungen macht, ist ein entsexualisierter Leib ohne Begehren, Lust und Schmerz. Während die Expressionisten die rohe Sprachlosigkeit des Leibes, in dessen Zuckungen und Schreien sich die wahre Humanität der Kreatur kundtue, gegen einen als katastrophisch wahrgenommenen Zivilisationsprozeß ausspielten, erschufen Ästhetizismus und Jugendstil, zu deren wichtigsten gesellschaftspolitischen Programmen Jugendbewegung und Reformpädagogik zählten, das Ideal eines Körpers, der überhaupt nicht mehr als Ausdruck, sei es von Lust oder Schmerz, gedacht werden konnte, weil Innerlichkeit und Oberfläche, Lust- und Gesellschaftskörper in ihm immer schon harmonisch vereint sein sollten. Die Metapher vom nackten Körper als „Lichtkleid" bringt dies auf den Punkt: Indem sie die Nacktheit selbst als „natürliches" und daher „heiliges" Kleid aller Menschenkinder fetischisiert, denunziert sie sowohl Nacktheit wie Kleid, und damit den Prozeß der Zivilisation selbst, der beide in ihrem bestimmten Verhältnis zueinander erst hervorgebracht hat. Nacktheit als solche, unabhängig von ihrem Gegensatz, ist eben nicht das

„natürliche Kleid" des Menschen, das durch die korrumpierenden Einflüsse der Zivilisation verdorben worden sei, sondern krude, ihrer selbst noch gar nicht bewußte Natur, ebenso roh wie potentiell jeder Rohheit ausgeliefert. Und das „Kleid" ist nicht einfach funktionaler Schutz – und damit als nützliches Überlebensmittel selbst dem Naturzwang geschuldet –, nicht einfach Verdeckung des Körpers, sondern stellt, spätestens seit es zur „Mode" geworden ist, den Körper, den es umhüllt, immer auch als sinnlichen Leib zur Schau. Nacktheit als eine Form von Intimität und Bekleidung als Modus der Verführung sind im Zuge des Zivilisationsprozesses als spezifische Ausdrucksformen von Individualität überhaupt erst hervorgebracht worden. Wer zur Nacktheit als ursprünglichem „Kleid" des ursprünglich „schönen" Menschen zurück will, erklärt damit auch diesem Prozeß den Krieg. Norbert Elias, dessen Schriften von den zu „Kulturwissenschaften" konvertierten Sozialwissenschaften vollends aus dem akademischen Kanon getilgt worden sind, hat dies noch genau gewußt. Sein Begriff von Zivilisation, der die Fetischisierung der „Kultur" von den Lebensreformern bis zum Nationalsozialismus ex negativo als Weg in die Barbarei entschlüsselt, ist die vielleicht letzte Verteidigung des zivilisatorischen Zwangs als Ausweg aus dem Naturzwang, den der Begriff der „Kultur" als eigentliche Natur der Menschen affirmiert.

Im Dunstkreis der Reformpädagogik ist schon immer inflationär von „Kultur" die Rede gewesen. Ganz im Tonfall heutiger protestantischer Bildungspolitiker pries man bereits im frühen 20. Jahrhundert die „Lernkultur" und „Gesprächskultur", forderte „Kulturreformen" oder inaugurierte eine „Kultur des Kindes" (Ellen Key) sowie eine „Jugendkulturbewegung" (Gustav Wyneken). Die reformpädagogische Variante „freier Sexualität" war konsequent die „Freikörperkultur", in deren Namen die Exorzierung des Sexus aus dem menschlichen Leib betrieben wurde. Wie das Bild vom „Lichtkleid" suggeriert der Terminus „Freikörperkultur", daß der menschliche Leib in seiner Authentizität nur dann zu sich selbst kommen könne, wenn er mit der sei es zivilen, sei es schmückenden Kleidung endlich die letzten Spuren zivilisatorischer Dekadenz abgeworfen habe. Der „freie Körper", der dabei am Ende übrig bleibt, ist aber nicht etwa Subjekt lustvoller sinnlicher Erfahrung, sondern schrumpft selbst zum bloßen Träger einer „Kultur" zusammen, die das Individuum samt dessen Sinnlichkeit liquidiert, um an seiner Statt den „schönen Leib" auferstehen zu lassen, der den Widerspruch zwischen Gesellschaftsstruktur und Triebstruktur, Besonderem und Allgemeinem ebenso wenig kennt wie den gesellschaftlich vermittelten Antagonismus von Männlichkeit und Weiblichkeit, dessen Zwangsharmonisierung als „Androgynität" abgefeiert wird. Entsprechend abstoßend fallen die Produkte des lebensreformerischen Schönheitskults dann auch aus: Repräsentieren die desexualisierten, entindividualisierten Jünglinge in den Bildern des Lebensreformkünstlers und Protofaschisten Fidus alias Hugo Reinhold Höppener eine Nacktheit, die – ganz und gar zum Ornament und Symbol ihrer selbst erstarrt – jeder konkreten Leiblichkeit entbehrt, fehlt umgekehrt der von den Lebensreformern entworfenen „Kleidung" – ihren noch heute beliebten, schmuck- und konturlosen Leinensäcken und Unisexlappen – jede Autonomie des Ästhetischen. Während die Kleidung tendenziell zum Körperbehälter herunterkommt, regrediert der individuelle Leib zum bloßen Exemplar einer als Inkarnation des reinen Menschlichen gepriesenen Leiblichkeit.

Auch bei den nudistischen Exzessen, über die nun aus dem Odenwald berichtet wird, scheint es mit Vorliebe um den Zwang zur Verwandlung des individuellen Leibes in einen entindividualisierten „Freikörper" gegangen zu sein: Als „verklemmt" wurden nicht etwa die anzüglichen Sexspielchen der Odenwaldler selbst denunziert, sondern all jene, die keine Lust auf gemeinschaftliches Nacktduschen und Nacktbaden oder auf klebrig-freundschaftliches Einanderanfassen verspürten. Selbst beim „Strip-Poker", dem scheinbar modernsten Entkleidungsritual im Odenwald, geht es nicht um das verführerische Changieren zwischen Nähe und Distanz, sondern darum, sich möglichst schnell und unter Gruppenapplaus der eigenen Kleider zu entledigen, die die Lust am Leib nicht steigern sollen, sondern als Körperverpackung fungieren, die heruntergerissen werden muß, sobald die Bescherung beginnt. Die Pointe der „Freikörperkultur" besteht denn auch darin, daß sich alle, die sie praktizieren – und es handelt sich immer um ein *gemeinschaftliches* Verhalten –, auch dann, wenn sie nackt sind, kaum anders benehmen, als wenn sie angezogen sind. Eben deshalb gibt es nichts Unerotischeres als einen FKK-Strand, an dem in puncto „übergriffiges Verhalten" und „Zustimmungsreglung" mindest ebenso strenge Gesetze herrschen wie auf einem antisexistischen Gendercamp. Deshalb auch ist Intimität in der reformpädagogischen Lebenswelt von vornherein ausgeschlossen. Sind Intimität und individuelle Lust doch untrennbar miteinander verbunden, während es zur Aufrechterhaltung des desexualisierten Nacktheitsregimes der ständigen Präsenz „freundschaftlicher" Blicke bedarf, damit es nicht zu jenen Exzessen kommt, die nur in Absonderung von der Gruppe stattfinden können. Genau jenes Bedürfnis nach Individualität ist es, das von der reformpädagogischen Gemeinschaft noch in seinen rudimentärsten Erscheinungsformen als Zeichen von „Verklemmtheit" verunglimpft wird. Die „unverkrampfte" Körperlichkeit, die man demgegenüber propagiert, ist dagegen ein bloßer Euphemismus für die Austreibung des Sexus aus dem Leib im Namen einer „Nacktheit", die nichts anderes meint als den neutralisierten, triebberaubten Körper, der sich tatsächlich „angstfrei" den Blicken der Gemeinschaft aussetzen kann, weil es nichts mehr gibt, was nur ihm selbst zu eigen wäre.

Hygiene statt Sakrament

Diese repressive Unverkrampftheit ist es, durch die sich die kulturprotestantische Reformpädagogik besonders unangenehm vom sinnesfreundlicheren Katholizismus unterscheidet, der jüngstens in seltener medialer Einhelligkeit als Hort von Mißbrauch, Mißhandlung und Kinderschänderei entdeckt worden ist. Während die Mißbrauchsfälle an der Odenwaldschule fast durchweg als eine Art von Entgleisung gedeutet wurden, bei denen Pädagogen ihre Autorität in unverantwortlicher Weise mißbraucht hätten, werden Kindesmißbrauch und Mißhandlungen in der Berichterstattung über die Katholische Kirche ebenso einheitlich als Symptome für eine *genuine* Problematik des Katholizismus verstanden: Reformpädagogen können demnach, da auch herzensgute Menschen nicht vor Abwegen gefeit sind, in gewissen Fällen zu Kinderschändern werden, Katholiken aber sind es irgendwie schon immer. Hervorgetan haben sich bei der Kampagne zur Entlarvung des Zusammenhangs zwischen Katholizismus, Sexualfeindlichkeit und Mißbrauch nicht zufällig auch Mitglieder der Humanistische Union, einer sich als „laizistisch" begreifenden Bürgerrechtsorganisation, die mit der reformpädagogischen Bewegung eng verbunden ist und in der sich neben Hartmut von Hentig auch Sabine Leutheusser-Schnarrenberger, Renate Künast, Claudia Roth und andere Politiker aus dem „libertären" und „ökolinken" Milieu engagieren. Neben Beate Uhse gehörte früher auch Helmut Gollwitzer zu den Verbandsmitgliedern. Zwischen der Humanistischen Union, in der fast ausschließlich Protestanten und Atheisten organisiert sind, und der Katholischen Kirche hat sich in den vergangenen Monaten eine kuriose Pädophilie-Konkurrenz entwickelt: Während der Regensburger Bischof Gerhard Ludwig Müller dem Verband, zu dessen Mitgliedern Apologeten der „Entdämonisierung" von Pädophilie wie der Sexualwissenschaftler Rüdiger Lautmann, Verfasser des Buches *Die Lust am Kind*, zählen, „Entkriminalisierung von Pädophilie" und Verharmlosung von Pornographie vorwirft, prangern Kulturprotestanten die „Leibesfeindschaft" des Katholizismus an, betrachten sich als Gralshüter einer „humanen Sexualität" und führen in bester reformpädagogischer Tradition „FKK-Bilder von Kindern" als Beispiele für „harmlose" Darstellungen von Nacktheit an (*Frankfurter Allgemeine Zeitung*, 29. 3. 2010) – als läge nicht gerade in dem hier vorausgesetzten Verständnis von „Harmlosigkeit" das repressive Moment reformpädagogischer „Freikörperkultur" begründet.

Dabei folgen die Maßnahmen, die die öffentliche Meinung dem Katholizismus zwecks Verhinderung künftiger Mißbrauchsfälle empfiehlt, selbst einer kulturprotestantischen Tradition: Eine gesunde Sexual- und Ehehygiene, so wird nahegelegt, könnte der erste Schritt zur Resozialisierung sexuell verwahrloster Priester sein. Man möge zunächst das Zölibat abschaffen, das dem katholischen Mann eine adäquate innereheliche Triebabfuhr verbiete, sodann das homosexuelle Begehren „zulassen", damit es nicht an unschuldigen Knaben ausagiert werde, um schließlich zu einer freieren „Gesprächskultur" über Sexualität und Körperlichkeit überhaupt zu gelangen, wie der Protestantismus sie schon lange praktiziere. Den verklemmten, hinterwäldlerischen Junggesellen des Katholizismus werden die unverkrampft-aufgeklärten Naturburschen des Kulturprotestantismus entgegengehalten: eine Denkfigur, die direkt aus Beate Uhses „erotischem Zubehörhandel" bezogen sein könnte. So unsympathisch die Sexualmoral der Katholischen Kirche aber auch sein mag, wer ihr aus der Perspektive einer „gesunden" Sexualhygiene „Verklemmtheit" meint vorwerfen zu können, gibt sich von vornherein als Denunziant zu erkennen. Das Bild, das der Katholizismus vom Leib als Quelle der Lust zeichnet, ist im Gegensatz zur Reformpädagogik nämlich weder entsexualisiert noch harmonisch, sondern äußerst affektbesetzt und in sich widersprüchlich. Der vom Protestantismus nicht zu Unrecht als archaisch verworfene Manichäismus der katholischen Dogmatik – ihre Gegenüberstellung von reiner Seele und verworfenem Leib, Sünde und Erlösung, Jungfrau Maria und Hexe etc. – ist samt seiner Ikonographie nie nur Ausdruck der Perhorreszierung von Leib und Sinnlichkeit im Namen der Reinheit der Seele gewesen, sondern hält – bewußtlos, aber unerbittlich – die Erfahrung der Unversöhntheit und die schmerzhafte Notwendigkeit von Versagung in einer antagonistischen Wirklichkeit fest. Die zahllosen, teils absurd anmutenden Vermittlungsformen, die der Katholizismus im Lauf der Jahrhunderte entwickelt hat, um die Dämonie des Sexus zu exorzieren, geben diesem schon durch die darauf verwandte Energie in einem Maße recht, das seine Kirche sich nur um den Preis der Selbstaufgabe eingestehen könnte. Vollends die katholische Ästhetik, die in der Darstellung des Verpönten schwelgt und in der Eucharistie der stets gebrochenen Sehnsucht Ausdruck verleiht, das Symbol möge wahrhaft die Sache sein, auf die es verweist, statt bloß deren Abwesenheit und damit den kollektiven Verzicht zu sanktionieren, ist eine einzige Beschwörung der Diesseitigkeit von Lust im Bewußtsein ihrer Unmöglichkeit. In jedem Sakrament wird die Trauer über die enttäuschte Hoffnung auf die profane Auferstehung des Fleisches zelebriert.

Im Kulturprotestantismus der Reformpädagogik gibt es weder Widerspruch noch Schmerz, weder Unversöhntheit noch Trauer. Während katholische Kirchenhäuser durch ihre Ästhetik und Architektur ganz und gar darauf ausgerichtet sind, die qualitative Grenze zu betonen, die sie von der unbefriedigenden und nüchternen Sphäre des Profanen trennt, sind protestantische meist Ausdruck des Bemühens, möglichst vollständig und unauffällig in dieser unbefriedigenden Nüchternheit aufzugehen. Darum gleichen sie dann oft auch eher Turnhallen oder Mietskasernen als dem Himmelstor. Die Affirmation schlechter Immanenz, die sich in dieser meist als „Transzendierung" der archaischen Elemente des Katholizismus gerühmten „Innerweltlichkeit" des Protestantismus ausdrückt, prägt auch das reformpädagogische Bild des Leibes. Prototypisch dafür ist die Vorstellung von der naturgemäßen „Harmlosigkeit" von Sexualität, die als gutmenschliches Ressentiment auch die Mißbrauchsdebatte durchherrscht. „Gesunde" Sexualität, so wird unterstellt, sei eigentlich schön, zärtlich, angst- und gewaltfrei, weshalb der Umschlag von Sexualität in Gewalt, wie er sich im Mißbrauch vollziehe, im Grunde antisexuell sei; der Sexus müsse vor der Gewalt geschützt werden, die ihn mißbrauche. Das im Linkssprech gängige Wort von der sexualisierten Gewalt bringt diesen Unsinn auf den Punkt, indem es eine „Gewalt" bezeichnet, die im Grunde gar nichts mit Sexualität zu tun habe, sondern sich lediglich in ihr äußere, mithin erst im Vollzug irgendwie „sexualisiert" werde. Doch ebenso wenig wie sexuelle Lust ohne das Moment der Aggression, des Einander-Überwältigens auskommt, das im intimen Einverständnis zum Genuß wird, ist eine Vergewaltigung einfach nur ein Gewaltakt, zu dem die Sexualität bloß hinzuträte. Vielmehr sind Sexualität und Aggression die Zivilisationsgeschichte hindurch immer ineinander verschlungen gewesen, und es bedurfte eines komplizierten, von vielen Rückschritten bedrohten und bis heute prekären Vermittlungsprozesses, bis überhaupt die Idee einer Sexualität aufkommen konnte, die auf die glückliche Selbstaufhebung der aggressiven Impulse in gemeinsam erfahrener Lust zielt; ja sexuelle Lust ist im Grunde nichts anderes als die stets fragile, aber manchmal doch gelingende Vermittlung jener antagonistischen Impulse. Während der Manichäismus von reiner Seele und verworfenem Leib im Katholizismus diesen Widerspruch drastisch festhält und auf Kosten des Leibes zu exorzieren trachtet, wird er im Protestantismus als immer schon harmonisiert angesehen, dadurch aber umso brutaler nach innen gewendet. Der Katholizismus folgt einer Moral der Externalisierung: Der Antagonismus von Seele und Leib wird im Sakrament veräußerlicht, die Sünde kann in der Beichte abgeladen werden, ohne den Sünder weiter zu verfolgen. Der Protestantismus folgt einer Ethik der Verinnerlichung: Das Leben ist ihm eine Abfolge von guten und schlechten Taten, die von der Buchhaltung des Gewissens permanent miteinander verrechnet werden. Konsequent tritt in ihm an die Stelle ritueller Reinigungen die ethische Selbsthygiene als Dienst an der Gemeinschaft. Deshalb hat der Protestantismus, erst recht in seiner reformpädagogischen Spielart, kein Verständnis für übermäßiges sexuelles Leid oder exzessive sexuelle Lust, denen der Katholizismus im Ritual, in der Askese oder der mystischen Ekstase, auf wie unzulängliche Weise auch immer, Ausdruck zu verleihen sucht.

Während der sinnliche Leib *das* Problem des Katholizismus ist, um das sich alle Rituale von der Eucharistie bis zum Marienkult zentrieren, ist er im Kulturprotestantismus als Problem überhaupt nicht vorhanden. An der Odenwaldschule gab es nie, wie an staatlichen Schulen, einen regulären Sexualkundeunterricht – nicht etwa, weil dieser, wie vielleicht ein Katholik argumentieren würde, die Heiligkeit des Leibes beflecke, sondern weil er, wie noch Gerold Becker offen verkündete, ganz einfach unnötig sei: „Die biologische Information", die dort vermittelt werde, sei „nicht entfernt so wichtig wie die Möglichkeit, die eigenen Ängste und Beglückungen als sagbar und verstehbar zu erleben", weshalb „informelle Gesprächsgruppen" an die Stelle des lernorientierten Unterrichts zu treten hätten (*Süddeutsche Zeitung*, 19. 4. 2010). Da der eigene Leib so, wie er ist, als natürliches „Lichtkleid" aller Menschen, schon die Antwort auf alle Fragen sein soll, erscheint es als Ausdruck kaltherzig-instrumentellen Denkens, zu behaupten, man müsse, um sexuelles Glück erleben zu können oder es anderen zu verschaffen, womöglich zuerst bestimmte Tatsachen *kennen* und Techniken *erlernen*. Allzu viel Wissen schadet dem platonischen Eros ebenso wie allzu viel Spekulation; im reformpädagogischen Leibeskult konvergieren der Haß auf die Zivilisation und der Haß auf die Transzendenz.

Der totale Freundeskreis

Die doppelte Verachtung von empirischer Wirklichkeit und transzendentaler Sehnsucht äußert sich in der reformpädagogischen Gemeinschaft paradoxerweise in einer penetranten Beschwörung von All-Einheit, Versöhnung und Harmonie. Was das Massenpublikum am Katholizismus nicht leiden mag – das Bewußtsein um den Zwang und die Gewalt, derer es bedarf, um die auseinanderstrebenden Interessen und Bedürfnisse unter dem Dach der Einen Kirche zu vereinen –, spielt in der öffentlichen Wahrnehmung der Reformpädagogik ebenso wenig eine Rolle wie im „humanitären" Selbstverständnis ihrer Protagonisten. Während das Gesetz der Kirche in den Bildern und Gesten des Katholizismus und in der komplexen Hierarchie seiner internen Organisation, die nicht umsonst einem Geheimbund ähnelt, omnipräsent ist, tut die Reformpädagogik alles, um die Spuren der Herrschaft, die sie ist, zu tilgen und eine umfassende *negative Gleichheit* ihrer Mitglieder herzustellen – von der Gruppenorganisation bis zur Kleiderordnung, vom Putzplan bis zum Ernährungs- und Sexualverhalten. Die katholische Kleider- und Symbolordnung kennt die Individuen, die ihr unterworfen sind, tatsächlich nur als Träger einer bestimmten Funktion, wie sie von der katholischen Dogmatik bestimmt wird; insofern ist sie antiindividualistisch. Doch zugleich ist sie individualitätsfreundlicher als die Reformpädagogik, weil sie nicht den „ganzen Menschen", sondern nur den Menschen als Gläubigen betrifft; als solchen allerdings ganz und gar. Das erbarmungslose Reglement, das der Katholizismus seinen Anhängern auferlegt und das sich leicht als Ausdruck von Anmaßung, Autokratismus und Inhumanität entlarven läßt, entspringt gerade dem Anspruch, *in der eigenen Sphäre* ein allein gültiges Recht zu etablieren und aufrechtzuerhalten, das nicht neben der staatlichen Souveränität einfach in gegenseitiger Duldung koexistieren kann, sondern antagonistisch und konflikthaft auf diese bezogen ist. Institutionen wie das Zölibat oder die Beichte sind Ausdruck des Versuchs, zwischen kirchlichem und profanem Recht zu vermitteln, ohne jenen Widerspruch zu leugnen, damit aber immer auch Signum der Unmöglichkeit des restlosen Ineinanderaufgehens beider Sphären. Gerade dieses restlose Ineinanderaufgehen erhebt der Protestantismus zu seinem eigentlichen ethischen Programm, da sich die Integrität des Glaubens nicht primär in der Korrektheit des Einhaltens formeller Regeln und Rituale erweise, sondern im *Arbeits- und Lebensalltag* jedes Einzelnen. Die Rituale und Reglements, deren Fetischisierung in den Augen der meisten Zeitgenossen den anachronistischen Charakter des Katholizismus besonders deutlich offenbart – man denke nur an die Bedeutung des Kirchenlateins oder die Praxis, die bürgerlichen Namen der Päpste durch Heiligennamen zu ersetzen –, werden vom moderneren Protestantismus als Ausdruck eines veralteten, *äußerlichen* Zwangs abgewehrt und durch eine Verinnerlichung ersetzt, welche das Moment der Individualisierung, das ihr zweifellos auch immanent ist, im selben Moment liquidiert. Bedeutet doch Verinnerlichung im Protestantismus, wie an seiner grausamsten Erscheinungsform, dem Pietismus, evident wird, nicht die Freistellung des Individuums vom äußeren Zwang der Dogmatik, sondern die Annullierung jenes Spielraums, den dessen „Äußerlichkeit" dem Einzelnen mitunter gelassen hat, zugunsten einer totalen Identität von Individuum und Gemeinschaft, die selbst noch die Sphäre des Schlafs, des

Traums und der Phantasie erfaßt. Nur vor diesem Hintergrund läßt sich der repressive Kern der oft als Zeichen von Modernität mißverstandenen Konventionsverachtung der Reformpädagogik begreifen, die sie mit dem Nationalsozialismus verbindet, der ebenfalls eine genuin antitraditionalistische Bewegung gewesen ist. In ihrem Hohn über die unbeweglichen Autoritäten, die im Namen von Jugend, Lebensfreude und blinder Dynamik vom Platz gefegt werden müßten, klangen schon die Protagonisten der Jugendbewegung kaum anders als die HJ-Pimpfe, die sich später auf sie berufen sollten. Und in ihrem wurschtigen Umgang mit den unausgetragenen Antagonismen des Sexus, der alle Ausdrucksformen von Scham, Scheu, Verzagtheit oder Angst unter Berufung auf die eine, alle verbindende „gesunde Sexualität" zur Räson bringen will, meldet sich bereits jene menschenverachtende Unverkrampftheit an, die dem autoritären Charakter, der jede Gemeinheit entschuldigt, weil ihm „nichts Menschliches fremd" ist, ebenso eigen ist wie dem linksprogressiven Sexualpädagogen, der in Eintracht mit den „reiferen" Mädchen und Knaben herzlich über alle „Spätentwickler" lacht, um sie davon zu überzeugen, daß das, was ihnen Angst bereitet, im Grunde „ganz natürlich" sei.
Während jeder Ausdruck des Unausgetragenen, alles Ungelenke und alles Zögern, worin sich die fast schon verscheuchte Individualität des Zöglings doch noch äußern könnte, als anachronistischer Rest überholter Konventionen aus dessen psychischer Organisation getilgt werden soll, entwickelt die Reformpädagogik ein umso perfideres Interesse für alle übriggebliebenen persönlichen Neigungen und für die Details des Lebensalltags ihrer Unterworfenen. Diesem Zweck dient der reformpädagogische „Freundschaftsbund", der an die Stelle der arbeitsteiligen Organisation an den staatlichen Schulen tritt. Wer Lehrer nur von Beruf ist, hat nicht das Recht und auch selten das Bedürfnis, sich in die privaten oder gar intimen Belange seiner Schüler einzumischen; die Rollentrennung zwischen Schülern und Lehrern kann insofern, wenigstens im besten Fall, ein Schritt hinaus aus dem Zwangsverband der Familie sein. Wer dagegen Lehrer aus

Berufung ist, respektiert das Privatleben seiner Schüler ebenso wenig wie das eigene: Noch in den eigenen vier Wänden demonstriert er „gelebte Verantwortung" für jene, die er außerhalb des Schulgebäudes eigentlich in Frieden lassen müßte, und noch wenn sie zu Hause sind, sind seine Schüler ihm Gegenstand pädagogischer Zurichtung. Was sie außerhalb der Schule sonst so tun, wird tendenziell sogar wichtiger als ihre Leistung und ihr schulisches Sozialverhalten, ist es doch gerade ihr Lebensalltag außerhalb ihrer gesellschaftlichen *Rolle* als Schüler, worin sich offenbaren soll, was sie wirklich gelernt haben.

Die reformpädagogische Schule, die zugleich Lern-, Arbeits- und Lebenszusammenhang ist, hebt die Rollenteilung nicht nur dem Anspruch nach, sondern empirisch auf: Indem alle Mitschüler und Erzieher in „Familien" an einem Ort zusammenleben, von dem aus sie niemals „nach Hause" gehen können, wird nicht nur die Grenze zwischen Schule und Privatsphäre liquidiert, sondern die Sachautorität der Lehrer und die aus ihr resultierende formelle Hierarchie gleich mit. Der notwendig ungleiche Entwicklungsstand der Schüler sowie der Generationenunterschied zwischen ihnen und den Lehrern werden *in der praktischen Lebenserfahrung* abgeschafft. Der totale Freundeskreis, der die reformpädagogische Schule als Gesellschaftsmodell konstituiert, ist eine Sphäre *gesetzloser Herrschaft*, in der es keine definierte Autorität, aber auch keine Solidarität, keine Achtung, aber auch keine Freiheit gibt. Weil alle alles voneinander wissen und im Namen der höheren Sache ständig beieinander hocken, *kann* ganz buchstäblich niemals irgendjemand irgendjemandem etwas Böses tun. Als böse, nämlich als gemeinschaftsunfähig und verantwortungslos, wird ausschließlich der bestimmt, der behauptet, ihm sei von einem anderen Mitglied der Gemeinschaft etwas Böses angetan worden. Dieser Logik gemäß wurden die Odenwaldschüler, die sich dem Nacktbaden oder den freundschaftlichen Begrapschungsritualen entzogen, als verklemmte Sonderlinge diffamiert; derselben Logik gemäß aber werden heute die „Verantwortlichen", die dem Geist der Gemeinschaft zuwider gehandelt hätten, von den ehemaligen Schülern an den Pranger gestellt. Und sie alle sind sich einig gegen die „eigentlichen" Kinderschänder, die Katholiken, die die Anmaßung aufbringen, die Mißbrauchsfälle in den eigenen Reihen nach Kirchenrecht aburteilen zu wollen. Das Ressentiment, mit dem dieser Hybris von der öffentlichen Meinung begegnet wird, macht deutlich, worum es in Wahrheit geht: nicht um die Verteidigung staatlichen Rechts gegenüber kirchlichem, sondern um die Verteidigung des Standrechts gegen Kirche *und* Staat. Auch kaum ein Artikel über den Mißbrauch an der Odenwaldschule hat darüber zu klagen vergessen, daß die meisten Fälle „leider" verjährt und viele Täter gestorben seien. Würden sie noch leben, sie wären lieber tot.

Lebenslanges Lernen

Die kruden Verhaltensmaßregeln und die schale Ästhetik der Reformpädagogik machen es leicht, sie aus Sicht einer vermeintlich aufgeklärten Gegenwart als esoterisch und altbacken abzutun. Tatsächlich geht die retrospektive Abrechnung mit der scheinbaren Freizügigkeit im Odenwald mit einem breitenwirksamen Revival reformpädagogischer Ideen einher. Sie sind lediglich neurophilosophisch und kommunitaristisch aufgemöbelt worden: Was früher als humanistische Pädagogik des „ganzen Menschen" daherkam, wird heute, hirnwissenschaftlich drapiert, den Eltern als Notwendigkeit zur „frühkindlichen Erziehung" nahegelegt, etwa wenn Mozart-Streichquartette als neurophysiologische Lernhilfe für ungeborene Babies empfohlen werden oder der weibliche Körper als potentielles „Milieu" und als „Reiferaum" konzeptualisiert wird, der im Namen der Zukunft des Ungeborenen unbedingt gesund und frisch zu halten sei. Der reformpädagogische Freundschaftskreis ist dabei, sich im Zuge der allgemeinen Begeisterung für längeres „gemeinsames Lernen", für die Auflösung des mehrgliedrigen Schulsystems in übergreifende Ganztagsschulen, für „schulbegleitende Maßnahmen" durch einen ganzen Erzwingungsstab von Nachhilfelehrern, Therapeuten, Psychologen und Beratern, für die Stärkung der Rechte von „Elternverbänden" usw. längst in jener Mitte der

Gesellschaft einzurichten, in der die einstigen Reformpädagogen sich noch gar nicht hatten etablieren können. Und von alldem verspricht man sich – keineswegs nur aus ideologischen Gründen, sondern *wirklich* –, die Kinder „fit für die Zukunft" zu machen. In Wahrheit erzeugt die Praxis „lebenslangen Lernens", wie die postmoderne Variante des reformpädagogischen Erziehungswahns genannt wird, vom Kindergarten bis zum Mehrgenerationenhaus, vom Arbeitsamt bis zum Fortbildungscoaching, eine Armee von selbstbewußten Infantilen, die jeden ihnen zwecks vorläufiger Weitergarantie der eigenen Existenz offerierten Zwang begeistert als Teil ihres je ureigenen Selbstverwirklichungsprogramms bejahen. Wenn die Zukunft, für die sie sich fit machen, Wirklichkeit geworden ist, wird kein Pädagoge sie mehr retten können.

Lärm ist geil

Berlin ist eine laute Stadt. Vor allem in den angesagten Alternativkiezen in Kreuzberg, Friedrichshain und Prenzlauer Berg, wo Verkehrsberuhigungsprojekte bis heute als Maßnahmen im Kampf gegen Umweltzerstörung und Kommerz verteidigt werden, können die Anwohner kaum mehr eine Nacht durchschlafen. Insbesondere am Wochenende und in den Sommermonaten sorgt hier eine ununterbrochene Abfolge nächtlicher Spontanpartys, Freiluftveranstaltungen und amtlich genehmigter „Kulturevents" für Dauerberieselung oft weit jenseits der akustischen Schmerzgrenze. Seit einiger Zeit werden aber auch die Stimmen der genervten Anwohner lauter. Nachdem die Volksbühne am Rosa-Luxemburg-Platz mit Genehmigung des Bezirks ihre Freiluftbühne „Agora" eingeweiht hatte, wo seither bis in die Nacht rezitiert und musiziert wird, hat sich eine Initiative „Contra Ruhestörungen durch die Open-Air-Spielstätte der Volksbühne" formiert, die erreichen konnte, daß dort nach 22 Uhr für das Publikum Kopfhörer ausgeteilt werden.

Für den Görlitzer Park, wo regelmäßig Technopartys stattfinden und Gruppen von Lateinamerikanern sich mit spirituell immunisierten Linken bis in die Morgenstunden in monotonem Permanenztrommeln üben, hat das Ordnungsamt eine eigene Abteilung eingerichtet. Diese kann allerdings nicht viel erreichen, weil die Trommler nach jeder Abmahnung mit Gandhischer Beharrlichkeit aufs Neue auftauchen. Auch die Anwohner der Admiralbrücke am Landwehrkanal, die in Reiseführern als „Partybrücke" beworben wird, wehren sich gegen die Lärmbelästigung durch Trommler, Gitarristen, Kofferradios und Bierflaschendemolierer. Einige fordern vom Bezirk die Aufhebung der Verkehrsberuhigung, um die Lärmtouristen loszuwerden.

Hält nun also, wie die mit Indignation reagierenden Geräuschproduzenten nahelegen, auch in linken Berliner Kiezen das Spießertum Einzug? Die Antwort dürfte den Lärmanwälten nicht gefallen: Es hält tatsächlich Einzug, nur sind die Spießer längst keine Leisetreter mehr, sondern machen selbst am meisten

Krach. Keine einzige der Reportagen, die die bürgerliche Presse aus den akustischen Epizentren der Hauptstadt abgedruckt hat, übte sich in kleingeistiger Empörung. Im Gegenteil: Lärm, darin sind sich die Kulturexperten von *Taz* bis *Morgenpost* einig, ist geil. „Rom hat seine spanische Treppe, und wir haben unsere Admiralbrücke", zitiert der *Tagesspiegel* zustimmend das Appeasement eines Anwohners, der „seine" Brücke „liebt", und weist mit Genugtuung darauf hin, daß die vom Stadtrat aufgestellten Schilder mit Ermahnungen zu akustischer Rücksicht mit der Aufschrift „Spießer" übermalt worden seien. Die *Zeit* mokiert sich zwar über die „Eventisierung des Viertels", beschreibt aber mit geradezu großbürgerlichem Kunstsinn das „babylonische Sprachengewirr" und die Flaschenscherben, die „im Teer zwischen dem Pflaster ein künstlerisches Muster bilden". Den Vogel schoß das Stadtmagazin *Tip* ab, das dem Thema ein Spezial widmete, um unterstützt von peinlichem Gestammel des Sängers Campino den Krach als „Kulturfaktor" zu feiern.
Die Sache ist also klar: Lärmbelästigung ist Teil des Mainstream und aus der frech-fröhlichen Hauptstadt schon aus Gründen gesamtdeutscher Gefühlsertüchtigung nicht mehr wegzudenken. Nicht wer sie ausübt, sondern wer unter ihr leidet, gilt als Spielverderber und wird mit amtlicher und medialer Unterstützung aus der multikulturellen Großfamilie ausgeschlossen. Natürlich gibt es nach wie vor reaktionäre Meckerer, die jeden Abend darauf warten, wegen nichtiger Anlässe die Notrufnummer wählen zu können. Das wahre Kollektiv der Beleidigten bilden in diesem Kampf aber längst nicht mehr die Biedermänner, sondern die Lärmenden selbst, die ihren einmal akustisch eroberten Raum mit der Patzigkeit autochthoner Grundbesitzer gegen alle Anmutungen der Zivilisation verteidigen.
Urbane Zivilisation hatte seit ihrer Entwicklung im Zuge von Industrialisierung, Landflucht und der Herausbildung städtischer Mittelschichten mit dem ausgehenden 19. Jahrhundert ein doppeltes Gesicht. Sie erzeugte nicht nur ein ungekanntes Ausmaß an Geräuschquellen, liquidierte durch Straßenbeleuchtung und Lichtreklamen fast vollständig die

natürliche Dunkelheit der Nacht und machte die Begegnung unterschiedlicher Klassen und Schichten zu einem Massenphänomen, sondern produzierte zugleich neue Formen von Stille sowie neue Rückzugsmöglichkeiten für den Einzelnen. Zaungäste der Moderne wie Edgar Allan Poe, Siegfried Kracauer oder Franz Hessel waren für diese Doppelgesichtigkeit des Großstadtlebens empfänglicher als dessen Propagandisten. Kracauer hat die Mischung aus Euphorie und Trauer beschrieben, mit der die Lichtreklamen der Kaufhäuser und Boulevards von den Bürgern wahrgenommen wurden, denen sie noch nicht zur zweiten Natur geworden waren. Poe hat zu Beginn seiner Erzählung *The Man in the Crowd* dargestellt, wie die scheinbare soziale Auflösung und das Durcheinander unterschiedlichster Schichten im Alltag der Großstadt einen neuen, mikroskopischen Blick auf den gesellschaftlichen Gehalt von Mode, Gestik und Mimik der Menschen hervorbringt. Und Hessel hat immer wieder die neuen Formen glücklicher Selbstvergessenheit gepriesen, die das urbane Straßengewirr für den Spaziergänger bereithält.

Ebenso vermochte der Lärm der Großstadt, der die Nachtruhe des Landes endgültig als Friedhofsruhe erkennbar gemacht hat, neue Formen der Stille und Intimität aus sich hervorzubringen. Als prototypisch hierfür kann das großstädtische Caféhaus gelten, das mit seiner Musik und seinem Stimmengewirr nicht einfach eine zusätzliche Lärmquelle darstellt, sondern mit seinen einzelnen Tischen und Nischen dem zufälligen Publikum, das sich in ihm versammelt, ohne eine Gemeinschaft zu bilden, Stätten der Absonderung eröffnet – Ecken für Liebespaare, Residuen freundlichen Gesprächs und Inseln des Alltags, auf denen es sich auch der Vereinzelte, der niemanden kennt oder kennen will, lesend oder beobachtend bequem machen kann.

Der heutige großstädtische Lärm, den die Sprachrohre des Berliner Kulturlebens von *Tip* bis *Abendschau* als Standortfaktor loben, hat mit solchem Wechselspiel von Entgrenzung und Distanzierung nichts zu tun. Vielmehr demonstrieren Orte wie die Admiralbrücke schlagend den Verfall urbaner Öffentlichkeit, die im hippen Berliner Kiezleben endgültig zur clanförmig organisierten Asozialität heruntergekommen ist. Das Neue, ja Revolutionäre an der sozialen Entgrenzung, die Orte wie das urbane Caféhaus befördert haben, war jedoch gerade die Entstehung einer Öffentlichkeit, die dem Einzelnen eine hohes Maß an Bewußtsein für Distanzen und anonyme Verkehrsformen abverlangte.

Gerade weil im großstädtischen Alltag alle einander gleich sind – in diesem Fortschritt besteht die viel berufene urbane „Entfremdung" –, ist es auch weit eher als in emotional aufgeladenen Gemeinschaften jedem möglich, zu sein, wie er möchte, ohne durch provinzielle oder partykulturelle Zumutungen belästigt zu werden. Die Kreuzberger „Schönwetterlocation" dagegen ist, wie der *Tagesspiegel* einen Anwohner zitiert, „eine Wohlfühlecke": Hier arbeiten die „Männer in Orange", die Überstunden machen, um den Abfall der Open-Air-Bewohner wegzuschaffen, harmonisch zusammen mit resignierten Restaurantbesitzern, die dem besoffenen Straßenpublikum ihre Toiletten zur Verfügung stellen, um nicht als Faschisten beschimpft zu werden, und mit Obdachlosen, die als soziokulturelle Farbtupfer gern gesehen sind und sich von den Resten nähren. Nur äußerlich handelt es sich bei solchen Orten um Teile einer urbanen Öffentlichkeit, in Wahrheit gehören sie längst den partikularistischen Zufallsgemeinschaften, die sie sich in einer Art akustischer Landnahme angeeignet haben, um Schluß mit einer Zivilisation zu machen, in der die Einzelnen ein Recht darauf haben, in Ruhe gelassen zu werden. Lärm an solchen Orten ist nicht mehr freie Äußerung ungebundenen Lebens, sondern ganz einfach das Recht des Rücksichtsloseren.

Der peinlichste Berliner
Rolf Eden und die Dialektik des Großmutes

In der deutschen Hauptstadt zwecks Zerstreuung ein Kino oder einen Club aufzusuchen, gehört zu den unerquicklichsten Erfahrungen, denen ein zivilisierter Mensch sich auszusetzen vermag. Bündig zusammengefaßt ist das Wesen der Berliner Spaßkultur bereits in dem noch im Kneipenmilieu angesiedelten Bolle-Lied („Bolle reiste jüngst zu Pfingsten ..."), das die Freizeitvergnügungen eines bodenständigen Familienvaters beschreibt, dessen einziger Rausch der Suff und dessen einzige Erfahrung von Selbstvergessenheit die Besinnungslosigkeit ist. Weil Spaß nichts anderes ist als die durch Frust und Borniertheit gewaltförmig gewordene Lust, läßt Bolle ihn sich weder von Messerstechereien mit Kameraden noch von der Rohheit seines Eheweibes verderben, das den Volltrunkenen bei der Heimkehr mit dem Nudelholz niederschlägt. Daß Spaß ohne Sadismus und Selbstqual nicht zu haben ist, bringt das Lied mit der Unverblümtheit Berliner Folklore auf den Punkt: „Ne volle halbe Stunde / hat sie uff ihm poliert. / Aber dennoch hat sich Bolle / janz köstlich amüsiert." Berliner Humor ist nicht einfach, wenn man trotzdem lacht, sondern in ihm kommt der zum leeren Prinzip gewordene Trotz, der sich bar aller Erfahrung und Reflexion der für nichtig erachteten Welt gegenüberstellt, als launiges Einverständnis mit Mord und Totschlag zu sich selbst. Wer sich wie Bolle amüsiert, zelebriert die Brutalität des Überlebenskampfes als einziges und letztes Vergnügen. Erst wenn der rücksichtslose Wille zum Lustigsein jede Lust ersetzt und die chauvinistische Kumpanei alle Spuren urbaner Geselligkeit getilgt hat, ist Spaß nicht nur ein Wort, sondern authentisches Erlebnis.

Sich endlich mal gehenzulassen, einen draufzumachen und so richtig die Sau rauszulassen sind Verfallsprodukte des ehrwürdigen Bedürfnisses nach Zerstreuung. Als die großstädtischen Verkehrsformen, das Bewußtsein für Distanzen und für die befreiende Kraft urbaner Anonymität, noch lebendiger Bestandteil individueller Erfahrung waren, zielte jenes Bedürfnis, gerade in seinen naiven Formen, immer auch auf die unteilbare Freiheit und das ganze Glück: sich ohne die Bürde kulturellen Ernstes vergnügen, ohne Angst und Scham in den Tag und die Nacht hinein leben zu dürfen. Seit aber die Kulturindustrie nicht mehr glücklichen Unsinn, sondern dreisten Schwachsinn produziert und die von den Zwängen des Erwerbslebens übriggelassene Freizeit durch sportliche, sexuelle und intellektuelle Selbstknechtungen ausgefüllt wird, welche jene der Erwerbssphäre an Stumpfheit und Idiotie überbieten, findet solch selige Sehnsucht keine Nische mehr. Seither gelten nicht Fest und Ekstase, sondern Karaoke und Filmriß als zeitgemäße Formen der Anästhesie. Deshalb wird, was früher verdächtig genug „der letzte Schrei" hieß, heute „heiße Scheiße" genannt: Keine Lust scheint mehr denkbar zu sein, in der nicht die halb masochistisch, halb sadistisch genossenen Spuren der Erniedrigung erkennbar wären, die jeder Einzelne sich antun muß, um überhaupt zu irgendetwas im Leben Ja sagen zu können.

„Ich liebe mich"

Als reinste Verkörperung Berliner Spaßkultur galt in den Zeiten der politischen Teilung der Westberliner Bezirk Charlottenburg mit seinem „Vergnügungsviertel" rund um den Kurfürstendamm, den mittlerweile nur noch leicht zurückgebliebene Pauschaltouristen frequentieren. Die wirklich heiße Scheiße schwimmt heute nicht im Mainstream, sondern im subkulturellen Untergrund, wo sie von einer professionellen Clique von Eventmanagern, Kuratoren und Öffentlichkeitsarbeitern abgeschöpft und dem linksdrehenden Konsum zugeführt wird. Da man in diesen Kreisen tolerant ist, bemüht man sich immer wieder um die Aufbereitung liegengebliebener Exkremente. Als ein solches wird offenbar auch der mittlerweile 81jährige Nachtclubbesitzer und „Playboy" Rolf Eden angesehen, an den der Dokumentarfilm von Peter Dörfler mit dem Titel *The Big Eden* erinnert. Zur Aufführung des Films im Kreuzberger Babylon-Kino versammelte sich ein mehrheitlich junger und männlicher, gleichberechtigt aus Kulturlinken, Autonomen und Postpunks zusammengesetzter Mob, der jedes Bild von Eden beim Baden am Strand von Tel Aviv, jede Großaufnahme seines faltigen Gesichts, jeden seiner skurrilen Wortbeiträge mit höhnischem Gelächter quittierte. Hatte doch bereits das *Tip*-Magazin, das das Alltagsbewußtsein Kreuzberger Linker nachhaltiger prägt als *Jungle World* und *Wildcat*, den Mann dem Gelächter des Kiezkollektivs überantwortet, indem es ihn zum „peinlichsten Berliner" kürte. Als peinlich designiert, wird er nicht anders denn als peinlich wahrgenommen. Ob der Film solcher Wahrnehmung entgegenkommt, ist irrelevant, handelt es sich bei ihm doch lediglich um die cineastische Wichsvorlage für die zeitgemäßen Exekutoren des Berliner Humors. Ihre als Spott camouflierte Wut ist umso größer, je weniger sich leugnen läßt, daß Eden seinem Publikum sogar dann nichts nachträgt, wenn es ihn verhöhnt. Die Auszeichnung als „peinlichster Berliner" empfindet er als „Ehre", weil sie bezeugt, daß er den Menschen zumindest nicht egal ist. Als fließend Hebräisch sprechender Sohn von nach Palästina ausgewanderten deutschen Juden, als ehemaliger Soldat im israelischen Gründungskrieg gegen die Araber, der an der Seite Jitzchak Rabins kämpfte, und als Freund von Yoram Kaniuk, der ihn in seinem Buch *Der letzte Berliner* porträtiert hat, tritt Eden nämlich, das macht ihn so skandalös, weder als moralisch mahnender „Überlebender" noch als germanophiler Heimkehrerjude auf, sondern als ebenso verantwortungsloser wie großzügiger Luftikus, der sich nicht für Politik oder Geschichte, sondern nur für sich selbst und sein Glück interessiert. „Ich liebe mich", sagt er mehrmals seinem Publikum ins Gesicht und begeht damit den größten denkbaren Affront gegenüber einer Klientel, deren Zusamm engehörigkeitsgefühl durch Lebensverachtung und Selbsthaß gestiftet wird.

Die Selbstliebe, die Rolf Eden für sich reklamiert, ist von jener Borniertheit, die aller Widerwärtigkeit der Welt zum Trotz um jeden Preis ihren Spaß haben will und deren Bedürfnisse die von Eden maßgeblich geprägte Vergnügungsindustrie selbst bedient, schon deshalb zu unterscheiden, weil Gewaltlosigkeit und Großmut ihre innersten Prinzipien sind. Sich an andere zu verschenken, nicht nur alles für sich, sondern das Gleiche für alle zu fordern, gehört zu ihrem spezifischen Egoismus. Die Peinlichkeit, die Edens Selbstdarstellungen und Wortäußerungen tatsächlich häufig eignet, ist Index für die notwendige Korruption dieses Anspruchs angesichts von Verhältnissen, die jede Regung von Einfalt und Großmut in Dummheit und Egomanie verkehren. Sie ist die objektive Erscheinungsform der Pein, die es in einer unfreundlichen und häßlichen Welt mit sich bringt, zu allen freundlich sein und allen gefallen zu wollen. Das vom Mob verlachte Ergebnis dieses Scheiterns, die Karikatur sorgloser Großzügigkeit, heißt dann „Gefallsucht". Von solchem Scheitern zeugt die kränkende Immoralität, die Edens Äußerungen häufig innewohnt. Er ist stolz, sieben Kinder von sieben verschiedenen Frauen zu haben, die ihn alle mögen, obwohl er zwar nicht die ökonomische, aber jede juristische und väterliche Verantwortung für sie von vornherein abgelehnt hat. Er schwärmt in Talkshows von Prostituierten, die für die Erfüllung ihrer eigenen Lüste auch noch bezahlt würden. Und er wischt die Erinnerung an die Shoah, diese Herzensangelegenheit moralisch integerer Deutscher, mit dem schnodderigen Hinweis beiseite, in seiner Familie sei niemand umgekommen, und überhaupt sei Geschichte ihm egal. Doch auf jeden dieser Verstöße gegen politische Sprachreglungen folgt im Film ein weiterer Verstoß, der dem vorigen erst seinen Sinn verleiht. Edens verantwortungslose Vaterschaft wird von einer seiner Frauen mit dem Hinweis kommentiert, er sei der einzige Mensch, der ihr aus Anlaß der Trennung etwas geschenkt habe, ihre späteren Partner hätten immer nur alles zurückgefordert. Unmittelbar nach seinen Auslassungen zur Prostitution erklärt er, jederzeit jeder Frau zuzugestehen, sich vergnügen zu dürfen wie er selbst. Und auf sein Indifferenzbekenntnis gegenüber der Shoah sagt er mit ungespielter Freundlichkeit in die Kamera, er könne verstehen, daß die Deutschen noch immer an dieser Sache zu knabbern hätten, sechs Millionen Menschen umzubringen, sei schließlich „keine Kleinigkeit". Es ist die einzige Szene im Film, bei der niemand lacht, und das nicht etwa aus Zerknirschung, sondern weil niemand den Witz versteht.

Die kompromißlose Ignoranz gegenüber allen Widrigkeiten des Lebens, die Eden nicht einmal stolz, sondern selbstverständlich für sich in Anspruch nimmt, ist für sein heutiges Publikum ein größerer Affront, als es jede antideutsche Invektive wäre. Weil es den Affront nicht versteht, lacht es zugleich mit und über ihn wie über einen Freak, dem man einfach nicht böse sein kann, weil er so scheiße ist, daß man ihn fast schon wieder lieben muß. Der verstockte Haß auf die schamlose Lebensbejahung eines Mannes, den alle Welt zu mögen scheint, obwohl er ein „Hallodri" ist, der mit anderen nur „spielt" (*Der Spiegel*) und „die dunklen Seiten seines Lebens" – gemeint ist der Befreiungskrieg gegen die Araber – nicht einmal „ansatzweise reflektieren" will (*Frankfurter Rundschau*), entzündet sich statt dessen an Äußerlichkeiten, vor allem an den Anzeichen von Alter und körperlichem Verfall, die Eden seinem offensiven Dandytum zum Trotz nicht verbirgt. Über nichts, so scheint es, können linke Kreuzberger Männer herzlicher lachen als über einen alten, leicht schmerbäuchigen Herrn in Badehose oder über den Tic, sich die schütteren Haare noch immer von Udo Waltz frisieren zu lassen. Daß ausgerechnet der „Berufsplayboy" (*Der Tagesspiegel*) und „bundesweit bekannte Schürzenjäger" (*Der Spiegel*), der der Frau, „auf der ich mal sterbe", 250 000 Euro verspricht und dessen Kinder teilweise älter sind als seine Freundinnen, mehr Zeit für Kosmetik als für Fitneß aufwendet, verleiht ihm etwas Weibisch-Schwules, das die Drohung sexueller Maßlosigkeit, die andernfalls von ihm ausginge, ins Lächerliche zu ziehen erlaubt. Der antisemitische Affekt, dessen unmittelbaren Ausdruck man zu kontrollieren gelernt hat, west so in der Verachtung von Egozentrik, Narzißmus und schamloser Alterssexualität fort. Das Greisentum und der Zug ins Feminine erscheinen als empirische Beweise dafür, daß Großmut, Genuß und Verantwortungslosigkeit nicht glücklich, sondern peinlich machen und, wer allen Ernstes so lebt, nicht zum Liebling der Herzen, sondern zum abgehalfterten Gigolo wird.

Edens offen zur Schau gestellte Verdrängung historischer und biographischer Leiderfahrung, die durch eben diese Zurschaustellung bereits keine bloße Verdrängung mehr ist, bewahrt freilich selbst die Erinnerung an das, woran sich nicht erinnern zu wollen ihm von anderen vorgeworfen wird. Yoram Kaniuk, der Eden in *Der letzte Berliner* als den „integriertesten" deutschen Juden beschreibt, dessen Judentum in der deutschen Öffentlichkeit weder verborgen bleiben noch permanent thematisiert werden müsse, erklärt im Film sein Unverständnis darüber, daß Eden sich nie daran gestört habe, die Deutschen ebenso großzügig wie professionell zu unterhalten. Eden wiederum verweigert strikt jede Sympathiebekundung gegenüber den Deutschen und bekennt fröhlich, er sei allein wegen des Geldes nach Deutschland zurückgekehrt – 6 000 DM hatte Westberlin damals allen Berliner Juden für ihre Heimkehr geboten – und allein wegen des Geldes geblieben. Als Kaniuk an Krebs erkrankte, wovon er in seinem autobiographischen Roman *Zwischen Leben und Tod* erzählt, kam Eden für alle Kosten auf, weigerte sich aber, ihn im Krankenhaus zu besuchen, weil er, genau wie sein in Israel gebliebener Bruder, aus Prinzip weder Krankenhäuser noch Beerdigungen besucht. Nach dem Leben, lautet bereits Edens allererster Satz im Film, komme nichts mehr, man sei für immer fort, daher wolle er von Tod und Krankheit nichts hören, solange er lebt. In solch vermeintlicher Ignoranz gegenüber dem existentiellen Geworfensein des sterblichen Menschenwesens dämmert die Erkenntnis, daß schon allein in der beliebten Maxime, Leben bedeute, sich auf den Tod vorzubereiten, wie in allen ihren gesellschaftlichen Vermittlungsformen von der Lebensversicherung bis zur Patientenverfügung eine Affirmation des Todes mitschwingt, der sich verweigern muß, wer nicht den Tod, sondern das Leben liebt. Genau darin aber, diesem Prinzip die Treue zu halten und sich für ein Leben zu entscheiden, das um keinen Preis im Bann des Todes stehen soll, besteht Edens Eingedenken an jene historische Erfahrung, deren wortreiche Beschwörung längst selbst zur beliebtesten Spielart der Verdrängung geworden ist.

Berlin bleibt doch Berlin

Die Deprimation, die vom Habitus Rolf Edens dennoch ausgeht, verdankt sich indessen ihrerseits jenem „Integriertsein“, von dem Kaniuk halb kritisch, halb ehrfürchtig spricht und das selbst eine Konsequenz von Edens Verachtung des Todes ist. Es ist Symptom einer ebenso legitimen wie unerfüllbaren Sehnsucht nach zwangloser Normalität, nach geschmeidiger Gefälligkeit und zivilisierter Freundlichkeit, die niemanden ausschließt und jeden sein läßt, wie er ist – nach einer Urbanität also, die gerade im vermeintlich besonders westlichen, in Wahrheit immer nur kleinbürgerlichen Westberlin stets nur als provinzialistische Karikatur existiert hat. Weil sie stets nur Karikatur war, mußte auch Eden, der offenbar ganz ernsthaft an ihre Wirklichkeit geglaubt hat, zu einer Karikatur dessen werden, was er vorstellt: Berlin war nie New York oder Tel Aviv, sondern wird, der eigenen bornierten Selbstwerbung entsprechend, immer nur Berlin sein. Wahrscheinlich kennt jene pseudokosmopolitische Kiezklientel, die ihr Kreuzberger Quartier ansonsten nur im Notfall verläßt, paradoxerweise gerade deshalb New York und Tel Aviv noch eher als Charlottenburg, weil sie in der Ferne stets nur das als bunt und fremd erscheinende Eigene suchen, das Fremde, Inkommensurable in der eigenen Nähe aber meiden. Wenn Eden heute als anachronistische Lachnummer in einem Kulturbetrieb wahrgenommen wird, an dessen Errichtung er mit der Gründung des ersten Travestie-Varietés, mit legendären Klaus-Kinski-Lesungen und Cabaret-Programmen selbst mitgewirkt hat, kommt der scheinbar runderneuerte Betrieb, in dem er längst zum alten Eisen gehört, dabei als immergleicher zu sich selbst. In ihm hat jener Betrieb eine Figur hervorgebracht, die gerade in ihren abseitigen und peinlichen Zügen über ihn hinauswies und an der nun, da das Vergnügen, das er bediente, der Vergangenheit angehört, dasselbe Gesetz exekutiert wird, gegen das er Widerspruch einlegte, indem er es beim Wort nahm.

Alles häßlich, alles porno
Bruchstücke des prekarisierten Lebens

This is something I can't stress enough:
Having been fucked is no excuse for being fucked up.
Kimya Dawson

Auf die Paradoxie eines gesellschaftlichen Zustands, der einerseits ständig Massen von Unzufriedenen hervorbringt, andererseits aber die psychisch und körperlich Frustrierten ihrer eigenen Charakterstruktur nach zum genauen Spiegelbild dessen macht, wogegen sie aufzubegehren hätten, gibt es zwei unterschiedliche Antworten, eine zivilisierte und eine deutsche. Die zivilisierte mutet aus dem Geiste bürgerlicher Egalität den Herabgesunkenen jenen Subjektstatus zu, um den sie gebracht zu werden drohen, und appelliert an sie als zwar empirisch unfreie, jedoch als Freie und Gleiche zu behandelnde Individuen, sich auch im Zustand der Entwürdigung nicht die Erinnerung an die eigene Freiheit austreiben zu lassen. Die deutsche Antwort, die nicht allein von Deutschen vertreten wird, hierzulande aber besonders populär ist, plädiert im Gegenteil dafür, möglichst viele Menschen mit dem Dreck zu bewerfen, in dem man selber steckt, weil erst die kollektive Besudelung jenes aggressive Wärmegefühl erzeugt, in dem der Volkskörper sich als Kollektivsubjekt erfährt. Wer für die erste Antwort eintritt, wird angesichts des Hasses auf jede Form von Glück und Zweckfreiheit, der die deutsche Solidargemeinschaft konstituiert, meist als Schnösel denunziert. Die zweite Antwort dagegen bestimmt nicht nur immer stärker das alltägliche Sozialverhalten, sondern bildet den Stoff einer ganzen Branche kultureller Produktion.

Abschied vom schönen Geschlecht

Die derzeit angesagteste Exponentin eines auf die eigene Herabgesunkenheit pochenden „Ich will so bleiben, wie ich bin" dürfte das „Alphamädchen" Charlotte Roche sein, deren *Feuchtgebiete* als feuilletonistischer Diskurssumpf die emanzipatorischen Reste der Frauenbewegung im Namen eines lässigen Bekenntnisses zur natürlichen Penetranz des weiblichen Körpergeruchs schmatzend verschlucken durften. Daß Feministinnen sich weder schminken noch parfümieren sollen, weil dies sie attraktiv und damit zum „Sexualobjekt" machen könnte, gehört spätestens seit Alice Schwarzer und Verena Stefan zu den größten Mißverständnissen der zweiten Frauenbewegung. Erst Roche aber hat den protestantischen Verzicht auf Luxusaccessoires zu einer hedonistischen Gewinnstrategie umgemünzt, mit der man in prekarisierten Zeiten besonders sexy sein und sich als postlinker Szenegroupie auf allen Kanälen hervortun kann. Im Mittelpunkt von *Feuchtgebiete* steht eine Achtzehnjährige, die im Krankenhaus ist, weil sie sich bei einer unsachgemäß vorgenommenen Intimrasur Verletzungen zugefügt hat, und die nun über ihre Hygiene- und Masturbationspraktiken sowie den sexuellen Reiz von Urin, Körperausdünstungen und Menstruationsblut räsoniert.

Verkauft und rezipiert wurde der Roman, der sich in Thematik und Sprachgestalt an die vulgärfeministische Bekenntnisliteratur der siebziger Jahre anlehnt, ohne deren larmoyante Affirmation des weiblichen Opferstatus zu teilen, als flotte Kritik am Schönheits- und Hygienewahn, der über Werbung und Castingshows immer stärker das Alltagsbewußtsein weiblicher Teenager präge und gegen den Roche als selbsternannte „Körperausscheidungsrecyclerin" für das offenherzige Eingeständnis der eigenen Ekel- und Schmutzvorlieben plädiere. Aber so sympathisch es anmutet, wenn Roche gegen *Emma* polemisiert und junge Frauen dazu ermuntert, bei der Körperpflege eher auf eigene Bedürfnisse als auf Modekompatibilität zu achten, so ideologisch und eben deshalb mehrheitsfähig ist die Stoßrichtung ihrer Kritik, deren „Schamlosigkeit" weniger mit einem Bekenntnis zu Luxus und Wohlgefallen zu tun hat als mit einer zum Tabubruch umkodierten Bejahung weiblicher „Natürlichkeit" und „Authentizität", die durch zu viel Selbstverkunstung Beschädigungen zu erleiden drohe. Stand die Menstruations- und Magersuchtbegeisterung weiblicher Selb sterfahrungsliteratur in den Siebzigern im Kontext einer, sei es auch hypertrophen, Thematisierung der realen Wunden, die sich Frauen zuziehen, wenn sie zwischen eigenen und fremden Ansprüchen zerrieben werden, so stellt Roche klare Verhältnisse her: Das böse Prinzip macht sie in den Technologien der Schlankheits- und Schönheitsindustrie aus, das gute in der Regression auf das kreatürliche Sosein des weiblichen Körpers. Wie im Tierreich avancieren die Ausscheidungen und Gerüche des Körpers bei Roche wieder ganz unmittelbar zum Bestandteil der Balz, die sich im vollgeschwitzten Bettlaken eben besser ausnimmt als im exotisch duftenden Schaumbad; masturbiert wird ökologisch korrekt mit Avocadokernen. Ohne Scham noch den eigenen Gestank zu bejahen und die von einer als herzlos empfundenen Zivilisation dem Ich beigebrachte Distanz zu den Exkrementen aufzukündigen, erscheint als Voraussetzung dafür, zum „Körper" unverkrampft ja sagen zu können. Auf die Sexualfeindlichkeit von Schwarzer, gegen die sich Roche mit dem Trotz einer refraktären Pubertierenden wehrt, wird nicht durch Bejahung von Mode und Luxus als Mittel zur Steigerung erotischen Selbst- und Fremdgenusses geantwortet, sondern mit dem Aufruf, sich auf die animalischen Residuen der eigenen Körperlichkeit zu besinnen. Der Mythos vom schönen Geschlecht wird ersetzt durch den Glauben an die stimulierende Wirkung von Vaginalschleim und Achselschweiß: Nacktheit und Armut als Aphrodisiaka einer auf den Naturzustand heruntergebrachten Realität.

Prominenz und Defizienz

Orchestriert wird die Aufwertung brachial-ungekünstelter Rohheit durch einen Hype von TV-Sendungen, die Asozialität und Abgewracktheit als normbildend im Sinne einer Gesellschaft behaupten, welche sich weigert, die vom Individuum zu leistende Versagung durch Gegenbilder sinnlicher Erfüllung zu kompensieren. Deren schöner Schein nämlich könnte die Realität womöglich nicht nur ideologisch überstrahlen, sondern auch ihre Ödnis hervortreten lassen, und wird daher inzwischen nicht einmal mehr als Illusion geduldet. Fast alle einschlägigen Proll- und Tussen-Talkshows, aber auch Formate wie *Das Model und der Freak*, wo Models „häßliche" und „verklemmte" Kandidaten in selbstbewußtem Auftreten und Körperpflege unterrichten, oder *Celebrity Rehab*, wo drogensüchtige und sonstwie abgehalfterte Prominente öffentlich „rehabilitiert" werden, folgen einer Doppelstrategie, die sich auch in der medialen Exekution von Teenie-Idolen wie Britney Spears oder Amy Winehouse ausmachen läßt: Einerseits werden rigide Schönheits- und Verhaltensnormen statuiert, an denen sich die Dementen und Defizienten, die gerade in den nicht öffentlichkeitstauglichen Aspekten ihres Habitus als Stellvertreter der prekarisierten Mehrheit vorgeführt werden, strebsam abarbeiten müssen. Andererseits wird dem Publikum vor Augen gehalten, daß die Erfolgreichen und Schönen selbst nicht als Fetische der Sehnsucht nach einem besseren Leben taugen, sondern als seelische und körperliche Wracks, notfalls bis zur Zerstörung der physischen Existenz, ständig mit den Folgekosten ihres Privilegs kämpfen müssen.

Während in *Das Model und der Freak* marginalisierte und deviante Charaktere, die „nichts aus sich machen", weil sie zu fett, zu scheu oder noch immer zu subjektähnlich sind, um im Leben zu bestehen, unter Anleitung der Reichen und Arrivierten zum „besseren Typ" verhunzt werden, führen Sendungen wie *Celebrity Rehab* vor, daß die Reichen und Arrivierten ebenso vor Verkommenheit und Selbstverachtung strotzen wie der andernorts gecastete Pöbel. Wie die Freaks und Loser eingebleut bekommen, daß am erfolgreichen Ende ihrer performativen Umprogrammierung nicht die Erlösung von Minderwertigkeit und Angst und ein glücklicheres Dasein stehen, sondern die endgültige Affirmation der eigenen Entselbstung, so fungieren Prominente wie Spears oder Winehouse als lebende Demonstrationsobjekte für die Allerweltslüge, daß Geld und Luxus nicht zufriedener machen.

Die Selbstzerstörung heute anachronistischer Pop-Ikonen wie Janis Joplin oder Kurt Cobain besaß noch einen illusionären, aber darin auch utopischen Schein individueller Tragik: Hier hatte sich, so durfte man zumindest glauben, jemand entschieden, lieber ein kurzes eigenes Leben zu führen als ein langes, aber fremdbestimmtes. Der Niedergang postmoderner Pop-Idole wie Spears oder Winehouse beweist dagegen nur noch, daß es für niemanden, ob reich oder arm, häßlich oder cool, einen anderen Weg durchs Leben gibt als den Gewaltmarsch. Gerade in der Komplementarität der erwähnten TV-Formate steckt denn auch die Botschaft an den Rezipienten, der meist eher Freak als Model sein dürfte: Karg und würdelos vor sich hinzuvegetieren, ist kein Manko, sondern ein Pfund, mit dem sich wuchern läßt. Wer dies akzeptiert hat und sich zum stolzen Subjekt der eigenen Erniedrigung macht, kann zumindest auf ein kleines Stück vom Kuchen hoffen.

Authentizität und Elend

Wie die Avantgarde häufig dazu neigt, den Schund von morgen zu antizipieren, so läßt sich die Affirmation der eigenen Selbstabwrackung bereits in den unter Linken weithin beliebten Prekariatsdramen des derben französischen Realismus, etwa in den Filmen von Bruno Dumont oder der Dardenne-Brüder, sowie in der Dogma-Ästhetik ausmachen, die ihrem sozialkritischen Impetus zum Trotz eine regressive Subsistenzideologie propagieren: Danach müssen die Spuren der Individualität, die den Menschen über seine bloße Kreatürlichkeit erheben, liquidiert werden, will man das Leben in aller Härte am eigenen Leib erfahren. Besonders die neue realistische Schule in Frankreich, deren ästhetische Strategien in postmodernen *exploitation movies* wie *Baise-moi* nachwirken, zeichnet im Bemühen um die erlebnisnahe Darstellung abhärtenden Lebens ein Bild der Unterschichten, das sich weitgehend in der Umkodierung von Ressentiments erschöpft. Die Sexszenen in solchen Filmen, die jede Spur von somatischer Glückserfahrung tilgen, inszenieren „authentische" Sexualität, in Abgrenzung gegen deren vermeintliche Beschönigung im Mainstream-Kino, emphatisch als brutal, blindwütig und sprachlos – Residuum animalischen Gattungszwangs in einer kalten sozialen Realität. „Kapitalismuskritische" Filme wie Dumonts *La Vie de Jésus* haben diese Formsprache drastisch ausgebildet, indem sie Geschlechterbeziehungen a priori als

Gewaltbeziehungen fassen und vor allem das Alltagsleben der Unterschichten haltlos brutalisieren: Gesellschaftliche Herrschaft erscheint ausschließlich als unmittelbares persönliches Gewaltverhältnis, das sich situationsbedingt entweder im Hauen und Schlagen oder in besinnungslos wütendem Sex materialisiert.

Die kritisch gemeinte „Politisierung" des Privaten, die durch rohe Evokation körperlichen Elends die kollektive Nestwärme steigern soll, indem sie an die habitualisierte Brutalität als letztes verbindendes Moment der herabgesunkenen Menschengemeinschaft appelliert, nimmt der Intimsphäre als Ort rudimentärer Autonomie jede Würde und führt die degradierten Figuren nur noch einmal als das vor, was sie vorgeblich ohnehin sind. In seinen jüngsten Filmen, *29 Palms* und *Flanders*, die in einem diffus kriegsbedrohten Niemandsland spielen, blendet Dumont das soziale Milieu aus und inszeniert Gesellschaft insgesamt als perennierenden Naturzustand, in dem nur überleben kann, wer sich affirmativ auf das Tier in sich selbst besinnt. In solcher Ostentation von Rohheit als Kern zwischenmenschlicher Erfahrung konvergiert der neue ästhetische Verismus mit der Feier kreatürlicher Archaik, wie sie in den Filmen Lars von Triers so unangenehm zu sich selbst kommt. Indem sie hervorkehren, was im US-amerikanischen Konfektionsfilm angeblich verdrängt wird – die häßliche Authentizität nackten gesellschaftlichen Lebens – kassieren solche Filme die Differenz zwischen trister Realität und schönem Schein, die gerade in Hollywood-Melodramen mitunter für eine Rührung sorgt, welche den Zuschauer nicht einfach nur dumm macht, sondern an die Dumpfheit seines eigenen Daseins erinnert.

Was hier auf noch ungleich höherem Niveau anklingt – die Annullierung der Autonomie ästhetischen Scheins im Namen eines anthropologisch begründeten Realismus –, wird im TV-Proletenformat täglich vollzogen, wo ein Begriff von Authentizität vorherrscht, dem die zivilisatorischen Sicherungen nichts als Ballast sind, dessen sich der häßliche Normalo volkstümlich-aggressiv vor laufender Kamera zu entledigen hat. Adornos Sentenz, die Menschen hätten heutzutage durchweg nicht zu viele, sondern zu wenige Hemmungen, wird im medialen Wettbewerb um freiwillige Regression gewissermaßen zum Gestaltungsprinzip. Hier, wo sich Achtzehnjährige, die um denselben tumben Freund konkurrieren, Haarbüschel vom Kopf reißen, auf Abwege geratene Punktöchter ihre Mütter bespucken, um ihnen dann wimmernd um den Hals zu fallen, und Endvierziger extensiv über ihre Intimpiercings Auskunft geben, wird ein Zustand abgefeiert, in dem die Liquidation zivilisatorischer Tabus als Emanzipation von gesellschaftlichen Zwängen verkauft und die Depravation des Publikums zum Mob als „Liberalisierung" einer in Wahrheit längst zerstörten bürgerlichen Öffentlichkeit ausgegeben wird. Deshalb sind in solchen Formaten schmutzige Details aus dem Hartz-IV-Boudoir mit feixendem Gelächter, körperliche Attacken mit sentimentalem Gejammer jederzeit vereinbar: Inthronisiert wird der erfahrungs- und reflexionslose Reflex als letztes Residuum authentischen Gefühls. Wer derlei verabscheut, gilt als Relikt einer anachronistischen Geschmackskultur.

Ästhetik der Versumpfung

Wie Ideologie, der Diagnose kritischer Theorie zufolge, im postbürgerlichen Zeitalter zugunsten einer tautologischen Reproduktion des Status quo eingeebnet wird, so erscheinen Scham und Diskretion dem Einverständnis mit dem prekarisierten Leben als Restbestände verklemmter Bürgerlichkeit. Was es mit dieser Perhorreszierung der Scham in Wahrheit auf sich hat, läßt sich am gegenwärtigen popkulturellen Porno-Hype studieren.

Pornographie ist, wie Linda Williams in ihrer Studie *Hard Core* zeigt, ein Kind der Medizin, nicht der Erotik, ihr Prinzip die Hygiene, nicht der Exzeß. Deshalb war sie stets eher Agens von Prüderie als von Schamlosigkeit. Die falsche Schamlosigkeit, die sie propagiert, beruht auf Verinnerlichung des Verbots. Pornographie spiegelt den bis in die Triebstruktur deformierten Individuen ihr Dasein als jenes autistische Reagieren auf den Naturzwang zurück, als das sie es in Augenblicken trauriger Selbsterkenntnis erleben. Indem sie als Urgrund des Triebs ausgibt, was Ergebnis seiner Verstümmelung ist, stellt sie das Glück sinnlicher Erfüllung erst recht als jenes bloß Tierische, Asoziale dar, als das Sexualität im erotisch verkümmerten Alltag der meisten Menschen allenfalls erfahren wird. Die Dreistigkeit, mit der ein postfeministisches Milieu „Porno" affirmativ zum Kampfbegriff erklärt und (wie Beatriz Preciado, die Verfasserin des für die Pro-Porno-Bewegung wichtigen „Kontrasexuellen Manifests") mit proletarischem Pathos behauptet, wir alle seien irgendwie *sexworker*, will davon nichts mehr wissen. In Ignoranz der realen Erfahrungen von Frauen, für die Sex Lebensunterhalt bedeutet, und in ebensolcher Ignoranz der meist durchaus bestehenden eigenen Entscheidungsfreiheit, erniedrigt man sich hochmütig zum sexuellen Arbeitstier, dessen Freiheit sich darin erschöpfe, die ohnehin unvermeidliche Selbstverdinglichung souverän zu managen – dies aber nicht, um über sie hinauszugelangen, sondern um jede Erinnerung an die Unverfügbarkeit der menschlichen Triebnatur und die Möglichkeit zweckfreier affektiver Beziehungen zu tilgen.

Da er keinen Begriff von Sexualität als Produktionsverhältnis hat, fetischisiert der Postfeminismus Sexualität als Modus entfremdeter Arbeit, als *Technik*, die man nur möglichst differenziert beherrschen muß, um sich nicht unterkriegen zu lassen. Gerade dadurch aber gerinnt sie erneut zur bloßen Natur, der *sexworker* zum versierten *animal laborans. Sexwork* in diesem Sinn ist kein Begriff zur Analyse konkreter Ausbeutungsverhältnisse, sondern sanktioniert einen Zustand, in dem jedem Einzelnen nahegelegt wird, den eigenen Körper nicht anders denn als Rohstoff zur performativen Selbstproduktion zu begreifen, an der man sich so lange abarbeiten muß, bis der Stoff verschleißt und man sich buchstäblich ausgelebt hat.

Vor diesem Hintergrund erklärt sich der in der urbanen Upper-Class-Bohème neuerdings verbreitete Proleten- und Schändungskult, der werbeästhetische „Tabubrüche" wie die von Benetton weit in den Schatten stellt. Das kanadische Magazin *Vice*, das sich als erstes kostenloses Lifestylejournal bewirbt und Zweigstellen in mehreren Ländern Westeuropas unterhält, läßt seine Models Posen von Drogen- und Vergewaltigungsopfern nachstellen, widmet sich in Reportagen der arbeitsrechtlich noch ungeregelten und daher „authentischeren" Maloche von Huren, Pornofilmern und „Knastkünstlern" in Lateinamerika oder Osteuropa und empfiehlt harten Analverkehr als Präventivmaßnahme gegen Prostatakrebs: Selten hat sich die Sehnsucht einer ihre juristischen, ökonomischen und medizinischen Errungenschaften verachtenden Zivilisation nach Regression in die wärmende Wildheit unmittelbarer Gewaltverhältnisse so unverstellt artikuliert. Das Magazin inszeniert sich als Avantgarde einer internationalen Clubkultur, in der es als Zeichen von Distinguiertheit gilt, hoffnungslos durchgezogen und versumpft nicht nur auszusehen, sondern zu sein.

Vom Punk, der teilweise mit ähnlichen Attributen arbeitete, unterscheidet sich solche Ästhetik der Erniedrigung, die in der Mainstreamwerbung auf mildere Weise schon früher präsent war, in ihrem Verzicht auf Negativität. Nicht Kritik an der Pose bürgerlicher Würde im Namen eines schmutzigeren, aber angenehmeren Lebens artikuliert sich in ihr, sondern Haß sowohl gegen die im Begriff der Würde zum Ausdruck kommende Zumutung individueller Autonomie wie gegen die in den legeren Gesten der Boheme aufgehobene Hoffnung auf ein Leben ohne Arbeitszwang. Der Kern dieser Trash-Ästhetik, die nicht Lässigkeit, sondern Vernachlässigung preist, besteht gerade darin, daß die Sphäre von Luxus und Genuß, zu der die Institution der Mode selbst gehört, als schweißtreibende, schmuddelige und verzehrende Arbeit am eigenen Selbst begriffen wird – ganz als wolle man den lebensphilosophischen Gemeinplatz, wonach der einzelne nur der Durchgangsort des sich selbst erzeugenden und vernichtenden Daseins sei, postdionysisch beglaubigen. Eine solche Avantgarde bringt jeden, der zum eigenen Unrat größere Distanz wahrt als Charlotte Roche, *down to earth*, wo es bekanntlich unkomplizierter zugeht als unter anspruchsvollen Individuen mit Hoffnung auf ein besseres Leben.

Models und Monstren
Zur Anti-Lookism-Bewegung

Politische Bewegungen verdienen nicht nur Interesse, wenn sie in der Öffentlichkeit präsent sind, sondern auch, wenn sie wieder aus ihr verschwinden. Noch vor kurzem konnte man in linksalternativen Wohngebieten hin und wieder Plakate oder Aufkleber entdecken, auf denen ein mit Maschinengewehr bewaffnetes Schneewittchen abgebildet war. Sie riefen zum Kampf gegen den „Schönheitsterror" auf. Inzwischen sucht man die Bekundungen der Anti-Lookism-Bewegung, die auf diese Weise gegen die Repressivität der von Werbung und Medien propagierten Schönheitsideale Front machte, meist vergeblich. Daß sie kaum noch Präsenz zeigt, obgleich der gesundheitsschädliche Charakter von Schönheitsnormen à la Heidi Klum inzwischen auch in den Massenmedien thematisiert wird, dürfte nicht allein an der Kurzlebigkeit „autonomer" Politkampagnen liegen. Vielmehr ist das Ressentiment gegen Schönheit, das von der Kritik am „Lookism" bedient wird, längst in der Mitte der Gesellschaft angekommen.
Das bewaffnete Schneewittchen auf Anti-Lookism-Buttons hatte eine doppelte Bedeutung: Es stand für den „terroristischen" Charakter von Modeimages, denen unterstellt wurde, ähnlich mörderische Konsequenzen zu zeitigen wie Rassismus, Kolonialismus und Fleischverzehr, und es verstand sich als Aufruf an die der Schönheit Verfallenen, sich aktiv „häßlich" zu machen, um zum Kampf gegen die kollektive Verblendung anzutreten. Inzwischen sind die empirischen Grundlagen dieser schon für sich genommen eher naiven Kritik vollends erodiert. Sendungen wie *Germany's Next Topmodel* ernähren ihre Kritiker, die sich in volkspädagogischen Diskussionsrunden über das „sexualisierte" Alltagsverhalten von Jugendlichen und über den „nuttigen" Kleidungsstil junger Mädchen mokieren, längst ebenso gut wie Heidi Klums Laufstegchargen, und einem Volk, das sich zur besten Sendezeit freiwillig Dieter Bohlen und Thomas Gottschalk beim Haareraufen anschaut, muß man nicht mehr beibringen, wie man sich häßlich macht.

Wer darüber hinaus ein TV-Interview mit Charlotte Roche oder Heike Makatsch in voller Länge erträgt, dem dämmert vielleicht sogar die Erkenntnis, daß sich zwischen Schönheit und Häßlichkeit immer schwerer unterscheiden läßt. Kaum ein deutscher Prominenter jedenfalls, der nicht mit vollem Körpereinsatz den Begriff der Schönheit kompromittieren zu wollen scheint.

Lookism und andere Ismen

„Lookism" war von Beginn an vor allem ein anderes Wort für eigenverantwortlich praktizierte Paranoia. Während Rassismus und Sexismus gesellschaftliche Praktiken bezeichnen, die einzelnen Menschen oder Gruppen eine ihnen qua „Natur" eignende Inferiorität zuschreiben, spielt der Modus der Naturalisierung für „Lookism"-Kritiker keine Rolle. Ihnen geht es vielmehr darum, für *jede* Wahrnehmung konstitutive Bewußtseinsakte pauschal als diskriminierend zu verunglimpfen. Was jeder denkende Mensch bei der Begegnung mit anderen Menschen tun muß, um sie wiederzuerkennen und mit ihnen kommunizieren zu können – sie als „groß" oder „klein", „alt" oder „jung" usw. zumindest provisorisch in einem Raster von Unterschieden zu verorten – gilt der „Lookism"-Kritik bereits als erster Schritt zu Stigmatisierung und Gewalt, deren Gipfel die Qualifizierung von Menschen als „schön" oder „häßlich" sei. Im Gestus weltweiser Sozialkundelehrer beklagen „Anti-Lookism"-Kämpfer, daß die Menschen von der Gesellschaft gedrillt würden, auf „Äußerlichkeiten" zu achten. Die Frage, worauf man denn sonst achten soll, da es noch niemandem gelungen ist, seinen Mitbürgern direkt in die Seele zu blicken, weisen sie als pragmatistisch zurück.
Statt dessen übertragen sie Judith Butlers Erkenntnis, wonach der Hebammenausspruch „Es ist ein Junge" oder „Es ist ein Mädchen" keine Feststellung, sondern eine Zuschreibung sei, auf jedes x-beliebige Phänomen. Der Satz „Sandra ist die kleine Dicke mit der Brille" stigmatisiert Sandra demzufolge, selbst wenn er freundlich gemeint ist, in vierfacher Weise: Er legt Sandra auf ihre Weiblichkeit fest, ist also sexistisch,

denunziert sie als dick und als klein („Bodyism"), und er deutet ihre „Andersbegabung" diskriminierend als Sehschwäche („Ableism"). Begeht Sandra, die sich durch Tragen einer Brille ohnehin bedenklich den Normen der Mehrheitsgesellschaft angepaßt hat, womöglich auch noch den Fehler, diesen Sprechakt als adäquate Beschreibung ihrer Person oder liebevolle Koketterie aufzufassen, kollaboriert sie mit dem Feind und muß durch klare Ansagen zur Korrektur ihres Selbstbildes aufgefordert werden.

Die Frage, anhand welcher Dichotomien eine Gesellschaft die Menschen, die in ihr leben, klassifiziert und beurteilt, verdient selbstverständlich aufmerksame ideologiekritische Beachtung. Es dürfte jedoch ebenso wenig zu leugnen sein, daß es irgendwelcher, wie immer auch gearteter kognitiver Ordnungsschemata bedarf, will man nicht von vornherein in jenem frei flutenden Wahn versinken, den Poststrukturalisten für Vernunftkritik halten. Und gegenüber Gemeinschaften, die ihre Mitglieder mittels des Gegensatzes „Freund"/„Feind" oder „Gläubiger"/„Ungläubiger" sortieren, haben sich Dichotomien wie „dick" und „dünn" nicht nur als nützlicher, sondern als weitaus humaner erwiesen.

Etwas anders sieht es mit der Unterscheidung von „männlich" und „weiblich" aus, die, wie nicht erst Butler entdeckt hat, fast die gesamte Menschheitsgeschichte hindurch zur Rechtfertigung von Herrschaftsverhältnissen getaugt und ihre vermeintliche Unschuld dadurch längst verloren hat. Dennoch müssen wohl selbst fanatische Genderdekonstruktivisten zugeben, daß sie ihr Alltagsverhalten an dieser Unterscheidung mehr als an jeder anderen auszurichten pflegen, und sei es nur, weil sie ihre Arbeitszeit damit verbringen, sie zu kritisieren. Der bloße Rekurs auf „Äußerlichkeiten" als Unterscheidungsmerkmal zwischen Menschen allein kann jedenfalls vernünftigerweise noch nicht als Diskriminierung gewertet werden.

Genau dies aber tun die „Lookism"-Kritiker, wenn sie für sich in Anspruch nehmen, im Gegensatz zum konsumistischen Rest der Welt die Menschen in ihrer Eigentlichkeit ernstzunehmen. Da jedoch selbst Einsichten wie die, daß jemand einem falschen Modeideal hinterherläuft, sich immer nur auf

„Äußerlichkeiten" berufen können und alles Weitere Spekulation bleiben muß, ist der Kampf gegen „Äußerlichkeiten" ein a priori unendlicher und neigt aus seiner eigenen Dynamik heraus zum paranoiden Amoklauf.

Insofern ist es nur folgerichtig, daß die „Lookism"-Kritiker eine ganze Reihe anderer Ismen erfunden haben: „Bodyism" für die Beurteilung einer Person anhand ihrer Körpergestalt, „Ableism" für die Stigmatisierung „Andersbegabter" als Behinderte, „Ageism" für die Diskriminierung von Menschen aufgrund ihres Alters usf. (siehe Philippe Witzmann: *Scheiße zu Gold machen*, in: *Bahamas* Heft 56, 2008). Dabei geht es wohlgemerkt nicht um die Degradierung von Alten oder Behinderten als „lebensunwert", wie sie schon dem Jugendkult der Lebensreformer innewohnte und über die NS-Zeit hinweg bis heute zahllose Anhänger hat. Nicht das Lebensrecht stigmatisierter Individuen soll gegenüber ihrer Abschätzung nach ihrem Nutzwert eingeklagt, sondern das Stigma soll in seinem Eigenrecht aufgewertet und bewahrt werden. Behinderung wird demnach nicht als etwas betrachtet, das zum Wohle des Individuums möglichst behoben werden muß (wozu moderne Gesellschaften ja immer stärker in der Lage sind), sondern als positives Identitätsmerkmal, das Schutz verdiene.

Ebendiese (Un-)Logik liegt auch dem Kampf gegen die Schönheit zugrunde: „Mehr aus seinem Typ machen" zu wollen, weil man sich zu unscheinbar oder eben „häßlich" findet, zeugt demnach nicht von einem, wenngleich fehlgelenkten oder seiner selbst noch unbewußten, Bedürfnis nach Emanzipation, sondern von Unterwerfung unter die Macht, der nur entkommt, wer sich so, wie er ist, also mit allen eigenen Defiziten, bejaht. Noch der Rest an Freiheit, der den Individuen im Zeitalter ihrer „Individualisierung" geblieben ist – die ungewisse Hoffnung, man könne eines Tages besser, schöner und genußreicher leben als heute –, soll ihnen ausgeredet werden, indem ihr partikulares und entmenschtes Selbst ihnen als das letztmögliche „So bin ich nun mal" vorgespiegelt wird. „Häßlichkeit" ist nach Maßgabe solcher Kritik nicht – wie in der Ästhetik des Häßlichen von Büchner bis Baudelaire – Ausdruck ungeschlichteter Widersprüche oder menschlichen Leidens, sondern des pulsierenden Lebens selbst, das von jedem wie auch immer bestimmten Schönheitsideal geknebelt werde.

Der Alltag als Freakshow

Nun muß man allerdings selbst „andersbegabt", nämlich blind sein, um ausgerechnet heutzutage gegenüber der Omnipräsenz eines erdrückenden Schönheitsideals der Häßlichkeit zu ihrem Recht verhelfen zu wollen. Heidi Klums Schönheitsköniginnen sind ebensowenig „schön" wie Dieter Bohlens Popköniginnen talentiert, und gerade jener besondere Schlag junger Mädchen, die sich schon mit 15 als Topmodel herausputzen und jede Konkurrentin mit dem Satz „Die ist voll häßlich" abfertigen, bringen meist nicht mehr zustande als die fratzenhafte Karikatur dessen, was sie vorstellen wollen. Das gesamte Nachmittagsfernsehen mit seinen sich an Unappetitlichkeit und Asozialität überbietenden Talkshowgästen ist längst zu einem Freak-Casting geworden, das die geistig und materiell auf den Hund gekommenen Menschen ganz im Sinne der „Lookism"-Kritik ermuntert, ihr Defizit als Chance zu begreifen, statt für seine Aufhebung zu streiten.

Weil sie mit allem, was ihnen mangelt, dort nach Herzenslust auftrumpfen und den Applaus der glücklich verblödeten Mehrheit einfahren können, lieben die Prekarisierten, denen Woche für Woche im Supermarkt und auf dem Arbeitsamt bestätigt wird, daß sie nichts zu erwarten haben, die Talkshows: Hier ist man wenigstens für ein paar Stunden jemand, gerade weil man niemand ist, hier kommt man zu Wort, gerade weil man in jedem Sinne nichts zu sagen hat. Das Grundprinzip dieser medialen Routine, die längst auch den Alltag beherrscht, ist in Wahrheit nicht einmal die Häßlichkeit, sondern die trostlose Traurigkeit, mit der alle sich abgefunden haben und die nur noch von Irren und unverbesserlichen Großbürgern beklagt wird.

Um eine Sensibilität für die Selbstzurichtung zu entwickeln, mit der Models sich, um vor dem Auge des Zuschauers bestehen zu können, zu Monstren machen, während Menschen, die sich selbst als Monstren empfinden, als Models gecastet werden (weniges ist deprimierender als die auf „Dicke“ oder „Alte“ zielenden Modekampagnen der jüngeren Zeit), muß man freilich eben doch über einen, sei es nur negativ explizierbaren, Begriff von Schönheit verfügen. Im Bild des Schneewittchens, das in Antischönheitskampagnen denunziert wird, liegt das Verständnis einer Schönheit beschlossen, die gerade nicht perfekt und leistungsfähig daherkommt, sondern in sich gebrochen und von Schmerz gezeichnet ist. Schön in diesem Sinn kann nur genannt werden, was in bestimmtem Widerstand gegen die ärmliche Realität am Versprechen von Glück und Erfüllung festhält, und sei es als Obsession, während häßlich nur genannt werden kann, was als untilgbare Wunde an die Lüge erinnert, die jeder Form von Schönheit innewohnt, die sich als unmittelbarer Bestandteil der Wirklichkeit aufspreizt.

Jenseits dieses Widerspruchs, der den Begriffen selber eingeschrieben ist, ergibt es keinen Sinn, von „schön“ oder „häßlich“ überhaupt noch zu reden, und eben daran wird rabiat erinnert, wer am Nachmittag das Fernsehen anschaltet. „Freaks“ aber, auch dies wäre in Anlehnung an Todd Brownings gleichnamigen Film ins Gedächtnis zu rufen, sind keine putzigen Exoten, wie man im linksautonomen Milieu gern glaubt, sondern zu Tieren degradierte, dem hemmungslosen Blick des Mobs ausgesetzte Menschen, die nur eine Zukunft verdienen: befreit zu werden.

Performative Mobilmachung
Über die Verschmelzung von Kunst und Politik im ästhetischen Ereignis

Das Prinzip, nichts auf sich selbst beruhen zu lassen, jedermann zum Handeln anzustacheln, nichts Unnützes zu dulden, mit einem Wort: Dynamik ist die Seele des Faschismus. (...) Die Faschisten haben vom Pragmatismus so manches gelernt. Selbst ihre Sätze haben schon keinen Sinn mehr, sondern nur noch einen Zweck.

Max Horkheimer (1940)[1]

Gäbe es nicht noch immer den Typus des konservativen Deutschnationalen, der Atheismus für Gotteslästerung hält und jeder kulturellen Neuerung feindlich gegenübersteht, die Bewegungslinke müßte ihn erfinden. Im Grunde tut sie schon lange nichts anderes mehr: Weil ihr, in schönster Einigkeit mit der sonst gern attackierten „Mehrheitsgesellschaft", vor nichts so sehr graust wie vor „Stillstand", mithin vor Innehalten, Reflexion und Selbstbesinnung, muß sie permanent gegen die Feinde jener anderen Welt, die bekanntlich immer möglich ist, mobil machen. Einen dankbar aufgegriffenen Anlass hierfür lieferten im Sommer 2009 die deutschen Geburtstagsevents, deren dégoutante mediale Inszenierung nicht etwa mit Schweigen gestraft, sondern mit ästhetisch weit innovativeren Gegenveranstaltungen gekontert wurde. Diese bescherten den Lesern linker Journale nicht nur ganzseitige Interviews mit antideutschen Plüschtieren[2], sondern auch Reportagen über eine „antinationale Parade", mit der diverse Aktionsgruppen unter dem Motto „Etwas Besseres als die Nation" ihre Wettbewerbsfähigkeit im Konkurrenzkampf der Volkstribune unter Beweis stellen wollten.[3] Eine vorgeblich linke Veranstaltung als „Parade" zu bezeichnen, ist in einem Milieu, in dem Techno der vorherrschende Musikstil und Sternmärsche eine beliebte Bewegungsform sind, längst kein Widerspruch mehr. Im Gegenteil wird die „Parade", als öffentliche Zurschaustellung des antinational beseelten Volkskörpers, zum hedonistischen

Gegenbild der vielgeschmähten „Kritik" stilisiert, die man als obskurantistisch, elitär und praxisfern zu verachten gelernt hat. Mit ihrem Haß auf Kritik, Spekulation und Stubenhockerei ist die neue antinationale „Bewegung" ihrem Gehalt nach von früheren linken „Bewegungen" kaum zu unterscheiden, deren Exponenten heute als freiberufliche Journalisten und Projektmanager die Profilierungsversuche ihrer Nachfolger wohlwollend begleiten.

Die Formierung des antinationalen Protests als „Parade" hat indessen noch einen anderen Sinn: Seit ihnen die vorwiegend von Judith Butler bezogenen PoMo-Schlagworte wie „Performanz", „Travestie" und „Inszenierung" zum reflexhaften Bestandteil der eigenen Selbstversicherung geworden sind, kokettieren bewegungslinke Gruppen gerne mit der Sphäre des Ästhetischen, nicht zuletzt in Abgrenzung gegen dröge traditionslinke Demonstrationen. Keine „Demonstration", sondern eine „Parade" zu veranstalten, indiziert die Entschlossenheit zur negativen Aufhebung des Gegensatzes von Kunst und Politik: Während eine „Demonstration" im besten Falle die öffentlichkeitswirksame Artikulation eines politischen Anliegens ist, gewinnt dieses in der „Parade" gleichsam körperliche Gestalt. Statt sich länger in der uneigentlichen Sphäre von Repräsentation und Vermittlung aufzuhalten, die einem seit je verhaßt ist, macht man sich unmittelbar zur sinnlichen Verkörperung der guten Sache und möchte die bürgerliche Öffentlichkeit in einen Raum des Festes und des Kults verwandeln, wo es nicht mehr um Wahrheit, sondern um Authentizität geht. Keineswegs also ist ein Zerfall der „politischen Kultur" durch „Eventisierung" zu befürchten, wie bürgerliche Feuilleton-Philosophen bei solchen Anlässen regelmäßig warnen. Was tatsächlich ansteht, ist die regressive Verschmelzung von Kunst und Politik in einer *Gegen-Kultur*, die sich in Anlehnung an eine positiv gemeinte Formel des neulinken französischen Chefideologen Alain Badiou als Kultur des „Ereignisses", oder, in Anlehnung an den Titel eines prominenten Sonderforschungsbereichs der Freien Universität Berlin, als „Kultur des Performativen" beschreiben läßt.[4]

Taten statt Worte

Wo Politik und Ästhetik im „Ereignis" verschmelzen, hat das Wort zu schweigen, sofern es sich nicht seiner Referenz auf einen wie immer gearteten gedanklichen Sinn entledigt und zur „Handlung" wird. Die Verachtung des Wortes im Namen eines Kults der Tat bildet ein durchgängiges Motiv der pragmatischen Sprachphilosophie im 20. Jahrhundert, deren Prämissen von Poststrukturalismus und Dekonstruktion vermeintlich herrschaftskritisch umgedeutet werden. Die vielberufene „performative" Wende in der Sprachphilosophie seit den achtziger Jahren war vor allem eine Wende *gegen* ein Sprachverständnis, dem Worte mehr sind als Zeichenträger oder Signale, mithin gegen eine Auffassung von Sprache als Modus der Kritik und Reflexion, wie sie von der Sprachkritik der Jahrhundertwende, etwa bei Nietzsche, Karl Kraus oder Fritz Mauthner, emphatisch vertreten worden ist und in der kritischen Theorie fortlebt.[5] Wird Sprache dort nur insofern als „Handlung" begriffen, als sie Produkt und Bestandteil einer allererst auf den Begriff zu bringenden gesellschaftlichen Totalität ist, die sich in ihren Sprach- und Denkformen nie nur ausdrückt oder verdoppelt, sondern auch in Frage stellen und transzendieren kann, gilt Sprache den Sprachpragmatikern als Derivat der Handlungszusammenhänge, in denen sie erscheint. Unter dem Vorwand, der idealistischen Anmaßung eines auf unteilbare Wahrheit zielenden Sprachbegriffs durch Rekurs auf die konkreten Praxisformen zu begegnen, die solcher Illusion zugrunde lägen, richtet sich die pragmatische Sprachphilosophie bequem in den Reiz-Reaktions-Schemata ein, die den Alltag der meisten Menschen ohnehin beherrschen. Evident wird diese Reduktion von Sprache auf rein innerweltliche Funktionszusammenhänge an der Banalität der einschlägigen Beispielsätze, ob diese nun „Die Katze liegt auf der Matte" (John Austin), „X ist ein Pferd" (John Searle) oder „Es ist ein Mädchen" (Judith Butler) heißen. Sprache läßt sich dem Pragmatismus zufolge nie außerhalb der Handlungskontexte verstehen, in denen die einzelnen Sprechakte sich ereignen und Geltung erlangen. Eine Sprache jenseits des Sprechens, ein Wahrheitsgehalt sprachlicher Äußerungen, der über ihren pragmatischen Aspekt hinausginge, erscheint solch bodenständiger Metaphysikkritik als undenkbar.[6]

Wird dieses Defizit in der angloamerikanischen Sprachphilosophie der sechziger Jahre noch offen ausgesprochen und im Namen eines unbefragt vorausgesetzten Common Sense bejaht, der jede Sprechhandlung mit Recht auf ihre Nützlichkeit und ihren Zweck hin prüfe, geben sich deren postmoderne Überbieter mit derlei engstirnigem Positivismus nicht zufrieden. Statt jedoch den instrumentalistischen Sprachbegriff des Pragmatismus in Frage zu stellen, spitzen sie ihn zu im Sinne eines Sprachverständnisses, dem jeder ephemere Sprechakt gleichermaßen zum ästhetischen „Ereignis" wie zur politischen „Handlung" wird. Gerade weil sie für die Biederkeit des Pragmatismus mit seiner Fetischisierung von Ökonomie, Nützlichkeit und gesundem Menschenverstand sensibel sind, zugleich aber dessen Verachtung von Kritik und Reflexion teilen, erklären die postmodernen Ideologen Sprache zu einem nie befriedeten Kampfplatz, auf dem ständig irgendwelche Gefechte ausgetragen und Schauspiele der Macht inszeniert werden. Ein Jenseits des Kampfes gebe es nicht, kein Wort könne je „wahr" sein, sondern sei immer schon Parteinahme und unmittelbare Aktion. Daher die Wahlverwandtschaft der postmodernen Sprachphilosophie mit linkem Konformismus: Sie erlaubt es, die verhaßte Position des „Kritikers" als logische Unmöglichkeit und Kaschierung partikularer Interessen zu diffamieren, um im selben Atemzug das eigene automatisierte Gestammel als politische Aktion mit performativem Mehrwert auszugeben, sich also sowohl gegenüber den als hybrid abgekanzelten Exponenten des „Geistes" wie gegenüber der Kargheit politischen Alltagshandelns als bessere Wahl zu empfehlen.

Der regressive Charakter dieser postmodernen Umdeutung des Pragmatismus, die die bürgerliche Öffentlichkeit als Sphäre von Repräsentation, Vermittlung und rationaler Urteilsfindung im Namen unmittelbarer Aktion liquidieren will, wird an der „politischen" Interpretation von John L. Austins *Theorie der Sprechakte* evident, die Judith Butler in ihrem Buch *Haß spricht* vornimmt.[7] Butlers Ausgangspunkt ist die Frage, ob auf diskriminierende Sprechakte gegenüber Frauen, Schwulen oder Ausländern mit juristischen Maßnahmen, etwa mit strafrechtlicher Ahndung, zu reagieren sei, wie traditionslinke *pressure groups* dies regelmäßig fordern. Ihre Antwort erscheint zunächst recht sympathisch. Wer derlei verlange, so Butler, delegiere die Auseinandersetzung mit sozialen Konflikten an den Staat, der damit zur Beute partikularer Interessengruppen zu werden drohe. Deshalb nimmt sie etwa auch in der Auseinandersetzung mit Pornographie eine andere Position ein als die zweite Frauenbewegung: Während diese in Einigkeit mit reaktionären Sittenwächtern jede „patriarchal" kontaminierte Freizügigkeit als Verstoß gegen die Menschenwürde juristisch ahnden lassen wollte, vertritt Butler einen scheinbar antistaatlichen, auf „Eigeninitiative" setzenden Standpunkt, der sie als Bündnisgenossin „basisdemokratischer" Linker ausweist. In Wahrheit stellt ihr Verständnis von Sprache als politischer Handlung jedoch sogar eine Universalisierung der schlechtesten Traditionen der Frauenbewegung dar. Ging es schon in feministischen Politkampagnen der achtziger Jahre wie der Anti-Porno-Kampagne oder der vermeintlichen Entlarvung von Deutsch als „Männersprache" darum, sprachlichen und ästhetischen Äußerungsformen, wie kritikwürdig diese im Einzelnen auch sein mögen, von vornherein jede Eigenständigkeit abzusprechen und sie auf ihren Handlungsaspekt, letztlich auf ihre unterstellte Gewaltförmigkeit, zu reduzieren, befaßt sich Butler noch obsessiver als ihre Vorgängerinnen einzig und allein mit der angeblichen Gewaltförmigkeit von Sprache. Tatsächliche Gewalttaten gegen Minderheiten kommen in ihrem Universum überhaupt nicht vor, statt dessen geht es umso ausführlicher um „Benennung als verletzende Handlung", um den „sprachlichen Tod" und das „sprachliche Überleben des Subjekts".[8] Sprache kommt aus Butlers postmodernem Tunnelblick immer nur in Form partikularer Sprechakte in Betracht, die sich in dem erschöpfen, was sie, ob im Einklang oder im Widerspruch mit der Absicht des Sprechers,

verwirklichen, hervorrufen oder erzeugen – mögen dies nun „Verletzungen“ oder „Subversionen“ sein.
Dieses Verständnis von Sprache als Modus der „Welterzeugung“, das Butler mit der pragmatischen Sprachphilosophie teilt[9], richtet sich gegen die als metaphysisch denunzierte Annahme, in Sprache vermöge sich jenseits ihrer instrumentellen Verwendung ein gedanklicher Gehalt zu artikulieren, der über die empirische Wirklichkeit hinausweist. Ihr Ansatz unterscheidet sich vom Pragmatismus durch den Anspruch, diese Wirklichkeit dennoch einer politischen Kritik zu unterziehen, die freilich auf jegliche subjekttheoretische Anmaßung zu verzichten habe. Aus diesem Widerspruch resultiert die eigentümliche Schizophrenie von Butlers Sprachbegriff. Einerseits imaginiert sie Sprache in Althusserscher Paranoia als totalitäre Allmacht, die das Subjekt allein schon dadurch, daß sie es als sprachmächtiges konstituiere, ihrer Zwangslogik unterwerfe. Andererseits erscheint Sprache aber auch als gänzlich offene Struktur, die durch jeden noch so ephemeren Sprechakt wiederum gestört und subvertiert werden könne, da kein Sprechakt je in sich selbst begründet, sondern stets Teil einer Zitatpraxis sei, die durch ihn verändert werden könne. Gerade weil im Angesicht der Sprache alle Individuen als gleichermaßen ohnmächtig vorgestellt werden, sind sie zugleich virtuell allmächtig. Reduziert auf ihren Status als „Unterworfene“[10], die durch die bloße Notwendigkeit des Sprechens gleichsam schon mit dem gesamten Herrschaftsapparat verbunden sind, sind sie eben dadurch zu jeder basisdemokratischen Schandtat legitimiert und benötigen gar nicht mehr den Staat als Appellationsinstanz zur Austragung von Konflikten. Weil Sprache und Macht mittels unterminologischer Termini wie „Diskurs“, „Anrufung“ usw. als a priori ununterscheidbar gesetzt sind, wird vielmehr jeder Versuch, einzelne Sprechakte unter Berufung auf wie auch immer bestimmte universelle Maßstäbe zu werten, als repressiv verurteilt. Statt dessen sei jeder Einzelne für den Nahkampf im Sprachgefecht zu mobilisieren, in dem keine universellen, sondern nur noch taktische Kriterien gelten könnten. Weil die Staatsmacht im Modus der Sprache von der Namensgebung bis zum Epitaph

omnipräsent sei[11], mutieren die atomisierten Sprachteilnehmer zu Diskurs-Partisanen, zum sprachpolitischen Gegensouverän, dessen dezentrale Interventionen die „Meistererzählungen“ der Macht kollabieren lassen sollen. Das ist Butlers „performative“ Antwort auf den traditionslinken Staatsinterventionismus.

Politik als Theater

Während Austin in seinen dezidiert unpolitischen Vorlesungen aus den sechziger Jahren, auf die Butler sich beruft, zur Illustration seiner Sprechakttheorie mit Vorliebe auf piefige Alltagsrituale wie Hochzeiten und Schiffstaufen zurückgreift, in denen sprachliche Aussage und Vollzug einer Handlung zusammenfallen (z. B. „Ja, ich will“ bei der Trauung), avanciert bei Butler, wie schon bei Althusser, ausgerechnet die „Anrufung“ durch einen Polizisten zur Urszene sprachlichen Handelns: „Der Polizist, der den Menschen auf der Straße anruft, ist zu dieser Handlung nur aufgrund der Kraft der reiterierten Konvention in der Lage. (...) In gewisser Hinsicht zitiert der Polizist die Konventionen des Anrufens und nimmt an einer Äußerung teil, bei der es gleichgültig ist, wer sie ausspricht. (...) Nach Althusser muß es jemanden geben, der sich umwendet und den Ausdruck, mit dem er angerufen wird, reflexiv übernimmt. Erst wenn diese Geste der Übernahme oder Aneignung stattgefunden hat, wird der Ruf zur Anrufung.“[12] Hierbei handelt es sich wohlgemerkt nicht einfach um die phänomenologische Beschreibung eines bestimmten Kommunikationsverhaltens. Vielmehr ist die „Anrufung“ das Grundmodell, das Butler für alle Formen ritualisierten Sprechens – und jedes Sprechen ist für Butler eingebettet in Rituale – geltend machen will: Die Hebamme, die nach der Geburt „Es ist ein Mädchen!“ ruft, der Pfarrer, der ein Kind auf seinen Eigennamen tauft, der Lehrer, der „Susi, komm an die Tafel“ sagt – sie alle reproduzieren jene Urgeste gesellschaftlicher Herrschaft, die vorgebe, sich wie die „göttliche Stimme“ nur aus sich selbst zu legitimieren[13], ihre Macht jedoch in Wahrheit aus dem Ritual des Zitierens

beziehe, das selber grundlos, aber umso wirkungsmächtiger sei. Diese Grundlosigkeit des Rituals, das dumpfe Wissen um die starre Fassadenhaftigkeit sozialen Alltagshandelns, bildet den Angelpunkt für die postmoderne Demontage der Grenze zwischen Kunst und Politik: Wie jeder politischen Theorie, die statt an Vernunft ans Ressentiment appelliert, liegt Butlers Ansatz die Überzeugung zugrunde, das gesamte politische Leben, ja das Alltagsleben der Menschen selbst, sei in Wahrheit nichts als Theater, Inszenierung und Rollenspiel. All die lästigen Nebenmenschen, Geschlechtspartner, Kollegen und Funktionäre, die uns durch ihre anmaßenden Sprechakte Tag für Tag subtil verletzen, seien dazu *im Grunde* gar nicht legitimiert, sondern nichts als Schauspieler ihrer selbst, leere Hülsen, die sich durch ihre Taten nur im Nachhinein den Schein der Substantialität verleihen und sich als Urheber von Handlungen aufspreizen, die sie nicht selbstmächtig hervorbringen, sondern lediglich vollziehen. Ein Zustand, der freilich bei Butler, anders als etwa im Begriff der „Charaktermaske", an den man sich dabei erinnert fühlt, nicht kritisch denunziert, sondern als quasi existentialontologische Grundlage des menschlichen Daseins gesetzt wird: Menschsein heißt immer, der Sprache „ausgesetzt" zu sein.
Während der angloamerikanische Pragmatismus und die sich aus ihm speisende Rollensoziologie diese Erfahrung universaler Entfremdung noch ganz sachlich diagnostizieren und sich dem adaptionswilligen Normalbürger als kompetente Berater in Sachen *adjustment* empfehlen[14], mag die Postmoderne sich mit solcher Nüchternheit nicht zufrieden geben, sondern will die Subjekte, die a priori niemals Individuen, niemals selbstbestimmte Urheber ihrer eigenen Handlungen werden können, zum refraktären Aufstand gegen das schlechte Allgemeine aufstacheln. Die abschätzige Gleichsetzung von Politik und gesellschaftlichem Leben mit Bühne und Schauspiel, die seit Rousseau zum festen Repertoire des antibürgerlichen Populismus gehört, wird dabei in den Appell an jeden Einzelnen überführt, noch im alltäglichsten Verhalten ständig Rituale zu durchbrechen, Sprachkonventionen zu unterlaufen und Gewohnheiten in Frage zu stellen, um die Kruste aufzubrechen,

die den sozialen Lebensstrom am freien Fluten hindere. Aller postmodernen Polemik gegen „Metaphysik" und „Substantialismus" liegt diese uneingestandene Sehnsucht nach vitaler Authentizität zugrunde, die dem Haß auf die politische Öffentlichkeit als Sphäre des „Uneigentlichen", dem Haß auf Konversation, Höflichkeit, formelle Kommunikationsformen – mithin auf zivilisiertes Verhalten überhaupt entspringt. Deshalb werden jene Sprechakte, die Austin noch gut pragmatisch als „Unglücksfälle" qualifizieren konnte – Fälle etwa, in denen jemand sich verspricht oder sonstwie die eingespielten Verhaltensnormen stört[15] – für Butler zum eigentlichen Politikum: Politik findet nach postmodernem Gusto überhaupt nur noch dort statt, wo die Routinen politischer Öffentlichkeit zerbrechen, gegen die guten Sitten verstoßen wird und all der substanzlose Bühnenzauber, zu dem Sprache und vernunftgeleitete Kommunikation depotenziert werden, seine Kraftlosigkeit offenbart. Die zivilen Umgangsformen, konventionellen Rollenmuster und automatisierten Floskeln, in denen sich die notorische bürgerliche „Kälte" geltend macht, die doch zugleich dem Individuum ein gewisses Maß an Schutz vor unmittelbarem Übergriff seitens seiner Mitmenschen garantiert, sollen zerstört werden, damit die politische Öffentlichkeit endlich ihr wahres Gesicht enthüllt und zu dem wird, was sie angeblich schon immer war – zum Austragungsort permanenter Kleinkriege, in denen jeder gegen jeden antritt und die durch keine übergeordnete Berufungsinstanz mehr befriedet werden können.

Wie Politik sich dieser spontaneistischen Auffassung nach nur dort ereignet, wo Repräsentation, Vermittlung und Urteilsfindung suspendiert werden, so wird auch das Ästhetische nur insofern geduldet, als es sich zur politischen Aktion kristallisiert. Butlers Konzepte der Gendertravestie, der Parodie usw., die an die ebenso populäre wie abwegige Überzeugung anschließen, der Karneval lasse sich als postbürgerliche Variante archaischer Transgressionsriten reanimieren, sind als Versuch einer „Ästhetisierung" der Politik denn auch nur unzureichend beschrieben. Vielmehr wird das Ästhetische als autonome Sphäre bei Butler ebenso wenig geduldet wie eine autonome politische Öffentlichkeit. Deren Denunziation als Schauspiel, das im Modus der Travestie als Schmierenkomödie bloßzustellen sei, geht einher mit der Nivellierung des Ästhetischen auf politischen Interventionismus. Was von den ehemals relativ autonomen Sphären der Kunst und Politik dabei übrigbleibt, wird dann mit dem Begriff der „Performativität" bezeichnet, der absichtsvoll zwischen beiden Bedeutungsfeldern schwankt: die in sich selbst leere und willkürliche, aber eben deshalb als sinnstiftend gefeierte nackte Tathandlung, die sich gleichsam bewußtlos zwischen den Subjekten ereignen soll und die kein „Ich" oder „Wir" sich als Urheber zurechnen darf. Jedes sich als Träger politischer Handlungen setzende kollektive „Wir", so Butler, sei „stets nur eine phantasmatische Konstruktion, die zwar bestimmten Zwecken dient, aber zugleich die innere Vielschichtigkeit und Unbestimmtheit dieses ‚Wir' verleugnet"[16]; jedes sich als Urheber der eigenen Schöpfungen vorstellende „Ich" sei aber auch nichts anderes als ein Effekt jener „Regeln, die die legitime bzw. illegitime Berufung auf dieses Pronomen regulieren".[17] Diese Reduktion von Kollektivität auf ein Phantasma und von Individualität auf einen grammatischen Effekt faßt sie konsequent in der „These" zusammen, „daß es keinen ‚Täter hinter der Tat' gibt, sondern daß der Täter in unbeständiger, veränderlicher Form erst in (!) und durch die Tat hervorgebracht wird."[18] „Tat" ist also bei Butler der Name für jenen blinden und subjektlosen Konstitutionsprozeß, der bei Alain Badiou „Ereignis" heißt und der die „Täter" – bei Badiou das revolutionäre Subjekt[19] – überhaupt erst aus sich hervorbringen soll. Gerade in diesem blinden Vollzugscharakter soll jedoch eine besondere Freiheit der Subjekte aufscheinen, die dadurch, daß allererst die „Tat" sie als „Täter" setzt, von der abendländisch-repressiven Bürde individueller Verantwortung entlastet sind und in wärmender Eintracht mit den Bewegungen der Macht, denen sie sich weder entziehen noch reflektierend gegenüberstellen können, immer aufs Neue sich selbst „hervorbringen" dürfen. Auf die Diagnose, daß die politische Öffentlichkeit wie ein Theater funktioniere, in dem niemand dem Modus des Rollenspiels entkommen könne, antworten die Propagandisten der „Kultur des Performativen“ weder mit resignativem Pragmatismus noch mit dialektischer Kritik, sondern mit der Aufforderung an die Subjekte, ihre Rollen überzuerfüllen und in produktiver Aneignung des eigenen Chargentums – jeder sein persönlicher „Performer“ – ständig neue, überraschende und stets fluide „Identitäten“ zu erzeugen. In solcher Mobilisierung zur kreativen Selbstproduktion, die die politische Öffentlichkeit überhaupt erst in jenes Kasperletheater verwandelt, als das sie von den performativen Einpeitschern diffamiert wird, finden postmoderne Linke und Motivationsmanager konfliktlos zueinander.

Postmoderne Transgressionen

Das verborgene Ressentiment gegen die „Uneigentlichkeit“ gesellschaftlichen Lebens, das der metaphysikkritisch daherkommenden Politik der Theatralität, der Inszenierung und Travestie zugrunde liegt, die Butler als libertäre Alternative zu traditionslinker Interessenpolitik ausgibt, ist dem Begriff der „Performanz“ selber eingeschrieben, der mittlerweile zur allein gültigen Leitformel der Kultur- und Theaterwissenschaften avanciert ist.[20] Das Wort hat eine doppelte Herkunft als sprachphilosophischer und kunstgeschichtlicher Terminus, bezeichnet also nicht allein den Handlungscharakter von *Sprache*, sondern auch das aktivistische, die bürgerliche Guckkastenbühne als Sphäre ästhetischer Repräsentation sprengende Moment des *Theaters*. Konsequent figuriert „Performativität“ nicht einfach als ästhetischer Gegenbegriff zur traditionellen Sphäre des Politischen, sondern auch als Kampfbegriff gegen eine bestimmte, als „bürgerlich“ disqualifizierte Vorstellung von Kunst. In ihrem Kern zielt die Feier des „Performativen“ zugleich auf die Vitalisierung des *antipolitischen* Affekts in der politischen Öffentlichkeit und des *kunstfeindlichen* Affekts innerhalb der Kunst. Wie jenes Moment an sprachlichen Aussagen als „performativ“ hypostasiert wird, das über Diskursivität und Logizität, über die Entfaltung von Argumenten usw. vermeintlich hinausgeht, so wird in der Sphäre der Kunst genau jenes Moment „performativ“ genannt, in dem der ästhetische Immanenzzusammenhang, wie er sich in der Idee des „Werks“ niedergeschlagen hat, überschritten und die Grenze zwischen Kunstwerk und Publikum scheinbar aufgelöst wird. Die Modernität „performativer“ Kunstformen wie Happening oder Performance, wie sie schon von den Surrealisten und Dadaisten praktiziert wurden, aber erst seit den sechziger Jahren als Modus einer angeblich emanzipatorischen „Rückführung von Kunst in Lebenspraxis“ theoriebildend geworden sind[21], steht denn auch nicht im Widerspruch zum abstoßend archaischen, regressiven Charakter der damit bezeichneten „Aktionen“. Waren die dadaistischen Performances des frühen 20. Jahrhunderts noch als gezielte Provokationen einer bürgerlichen Öffentlichkeit zu verstehen, deren bornierter Charakter an ihrem eigenen Anspruch gemessen wurde, um sie der Heuchelei und des Widersinns zu überführen – was sich nicht zuletzt in der schneidenden Komik und Absurdität der entsprechenden Veranstaltungen niedergeschlagen hat –, so ist dieser negative, polemische Impuls der Performance- und Happeningkunst seit den sechziger Jahren mit dem Schwinden jener Öffentlichkeit, die sie einst provozieren wollte, immer mehr zur bloßen Geste heruntergekommen. Spätestens seit den blutrünstigen, opferverliebten Schlacht- und Ekelperformances des Wiener Aktionismus mit seinen expliziten Bezugnahmen auf rituelle Kulthandlungen, Blut-und-Boden-Mystik und seiner Feier brachialer Körperlichkeit ist „Performance“, so innovativ der Begriff noch immer klingen mag, zu einem antizivilisatorischen, irrationalistischen Konzept geworden. Erkennen läßt sich dies an der Verkümmerung des analytischen, destruktiven Elements der dadaistischen Performances. Kurt Schwitters' „Ursonate“ etwa, die inzwischen als finaler Schenkelklopfer zum selbstverständlichen Teil des Repertoireprogramms geworden ist, hat ihr zeitgenössisches Publikum gerade nicht durch Rückgriff auf Archaismen gegen sich aufgebracht, sondern, indem sie das bürgerliche Theater als das vorführte, was es geworden war: als Ort sinnfreien Geplappers, in dem elaborierte Sprache zum Urlaut, Bildungszitate zum Schrott und Konversation zur unmittelbaren Aggression herabgesunken sind. Im Unterschied zu gewissen

Tendenzen im Expressionismus mit seinem „Oh Mensch“- und Urschrei-Pathos, ging es den Dadaisten nie um eine „Befreiung“ des sinnlichen Urlauts der Sprache, des eigentlich Menschlichen, das von Diskursivität und Logizität geknebelt werde, sondern um die denunziatorische Entlarvung des in Hoch- und Populärkultur, in Politik und Kunst gleichermaßen omnipräsent gewordenen Geschwätzes, des Jargons der grinsenden Inhumanität, der die „Kultur“, die er im Mund führt, längst verraten und die Bürger wieder zu jenen „sprechenden Tieren“ erniedrigt hat, als welche diese die „Naturvölker“ empfanden. Der Dadaismus war polemisch, häretisch und negativ und hat noch in seinen aggressivsten antibürgerlichen Aktionen die Erinnerung an das bewahrt, was in der bürgerlichen Revolution einst versprochen war; in der betont zivilen, bürgerlichen Kleidung seiner Protagonisten ist dieser Doppelcharakter festgehalten.[22] Wenn er die Grenze zwischen Publikum und Bühne „performativ“ durchbrochen hat, dann nicht, um sich endlich mit den Massen eins zu fühlen, sondern um sie besser angreifen zu können. Das Publikum wollte er nicht von seinen bürgerlichen Rollenzwängen erlösen, sondern brüskieren und auf die eigene Inferiorität verweisen. Im Dadaismus haben die letzten Bürger mit höhnischem Ernst vorgeführt, wozu sie geworden sind – jedoch nicht, um sich an solcher Regression zu weiden, sondern um sich gegen sie zu empören. Ihr brutal reduziertes Gestammel verdankt sich nicht dem Haß auf Sprache und Humanität, sondern enttäuschter Liebe.

Ganz anders werden der Kultus des „Performativen“, die Demontage der Grenze zwischen Bühne und Publikum und die Rückführung von Sprache auf Gestik und Laut in zeitgenössischen Performances zelebriert. Insbesondere „Medienkünstler“ wie VALIE EXPORT, Peter Weibel sowie die zahlreichen Zulieferer des Berliner Merve-Verlags, der in den siebziger Jahren durch chaotische Raubdrucke postmoderner Theoretiker wie Lyotard oder Baudrillard zum Szenetipp werden konnte und heute bevorzugter Publikationsort selbsternannter „Medienphilosophen“ ist[23], greifen bei ihren Performances scheinbar paradox auf Traditionen des Wiener Aktionismus zurück, um den „Körper“ in seiner Nacktheit und

Verwundbarkeit gegen den vermeintlich sinnesfeindlichen Logos und das konkrete Bild gegen das abstrakte Wort auszuspielen. Anders als der Ausdruck „Medienkunst“ nahelegen könnte, geht es beispielsweise in den Selbstverwundungs- und Exhibitionsveranstaltungen von VALIE EXPORT gar nicht so sehr um eine Reflexion auf den vermittelnden, Unmittelbarkeit gerade *zerstörenden* Charakter der neuen Medien, sondern darum, solch universale Vermittlung, die von den einschlägigen Theorielieferanten als „Simulation“, „Hyperrealität“ (Jean Baudrillard) oder „Dromokratie“ (Paul Virilio) diffamiert wird, rückgängig zu machen und das „Medium“ in einer Art postmoderner Eucharistie in einen Ort der Wiederauferstehung jenes Leibes zu verwandeln, der doch durch die Vermittlungsleistung des Mediums selbst exorziert worden sein soll. Analyse, Kritik, Destruktion, Sarkasmus – all das, was die dadaistischen Performances in Anschlag brachten, um die verlogene Harmonie und die schal gewordenen Versöhnungsversprechen bürgerlicher Kunst zu attackieren, spielt in den Performances postmoderner „Medienkünstler“ allenfalls eine Nebenrolle. Statt dessen geht es dort meist reichlich ernst und bedeutungsschwanger zu, ist es ihnen doch nicht darum zu tun, dem Publikum zwecks schockhafter Bewußtwerdung ins Gesicht zu schlagen, sondern es vielmehr einzubinden in ein neues Ritual, das die als automatisiert empfundenen Rituale des Alltags aufheben soll im symbolischem Blutopfer. Das Beharren auf der Medialität als eigenständigem Moment des Zeichens, auf dessen „Körperlichkeit“ und „Materialität“, das den vermeintlich bewußtlosen Glauben an Sinn und Logos erschüttern soll, schlägt dabei um in die Verherrlichung des Mediums als „Körper“, als irreduzible Substantialität, der gegenüber jeder „Sinn“ stets nur parasitär sein könne.[24] Aus diesem regressiven Impuls der Feier des „Performativen“, die die Konversion des bürgerlichen Theaters zum vorbürgerlichen Kultus propagiert, erklärt sich die bedenkenlose Bezugnahme der „Medienkunst“ auf faschistoide Opferriten, aber auch ihre Allianz mit einem überholt geglaubten „Feminismus“, der, wie es etwa bei VALIE EXPORT geschieht, Weiblichkeit wieder ganz unmittelbar unter Bezugnahme auf den als „Wunde“

vorgestellten weiblichen Körper bestimmt. Wie die politische Öffentlichkeit sich den Apologeten der „Kultur des Performativen“ in einen chaotischen Kampfplatz taktischer Interventionen verwandelt, die keinem universalen Begriff von Wahrheit und Freiheit mehr verpflichtet sind, so verwandelt sich ihnen die Kunst zurück in einen Ort rituell ausagierter Selbstentäußerung, der Kontemplation, Distanznahme, Kritik und ästhetische Urteilskraft nicht gerecht werden können, weil jeder Betrachter a priori immer nur als Teilnehmer eines ästhetischen Kultus in den Blick kommt, nicht als vernunftbegabtes und urteilsfähiges Individuum. Mit der Etablierung von „Performativität“ als politischer und ästhetischer Leitideologie wird so die schlechte Aufhebung der Grenze von Kunst und Politik besiegelt, die den Exponenten der ästhetischen Avantgarden als Schritt zur befreiten Menschheit vorschwebte.

Das vergessene Menschliche

In den politischen und ästhetischen Verfallsformen der Postmoderne bewahrheitet sich so auf traurige Weise eine Befürchtung, die Adorno im März 1936 im Briefwechsel gegenüber Walter Benjamin geäußert hat, der wegen seines schon in den dreißiger Jahren mitunter naiv anmutenden Optimismus gegenüber dem emanzipatorischen Potential der damals jungen Massenkünste unfreiwillig zum Stichwortgeber postmoderner Medientheoretiker werden konnte. In Rekurs auf die von Benjamin in seinem *Kunstwerk*-Essay ausgesprochene Hoffnung, die modernen Massenkünste mit ihrem Primat des Sinnlichen, Taktilen und Gestischen vermöchten die „Aura“ als ideologischen Schein ästhetischer Autonomie zu liquidieren und die Kunstwerke endlich dem dispersen Massenpublikum zugänglich zu machen, statt es in Ehrfurcht vor ihnen erstarren zu lassen, erinnert Adorno daran, daß in der „Aura“ der Kunstwerke nicht nur ein ideologisches Moment, sondern auch der emphatische Wahrheitsanspruch von Kunst beschlossen liege. In Benjamins Emphase der Destruktion, die das auratische Moment ästhetischer Erfahrung als Relikt einer überholten bürgerlichen Kunstideologie zugunsten der Durchsetzung einer avantgardistischen Massenkunst beseitigen möchte, erkennt Adorno „einen sehr sublimierten Rest gewisser Brechtischer Motive“: „Sie haben (...) den Begriff des Kunstwerks als Gebilde vom Symbol der Theologie so gut wie vom magischen Tabu abgeschieden. Es ist mir nun bedenklich, (...) daß Sie jetzt den Begriff der magischen Aura auf das ‚autonome Kunstwerk‘ umstandslos übertragen und dieses in blanker Weise der gegenrevolutionären Funktion zuweisen. (...) Es scheint mir aber, daß die Mitte des autonomen Kunstwerks nicht selber auf die mythische Seite gehört (...) sondern in sich dialektisch ist: daß sie in sich das Magische verschränkt mit dem Zeichen der Freiheit.“[25] Indem Benjamin im bürgerlichen Begriff der Kunstautonomie nichts als eine Fortschreibung der Verfilzung von Kunst und Kultus erblicke, unterschlage er das Moment von „Freiheit“, das gerade im auratischen Kunstwerk, indem es dessen Autonomie und Unverfügbarkeit sinnlich erfahrbar mache, über den Kultus hinausweist. In einem späteren Brief, worin er sich mit Benjamins „Baudelaire“-Essay befaßt, in dem der Begriff der Aura bereits wesentlich differenzierter gefaßt wird, präzisiert Adorno diesen Gedanken. Hier rekurriert er auf Benjamins Formulierung, die „Aura einer Erscheinung erfahren“, heiße, „sie mit dem Vermögen belehnen, den Blick aufzuschlagen“, und kommentiert dies mit den Worten: „Von früheren Formulierungen unterscheidet sich diese durch den Begriff des Belehnens. Ist er nicht ein Hinweis auf jenes Moment, das ich (...) der Konstruktion der Phantasmagorie zugrunde gelegt habe, nämlich das Moment der menschlichen Arbeit. Ist nicht die Aura allemal die Spur des vergessenen Menschlichen am Ding und hängt sie nicht durch eben diese Art des Vergessens mit dem zusammen, was Sie Erfahrung nennen? Man möchte beinah so weit gehen, den Erfahrungsgrund, der den idealistischen Spekulationen zugrunde liegt, in der Bemühung zu sehen, diese Spur – und zwar eben an den fremd gewordenen Dingen – festzuhalten.“[26]

Fungiert das Kunstwerk im Kultus noch als unmittelbare Artikulationsform des Göttlichen, Unbefragbaren, dem die

Menschen sich blind zu unterwerfen haben, wird das auratische Kunstwerk gerade in seiner fremden Dinghaftigkeit und Inkommensurabilität zum Träger des „vergessenen Menschlichen", der Spur menschlicher Tätigkeit, die sich in ihm als Fremdes, Unbekanntes den Menschen gegenüberstellt und in solcher Opazität der Fremdheit zum Ausdruck verhilft, in der die Menschen sich selbst gegenüber leben: der Schein seiner Autonomie reflektiert negativ die Wirklichkeit ihrer Unfreiheit. Statthaben kann eine solche auratische Erfahrung, verstanden als Möglichkeit zur Reflexion des Individuums auf sich selbst als Fremdgewordenes, indessen nur unter den Bedingungen distanzierter Anschauung und entwickelter ästhetischer Urteilskraft, wie sie im Verhältnis zwischen Betrachter und Werk, Bühne und Publikum, angelegt sind. Werden diese auf ihrer eigenen Grundlage aufgehoben, wie Benjamins postmoderne Adepten es unter Ausbeutung seiner Thesen propagieren, die doch auf ihren Zeitkern hin zu befragen wären, so regrediert die daraus entstehende „Massenkunst" selbst zur spätmodernen Form des Kults, statt dessen Zwangscharakter aufzuheben. Aus dieser Befürchtung heraus macht Adorno gegenüber Benjamin den Begriff der Aura als Chiffre bürgerlicher Kunstautonomie geltend. Indem er an Benjamins Optimismus gegenüber dem emanzipatorischen Gehalt antiauratischer Kunstformen das Fortleben „Brechtischer Motive" kritisiert, benennt er überdies, was heute vollends unverkennbar geworden ist: die bewußtlose Allianz zwischen „linken" und „rechten" Spielarten massenkultureller Mobilisierung. Unter dem Vorzeichen diverser „Politiken" und „Kulturen des Performativen" lebt sich diese Allianz inzwischen ganz offen aus. Die „Aura" dagegen zielt auf jene Sphäre, die Adorno im gesellschaftlichen Leben oft auch mit Begriffen wie „Takt" oder „Höflichkeit" bezeichnet – auf die feinen Distanzen, die den Umgang zwischen Menschen und Kunstwerken regeln und gerade durch die Fremdheit, die sie ins Bewußtsein rufen, verhindern, daß die Fremdheit total wird.

Anmerkungen

1) Max Horkheimer: *Vorwort* (zu Heft 2 des IX. Jahrgangs der *Zeitschrift für Sozialforschung*), in: Ders.: *Gesammelte Schriften* , Bd. 4, Frankfurt a. M. 1988, S. 412 ff., hier S. 416
2) „Pink Rabbit", Symbolfigur einer „antinationalen Kampagne" der Naturfreundejugend Berlin, tritt bei deutschen Jubiläumsfeiern auf, um das „Konzept Nationalstaat" zu ironisieren: http://jungle-world.com/artikel/2009/20/34717.html
3) Beworben wurde die Veranstaltung mit einem Plakat, das einen Mann mit nacktem Oberkörper zeigt, der bei einem Open-Air-Event die Deutschlandfahne schwenkt und dessen Augen mit einem Balken geschwärzt sind. Was hier kritisiert oder affirmiert wird, ist unklar: Wen die neudeutsche Mischung aus Party und Patriotismus ekelt, der sollte das Volk jedenfalls nicht mit dem Versprechen lustvoller Massenaufmärsche agitieren.
4) Zu Badiou vgl. Niklaas Machunsky: *Alain Badiou – Meisterdenker des Ausnahmezustandes*, in: *Prodomo*, Nr. 7, 2007, S. 36 ff. – Der Sonderforschungsbereich an der FU heißt „Kulturen des Performativen": Den Begriff im Singular zu verwenden, könnte den unbegründeten Verdacht hervorrufen, hier werde Kritik an einem bestimmten Verständnis von Kultur geübt.
5) Entsprechend kommen weder Kraus noch Mauthner oder Adorno in neueren Überblicksdarstellungen zur Sprachphilosophie vor. Siehe z. B. Sibylle Krämer: *Sprache, Sprechakt, Kommunikation. Sprachtheoretische Positionen des 20. Jahrhunderts*, Frankfurt a. M. 2001. Krämers Studie ist insofern exemplarisch, als in ihr die Annahme einer „Logosauszeichnung von Sprache und Kommunikation" als Vorurteil denunziert wird, das von performativen Sprachkonzepten überwunden worden sei (ebd., S. 19 ff.).
6) Darin gibt sich die Herkunft des Pragmatismus aus dem logischen Empirismus zu erkennen. Vgl. Max Horkheimer: *Der neueste Angriff auf die Metaphysik*, in: Ders.: *Gesammelte Schriften*, Bd. 4, a. a. O., S. 108 ff.

7) Vgl. Judith Butler: *Haß spricht. Zur Politik des Performativen*, Berlin 1998. – Im Gegensatz zu Butler bekennt Austin zu Beginn seiner Vorlesungen freimütig, „nichts Schwieriges und schon gar nichts Anspruchsvolles" zu sagen, sondern lediglich den Handlungsstatus alltäglicher „Aussagen" und „Feststellungen" rekonstruieren zu wollen (John L. Austin: *Zur Theorie der Sprechakte*, Stuttgart 1972, S. 25). Der Originaltitel seines Textes, *How to do Things with Words*, faßt diese im besten Sinne pragmatische Bescheidenheit gut zusammen.
8) Butler, *Haß spricht*, a. a. O., S. 47
9) Der Terminus „Welterzeugung" zielt dabei nicht auf die Autonomie von Poesie und Imagination, sondern auf den vermeintlichen Werkzeugcharakter der poetischen Sprache, die ähnlich wie die Alltagssprache an ihrer „Brauchbarkeit" zu messen sei. Siehe Nelson Goodman: *Weisen der Welterzeugung*, Frankfurt a. M. 1990.
10) Das „Subjekt" wird bei Butler durchweg gleichgesetzt mit dem „Rechtssubjekt", das stets durch „Ausschlußverfahren" hervorgebracht werde (Judith Butler: *Das Unbehagen der Geschlechter*, Frankfurt a. M. 1991, S. 15 ff.)
11) Die „Verletzung durch Benennung" stellt Butler zufolge „eine fortwährende Bedingung des sprechenden Subjekts" dar: „Umso mehr wir uns in der Sprache suchen, umso mehr verlieren wir uns gerade am Ort der Suche nach uns selbst." (Butler, *Haß spricht*, a. a. O., S. 49) Daß der Eigenname Garant bürgerlicher Individualität und der Akt des Benennens Voraussetzung der keineswegs verachtenswerten praktischen Vernunft ist, gilt solch pseudoheideggerianischer Grundlagenforschung als zu profan, um erwähnt zu werden.
12) Ebd., S. 53
13) Ebd., S. 51
14) Besonders deutlich wird diese Auffassung von Soziologie als Verhaltensmanagement in Erving Goffmans sprichwörtlich gewordener Studie *Wir alle spielen Theater* (1959).
15) Austin, *Theorie der Sprechakte*, a. a. O., S. 39 ff.

16) Butler, *Unbehagen der Geschlechter*, a. a. O., S. 209
17) Ebd., S. 211
18) Ebd., S. 209
19) Revolution wird bei Badiou nicht als selbstbestimmter Akt der assoziierten Individuen bestimmt, sondern als „eine sich selbst genügende Abfolge der politischen Wahrheit", eine „Ankunft", die „das bisherige Regime der Diskurse unterbricht" (Alain Badiou: *Paulus. Die Begründung des Universalismus*, München 2002, S. 93). In solch politischer Theologie kommt der regressive Gehalt der Rede von der „performativen Erzeugung" von „Wahrheit", die sich bei Butler antimetaphysisch gibt, zu sich selbst. Neuerdings hat auch Butler in Anlehnung an die asketischen Exerzitien des späten Foucault die unbefragbaren „Wahrheiten" für sich entdeckt und eine „ethische Wende" ihres Denkens eingeläutet: Judith Butler: *Kritik der ethischen Gewalt.* Adorno-Vorlesungen 2002, Frankfurt a. M. 2003.
20) Eine in jeder Hinsicht erschöpfende Darstellung bietet Erika Fischer-Lichte: *Ästhetik des Performativen*, Frankfurt a. M. 2004.
21) Diese Formel stammt von Peter Bürger: *Theorie der Avantgarde*, Frankfurt a. M. 1974.
22) In diesem Sinne ist es wohl auch zu verstehen, daß der Dadaist Hugo Ball in seinen späten Jahren zum Katholizismus konvertierte – eine Handlung, mit der er sich bei allen Anhängern „progressiver" Kunst für immer unmöglich gemacht hat, die aber doch nur bezeugt, wie ernst es ihm um jene „Wahrheit" war, deren Verhunzung durch Kultur und Kirche er in seinen Aktionen denunzierte: Der katholische Dogmatiker ist dem leidenschaftlichen Häretiker näher als dem Atheisten.
23) Ursprünglich ein Hort postmoderner Frankophilie, ist Merve mittlerweile zu einer mehrheitlich deutschen Veranstaltung geworden. Unter anderen publizieren dort Oswald Wiener, Heinz von Foerster, Hannes Böhringer, Thomas Kapielski und Dirk Baecker, die sich alle auf die eine oder andere Art als „Medienkünstler" oder „Medienphilosophen" verstehen. Symptomatisch für das

Verlagskonzept ist die Reihe „Neue Technologien".
24) Siehe hierzu Christoph Türcke: *Vom Kainszeichen zum genetischen Code. Kritische Theorie der Schrift*, München 2005, besonders S. 153 ff.
25) Brief vom 18.3.1936, zitiert nach Theodor W. Adorno: *Über Walter Benjamin*, Frankfurt a. M. 1970, S. 127 f.
26) Brief vom 29. 2. 1940, ebd., S. 160

Weicher werden

Im Berliner Bezirk Schöneberg gibt es eines der ältesten Schwulen- und Lesbencafés Deutschlands, das *Neue Ufer*. Früher hieß es, in Anspielung auf eine inzwischen fast verschüttete Bezeichnung für Homosexuelle, *Anderes Ufer*. Dort ist der Wein besser, die Bedienung freundlicher und die Atmosphäre entspannter als in Neuköllner und Kreuzberger Kiezlokalen. Obwohl viele, die hierherkommen, sich untereinander kennen, kann man stundenlang allein an einem Tisch sitzen und lesen, ohne sich fehl am Platz zu fühlen. Die Kneipe ist nämlich, auch darin ein Relikt der Vergangenheit, eher für Einzelne und Paare als für Horden eingerichtet. Ihre Klientel, die früher zur großstädtischen Subkultur gehörte, ist mittlerweile anachronistisch geworden und würde von zeitgenössischen Kreuzberger oder Neuköllner Queeren wohl halb abschätzig, halb mitleidig dem „Establishment" zugerechnet. Tatsächlich dürften die meisten von ihnen einem bürgerlichen Beruf nachgehen und sich in ihrem Alltag, wie eine andere freundlich-abschätzige Formulierung lautet, eingerichtet haben. Nur wenige machen irgendwas mit Medien, unter ihnen herrscht kein Zwang zur Buntheit, und Speisekarten, die den Gast in gegenderter Sprache anreden und die antisexistisch korrekten Verhaltensregeln im Anhang mitliefern, würden sie als Einschränkung ihrer persönlichen Freiheit empfinden.

Gerade im bürgerlich erscheinenden Gestus dieses Publikums lebt jedoch das Bewußtsein um die Bedeutung der politischen Kämpfe fort, die man um des eigenen Glücks willen geführt hat und die erfolgreich genug waren, um Bewahrenswertes hervorzubringen. Die entspannte Ruhe und zufriedene Freundlichkeit des Ortes und seiner Besucher bezeugen, daß die Hoffnung auf ein besseres Leben hier nicht nur nie aufgegeben wurde, sondern sich, auf wie fragmentarische Weise auch immer, für viele von ihnen verwirklicht hat. Genau dagegen aber regt sich das größte Ressentiment bei denen, die nicht zugestehen wollen, daß es beim Kampf um die Anerkennung von der „heteronormativen Matrix" entschlüpfenden „Sexualitäten" in den vergangenen Jahrzehnten greifbare Fortschritte gegeben hat. Im bornierten Bestreben, immer neue Minoritäten zu entdecken, die noch keine „Stimme" haben und im multikulturellen Zwangsverband gleichberechtigt repräsentiert sein wollen, hat sich der politische Kampf längst von den gesellschaftlichen Interessen lesbischer, schwuler oder transsexueller Menschen losgelöst und in einen Kulturkampf verwandelt, der jeden Einzelnen in seine eigene bedrohte Minderheit verwandelt. Bezeichnen Trans- und Intersexualität noch konkrete Ausschlußerfahrungen empirischer Individuen, meint der Begriff des Queerseins mittlerweile gar keine sexuelle Identität mehr, sondern das Dazwischensein selbst, das in keiner Identität je zu sich kommende „Shiften" zwischen diffusen „Identitäten", die zwar allesamt als „normativ" oder „identitär" abgelehnt werden, denen man aber auch durch keine in bestimmter Negation sich auf sie beziehende Selbstidentität, durch keine Ausbildung einer kritischen Ich-Instanz, glaubt entkommen zu können. Eben weil das Minoritärsein nicht mehr nur eine Erfahrung von gesellschaftlich ausgeschlossenen Gruppen ist, sondern zum als ebenso unentrinnbar wie befreiend begriffenen Alltagsexistential des „Patchworks der Minderheiten" wurde, fungiert das Irgendwie-Queere inzwischen als Ticket einer postmodern aufgemöbelten Heterosexualität, die sich gerade auch für „Neue Männer" als realitätsgerechtes Sozialverhalten anbietet. Eine der seltsamsten Blüten, die diese Entwicklung hervorgebracht hat, ist die sogenannte Metrosexualität, als deren authentische Verkörperung Gestalten wie Justin Bieber, der Schauspieler Colin Farrell und vor allem David Beckham gelten, die offen zugeben, sich die Brusthaare zu rasieren, Gesichtscreme zu benutzen und trotzdem auf Frauen zu stehen. Beckham nennt mittlerweile ein Unterwäsche-Label sein Eigen, für das er selbst in eher unqueeren Posen Modell steht. Er faßt seine von vielen als „metrosexuell" angesehene Identität mit den Worten zusammen, er wolle „schwul leben, aber nicht schwul sein". Der Galerist Clint Roenisch, ein weiterer erklärter Metrosexueller, sekundiert, daß dies auch den Frauen viel besser gefalle: „Die Mädels wollen ihre Freunde gerade so ein bißchen schwul haben.

Sie wollen mit dir in ein Restaurant gehen, und du mußt eine Pfeffermühle von einem Bierhahn unterscheiden können."

Geprägt wurde der Terminus „Metrosexualität" in den neunziger Jahren von dem britischen Publizisten Mark Simpson als zunächst relativ neutrale Bezeichnung für postmoderne Formen urbaner männlicher Heterosexualität. Ursprünglich zielte er auf die als neu und überraschend wahrgenommene Tatsache, daß großstädtische Männer massenhaft Mode, Kosmetik, Körperpflege, aber auch „unmännliche" Kulturtechniken wie gute Tischsitten und geschmeidige Umgangsformen für sich zu entdecken begannen und immer mehr Geld für „weibliche" Accessoires wie Parfums oder Eyeliner ausgaben. Im Grunde beschreibt der Begriff also nichts anderes als den nachholenden Zivilisationsprozeß einer viel zu lange auf die eigene Stumpfheit, Brutalität, Uneleganz und offensive Ungepflegtheit stolzen Bevölkerungsgruppe. Statt jedoch die Tatsache, daß selbst Männer heute öfter als einmal in der Woche die Unterwäsche wechseln, das Badezimmer nicht nur zum Stehpinkeln betreten, neben Bier auch Wein und das Bier statt aus der Flasche aus dem Glas trinken, ganz einfach als begrüßenswerten Fortschritt im Alltagsleben abzunicken, wurde solchen Selbstverständlichkeiten bald ein subversiver Gehalt attestiert. Das lag auch daran, daß die als „Metrosexualität" zusammengefaßten Verhaltensweisen vom harten Kern der maskulistischen Identitätsbewahrer als „Verschwulung" des Mannseins wahrgenommen oder gar als Symptom einer allgemeinen „Verweichlichung" der Gesellschaft denunziert wurden, was im Gegenzug Anlaß für entsprechend „kritische" Vereinnahmungen bot.

Inzwischen jedoch sind die sympathischen Verhaltensweisen, die der Terminus „Metrosexualität" umfaßt, in sich genderprogressiv dünkenden Kreisen zur omnipräsenten Belästigung geworden. So wird das gänzlich unpassend als „Gendersensibilität" bezeichnete Sprachverhunzungsprogramm in entsprechenden Debatten oder Publikationen von Männern mittlerweile autoritätshöriger als von Frauen reproduziert, das Bekenntnis zu den „weiblichen" Aspekten des eigenen Selbst und das bei jeder Gelegenheit diensteifrig zur

Schau gestellte geschlechterkritische Bewußtsein fungieren faktisch längst als Formen der Selbstlegitimation, mit denen die kritischen, progressiven, neuen, irgendwie queeren Männer ihren modernisierten maskulinen Sozialcharakter auf politisch korrekte Weise abzusichern suchen. Der fortbestehende Antagonismus der Geschlechter, von der Konsum- und Arbeitssphäre bis in die intimsten Erfahrungen hinein, wird so im Bewußtsein der Individuen drastischer als je neutralisiert. Wo es keine antagonistisch verfaßten Gegensätze mehr zu geben scheint, verfließen die multiplen „Sexualitäten“ und „Identitäten“ in einer verlogen-kuscheligen, unspezifischen Solidarität. Vor allem dafür steht heute der Begriff der Metrosexualität: Die echtesten Männer sind die ein bißchen Schwulen, nichts ist so sexy wie Androgynität, und wer sich nicht vorstellen kann, jederzeit auch jeder beliebige andere zu sein, ist hoffnungslos abgeschrieben.

Angriff der Kuschel-Guerilla

Gewöhnlich hat das Wort „Kuschelsex“ einen despektierlichen Unterton. Wer derlei praktiziert, so wird unterstellt, lebt in panischer Angst vor den aggressiven Elementen der eigenen Sexualität und sucht in infantilen Zärtlichkeiten nach einer Sicherheit, die stets illusorisch bleiben muß. Der sexuell emanzipierte Erwachsene dagegen weiß, daß es beim Sex zur Sache geht und das Kuscheln allenfalls hinterher kommt. Insbesondere dem linken Alltagsbewußtsein ist Zärtlichkeit ein Greuel, sofern sie nicht eine der Völker ist. Wie die bürgerliche Höflichkeit gilt sie als Zier, auf deren Zurschaustellung verzichten sollte, wer von seiner peer group nicht zum Spießer erklärt werden will.

Gegen eine Rehabilitierung der Zartheit wäre in Zeiten organisierter Asozialität also wenig einzuwenden. Wer sich aber etwas genauer die Bündnispartner für solch ein Projekt anschaut, dem dürfte die Lust auf Streicheleinheiten schnell vergehen: Die neuchristlich grundierte Knuddelbegeisterung, die seit einigen Jahren aus den Vereinigten Staaten nach Deutschland übergeschwappt ist, um unter dem Einfluß der heimischen Volksmentalität zur grotesken Kenntlichkeit entstellt zu werden, praktiziert Zärtlichkeit als Knockout-Strategie, mit der autistische Monaden sich ihre Unberührbarkeit beweisen.

Auf zwei Ebenen agieren die Vorkämpfer an der volksdeutschen Schmusefront: als flexible Guerillaformationen im öffentlichen Raum und als Kadergruppen hinter verschlossenen Türen. In Anlehnung an das amerikanische Vorbild nennt sich die erste Variante „Free Hugging“, die zweite „Cuddle Party“. Die Vertreter der Guerillafraktion mögen dem ungeübten Auge zunächst wie lästige PR-Büttel erscheinen, die den Passanten in der Einkaufsstraße mit debilem Grinsen ein Probeabo aufschwatzen wollen. Erkennbar sind sie jedoch an ihren Körperschilden, auf denen Parolen wie „Faß mich an“ oder „Umarmen erlaubt“ geschrieben stehen. In Zeiten bürgerlicher Kälte, da kaum ein Mitmensch mehr bereit ist, „loszulassen“ und sich zu „öffnen“, wollen die „Free Hugger“ uns ins Gedächtnis rufen, wie schön es sein kann, von Unbekannten

nach Herzenslust befingert zu werden. Ausgedacht hat sich diese Idee vor fünf Jahren der Australier Juan Mann, der in Sydney erste Versuche mit öffentlichen Spontanumarmungen unternahm, die jedoch bald von der Polizei gestoppt wurden – sicheres Zeichen für ihre Subversivität. Nachdem mehrere australische, kanadische und US-amerikanische Schmuseattacken auf Youtube präsentiert worden waren und Musikgruppen wie die „Sick Puppies“ das Konzept in ihren Videos aufgegriffen hatten, wurde der basisdemokratische Druck jedoch bald so stark, daß die Staatsmacht mit dem Rücken zur Wand stand und klein beigeben mußte.
Seither trauen sich auch deutsche Kampfesgenossen immer häufiger, sich nichtsahnenden Passanten als lebende Schnufeltücher anzudienen, in mehreren deutschen Städten gibt es einen jährlichen „Free Hugging Day“, diplomierte Fußgängerzonen-Umarmer erzählen dem evangelischen Magazin Chrismon begeistert: „So viele Leute habe ich auf der Zeil noch nie lachen sehen“, und der Frankfurter Soziologe Tilman Allert prophezeit bereits einen durch „Umarmungsinflation“ ausgelösten „Sorgfaltsverlust“, gegen den die „Power-Umarmer“ indessen längst Abhilfe geschaffen haben. Vergleichbar der Freiwilligen Selbstkontrolle, haben sie sich nämlich strenge Regeln auferlegt. Kein „Free Hugger“ darf mit seinen Opfern Namen oder Adressen austauschen, und „Grenzüberschreitungen“ werden mit prompter Denunziation geahndet. So wird die frohe Botschaft „Wir suchen alle nach Liebe und müssen uns nicht voreinander verstecken“ mit einer Generalklausel gegen potenzielle Triebtäter abgesichert. Wer sich durch das Knuddelangebot auf dämonische Weise angeturnt fühlen sollte, hätte mithin gründlich mißverstanden, was die Schmusekönigin Mata Amritanandamayi, genannt Amma, die auf ihren weltweiten „Kuscheltouren“ in den vergangenen fünfzehn Jahren 25 Millionen Menschen umarmt hat und gegenüber okzidentalen Kuschlern als Veteranin erscheint, in den Farben indischer Poesie so formuliert: „Von mir fließt ein ununterbrochener Strom der Liebe zu allen Wesen dieser Welt. Wenn du einen Fluß fragst, warum er fließt, was könnte er darauf antworten?“

Amma, die in ihrer Heimat als Revolutionärin gefeiert wird, weil sie die Berührungsregeln des indischen Kastensystems unterläuft, hat für ihre Menschheitsbegrapschung bereits den Gandhi-King-Preis für Gewaltlosigkeit sowie den Interfaith Award bekommen und gilt unter deutschen Kuschelaktivisten als Heldin. Schöner als sie könnte kein westlicher Passionsschmuser erklären, daß es beim „Free Hugging" nicht darum geht, den Individuen ihre universale Berührungsfurcht zu nehmen, sondern im Gegenteil darum, sich der ganzen Welt verbunden zu fühlen, ohne einem einzigen ihrer Bewohner je zu nahe zu treten. Sich sein Streichelquantum beim „Free Hugger" um die Ecke abzuholen wie das tägliche Quantum Sex beim Lebensabschnittspartner, der zu allem übrigen längst keine Lust mehr hat – darin ¬besteht das „Glücksversprechen" der global agierenden Bussibrigaden, die im Namen „menschlicher Wärme" die Sinnlichkeit exorzieren. Übertroffen werden sie nur von ihren Genossen von der Partyfront, die in Deutschland auf der Seite www.kuschelparty.com organisiert sind und offen aussprechen, was Mama Amma lyrisch verbrämt: „Viele Singles haben nicht das Gefühl, daß sie zu wenig Sex haben – nein! – es fehlen die Kuscheleinheiten (...) Denn hier geht es ganz klar nicht ums ‚Anbaggern' oder ‚heiß machen'. Die Teilnehmer sollen sich geborgen fühlen". Weil sich nur geborgen fühlen kann, wer nicht heiß- sondern kaltgemacht worden ist, bieten achselschweißfreie Kuschelhonoratioren inzwischen in Dutzenden deutscher Städte von Tuttlingen bis Flensburg „Events für Erwachsene" an, „wo sie ihr Bedürfnis nach Berührung und Kuscheln in einer nicht-sexuellen Atmosphäre leben können".
Da weder ungelenkes Herumtasten noch orgiastischer Überschwang, sondern allein „geschütztes Kuscheln" das „Immunsystem" fördert, sollten deutsche Kuschelpartys, wie es im selbstauferlegten Gesetzeskatalog des Knuddelvereins heißt, allerdings nur von „gesunden Erwachsenen" besucht werden, die im Falle sexueller Belästigung sofort den dafür abgestellten „Kuschelwächter" rufen und jederzeit bereit sind, sich den Befehlen der „Kuschelleitung" zu beugen. Auch Kiffer und Trinker sind nicht gern gesehen, denn nur wer „hellwach

und bewußt“ kuschelt, kuschelt korrekt. Man befindet sich schließlich nicht bei den Dionysien, sondern weit eher wohl in einer öden Mietwohnung, und an solchen Orten gilt: „Wenn sich die Stimmung zu sehr aufheizt, wird unterbrochen.“ Solcherart instruiert, kann der streichelbedürftige deutsche Sinnsucher sich mit vollem Engagement seiner Kur widmen, mit deren Früchten er schon am nächsten Tag als ehrenamtlicher Teilzeitknuddler seine Mitmenschen beglücken darf. Ein Wermutstropfen mag darin liegen, daß die Teilnahme an Kuschel-Events kostenpflichtig ist. Zumindest die Berührungen sind aber garantiert umsonst.

Das Ende der Diplomatie

Das Wort „Beziehung“ ist der Inbegriff der Lieblosigkeit. Anders als die linke Alltagssprache nahelegt, in der ständig „Beziehungskrisen“ gelöst oder „Erst- und Zweitbeziehung“ koordiniert werden müssen, handelt es sich um keinen qualitativen Begriff, sondern um die Bezeichnung für eine leere Relationalität: Daß ich zu jedem, mit dem ich irgendwie in Beziehung trete, eine Beziehung unterhalte, läßt sich leider nicht vermeiden und wäre eigentlich keiner Rede wert. Wenn die Menschen trotzdem, je bornierter und liebesunfähiger sie sind, desto beharrlicher über ihre „Beziehungen“ diskutieren, so liegt das nach Meinung der Verteidiger des Begriffs, die ihrerseits in „offenen Beziehungen“ leben, gerade an dessen nützlicher Insignifikanz. Ein Wort, das schlechterdings alles bezeichnen könne, schließe wenigstens nichts aus und sei daher brauchbarer als exklusive Titel wie „Liebe“ oder „Freundschaft“. Im Alltag freilich wird diese scheinbare Offenheit täglich Lügen gestraft: Wer von jemandem als „meine Beziehung“ spricht, entqualifiziert das Individuum tendenziell bereits zu jenem Problem, als das die „Beziehung“ später behandelt und notfalls abgewickelt werden kann. Die Beziehung zu einem Menschen „Beziehung“ zu nennen, ist der erste Schritt zu ihrer Erledigung.

Als es zum Sprachschaum linker Alltagsdiskurse wurde, hatte das Beziehungs-Wort bereits eine Karriere als Lieblingsvokabel des Jargons der Eigentlichkeit hinter sich. Wo immer sie im Zuge ihrer „echten Dialoge“ auf allzu resistente Widersprüche stießen, beschworen die existentialistischen Adepten des deutsch-jüdischen Versöhnungsphilosophen Martin Buber bereits in den zwanziger Jahren die „Ich-Du-Beziehung“, in der die Dialogpartner „immer schon“ – also diesseits ihrer empirischen Gesprächssituation – „stehen“. Dieses „Du stehst in der Beziehung“, das das verkümmerte Ich vor der endgültigen Dissoziation retten sollte, ist dann im Linkssprech zum Gerede über allerlei „Beziehungen“ verdünnt worden, die man „führt“, statt darin zu „stehen“, und von denen keine einzige mehr zu „der Beziehung“ werden darf.

Dennoch besteht zwischen dem Eigentlichkeitspathos von Buber und der Uneigentlichkeit linken Jargons kein Widerspruch. Die Substantialität des Beziehungs-Wortes, die schon bei Buber nur noch beschworen wurde, ist lediglich vollends entleert worden, ohne daß man den Fetischismus des Wortes aufgegeben hätte. Im Gegenteil: Je evidenter es ist, daß das Reden von „Beziehungen" keine andere Funktion hat, als die im Geflecht der sie konstituierenden Zwänge restlos aufgehenden Monaden über ihre Unfähigkeit zu freien Objektbeziehungen hinwegzutäuschen, desto obsessiver wird die „Beziehung" gegen alles geltend gemacht, was an Glück und Erfüllung erinnert – am aggressivsten gegen die Liebe, die zur „Liebesbeziehung", unter Gefühlsstalinisten zur „Romantischen Zweierbeziehung" wird.

Die individuelle Liebe, die Monogamiekritikern als Korrelat der Eigentumsform gilt, weil sie Eifersucht mit sich bringe, war in ihrem Ursprung die Aufhebung einer unmittelbar gewaltförmigen „Beziehung", welche oft mit Promiskuität verwechselt wird: der Polygamie. Historisch ist Polygamie eine Spielart der Sklaverei, die ohne selbst noch rudimentärste Formen der Vermittlung auskommt und in der Sexualität reiner, unverstellter Ausdruck von Herrschaft ist. Das bürgerliche Monogamiegebot zielte auf Überwindung der Identität von Sexualität und Herrschaft im Namen individueller Liebeswahl, die den besonderen Menschen meint, nicht seine Funktion in Konkubinat, Dienstbotenschar oder Großfamilie. In der Eifersucht, die als Komplement individueller Liebe entsteht, meldet sich zum ersten Mal in der Geschichte der Gefühle das angstvolle Bewußtsein um die Vergänglichkeit und Untauschbarkeit des Individuums an, das als Individuum doch erst durch das Prinzip der Vergleichung gesetzt wurde, ohne das es einen Begriff vom Untauschbaren nicht geben kann. Wer unfähig zur Eifersucht ist, dem zerrinnen die Menschen ebenso sicher zum Beziehungsmaterial, wie sie dem von Eifersucht Besessenen zur Totenmaske seiner Obsessionen erstarren.

Mindestens so anachronistisch wie Liebe und Eifersucht, die nur noch als störrische Reflexe einer überholten Bewußtseinsform erlebt werden, ist eine andere „Beziehung", von der es keinen

lebendigen Begriff mehr gibt: die Affäre. Ihre kleinbürgerliche Schrumpfform ist der Seitensprung, ihre postmoderne der One-Night-Stand. Beide Worte bringen in ihrem Mißklang zum Ausdruck, was sie bezeichnen: das erste den so folgenlosen wie tristen Ausbruchsversuch aus dem Dauerlauf des Lebens, das zweite den besinnungslosen, aber willkürlichen Exzeß, der den Kopf nicht freier, sondern schwer macht. Die Affäre indessen war einmal der Inbegriff der Gegen-Liebe. Wie diese setzt sie Intimität und Aufmerksamkeit voraus, wie diese zielt sie aufs Spezifische des Individuums, nicht auf von ihm ablösbare Eigenschaften. Wie die Liebe kennt die Affäre Treue und Verbindlichkeit, und obwohl sie im Schatten der Liebe entsteht, deren Unzulänglichkeit sie in Erinnerung ruft, begeht sie nicht Betrug an ihr, sondern hat eine ihr ebenbürtige Würde.
Affären können länger dauern als Lieben, und Menschen, die einander glücklich lieben, können bei ihren Affären so großzügig sein wie in der Liebe selbst. Der Begriff der Affäre entspringt in der Frühgeschichte der Diplomatie, wo er Konflikte bezeichnet, die heimlich und gewaltlos gelöst werden, deren öffentliche Austragung jedoch die Barbarei entfachen könnte, und wandert von dort in die Privatsphäre ein, als Bezeichnung für die diskrete Indiskretion, die zivilisierte Transzendierung des Zivilisationszwangs. Aus der Diplomatie stammt auch der Begriff der „Beziehungen", der freilich keinen delikaten Konflikt, sondern die schlechte Normalität bezeichnet. Und wie die Diplomatie längst zur Verdoppelung universaler Gewalt verkümmert ist, verdoppeln die „Beziehungen" nur mehr die universale Stumpfheit. Indem gerade auf diesem Gebiet inzwischen fast alle reden wie die Linken, enthüllt sich im Persönlichsten deren allgemeine Funktion: Avantgarde der fröhlichen Selbstfragmentierung der Individuen zu sein, die sich den blinden Vollzug ihres gesellschaftlichen Schicksals stolz als Bewußtseinsfortschritt gutschreiben.

Schweigend ins Gespräch vertieft

Zu den schillerndsten Erinnerungen der Kindheit, vergleichbar vielleicht nur mit den unvergeßlich unverstandenen Strophen einiger Wiegenlieder, gehören die Zeilen „Dunkel war's, der Mond schien helle". Der flache Unsinn der Verse, die ihre witzlose Pointe aus der automatisierten Vereinbarung des Unvereinbaren beziehen, indem sie ein Auto blitzeschnelle langsam um die Ecke fahren und stehend sitzende Leute draußen schweigend ins Gespräch vertieft sein lassen, ist dem Kind, das sie zum ersten Mal hörte, nicht bewußt gewesen. Dieses Unverständnis jedoch war die Voraussetzung eines weit tieferen Verständnisses, das begriffen hat, was das spätere Begreifen vergessen ließ: daß die Widersprüche, mit deren paradoxem Reiz hier kokettiert wird, gar nicht paradox, sondern wahrhaftig sind. So wie es tintenschwarze Nächte gibt, die erst durch den hellen Schein des Mondes zu solchen werden, kann ein Auto (es sind nicht mehrere, nur ein gleichsam verlorenes einzelnes) in einer solchen Nacht nicht anders denn langsam blitzeschnelle um die Ecke fahren, ein lautloser Hauch, der gleich wieder verschwindet. Wie das dem unmenschlich rasanten „blitzschnell" gleich zweimal hinzugefügte „e" dem Wort die sanfte Ruhe der vom Mond nicht überstrahlten, sondern in ihrem Dunkel erhellten Nacht verleiht, so nimmt die Ecke, um die das Auto biegt, seiner Fahrt die Gewalt und verwandelt es in ein Mobile, eine so fragile wie flüchtige Erscheinung. In einer solchen Nacht kann es keine anderen Leute als solche geben, die stehend draußen sitzen, schweigend ins Gespräch vertieft. Daß sie stehend sitzen, unterscheidet sie von der dumpfen Gemütlichkeit der die Nacht durchtrinkenden und durchtratschenden Kneipengänger; daß sie sitzend stehen, von der agilen Brutalität der Spätheimkehrerhorden. Schweigend ins Gespräch vertieft, statt stumm in der Leere ihres Selbst oder plappernd in der Ödnis ihrer Unterhaltung zu versinken, scheinen sie einen langen Augenblick lang die Fremdheit hinter sich gelassen zu haben, welche doch die glückliche Intimität erst ermöglicht, die sich in dem Tableau ausspricht. Sie sind nicht allein und auch keine Gruppe, sondern einträchtig verstreute Einzelne. Die stille Lebendigkeit der Szene, die in jeder Schattierung von der Urbanität gezeichnet ist, die sie fast gänzlich ausblendet, erschien später wieder im Klang des Wortes Rendezvous. Wie die Verse etwas Banaleres meinen als sie sagen, klingt in dem Wort mehr und anderes an als es bezeichnet. Im Französischen zeugt seine Verwendung von Nüchternheit und meint die bloße Tatsache einer Verabredung, weit eher Sachliches jedenfalls als Intimes. Im Deutschen, das dem Französischen das Reservat der Intimität und dem Amerikanischen das der Geschäftlichkeit zuteilt, ist das Rendezvous etwas verrucht Erotisches (anders als verrucht oder klinisch erscheint der Sexus im Deutschen fast nie), dessen Gegenstücke, das Date und das Meeting, die persönliche und öffentliche Variante jener Herzenskälte bezeichnen, die das Deutsche im Bild des sachlichen Amerikaners genauso verächtlich macht wie die abgründige Intimität im Bilde der verruchten Französin. Was in dem Wort zum ersten Mal anklang, geht darin aber nicht auf. Es rief die Erinnerung an das nie eingelöste Versprechen wach, das sich einst an die Vorstellung der schweigend ins Gespräch vertieften Leute heftete. Wie ihr Gespräch, in das sie sich weder zankend verstrickt noch gedankenlos verloren haben, das sie weder gesellig miteinander verkleistert noch abweisend voneinander trennt, ihnen gewaltlos, in selbstvergessener Konzentration erlaubt, einander gewahr zu werden, geht ihre Sprache, als seiner selbst sicheres und sich daher sorglos zurücknehmendes Flüstern, ohne Absicht ins Schweigen über, das nicht von existentieller Tiefe, sondern von der glücklichen Intentionslosigkeit gelungener Vermittlung zeugt. Ähnlich gedämpft und konzentriert, jeder Erfahrung aufgeschlossen und doch ganz bei sich, schien die dem Rendezvous gemäße Sprache zu sein.

Tatsächlich klang das Wort Rendezvous zuvorderst nach Sprache und sprachlicher Intimität, nach einer allerdings, die ein mit sich und dem Gegenüber distanziert einiges Sprechen wäre. In ihm wäre die Sprache weder von ihrem somatischen Impuls abgetrennte, leer und sinnlos in sich kreisende Kommunikation noch allein auf die eigene Form verwiesener, sich nie von sich selber lösender Monolog, sondern lebendige Rede an ein vergängliches, einziges Gegenüber. Daher knüpft sich an die Phantasie des Rendezvous notwendig das Angesicht dessen, an den das Sprechen sich richtet und durch den es erst möglich wird: kein Adressat und kein eingebildeter Empfänger, sondern die wirkliche, mit ihrer vom Leib untrennbaren Sprache gegenwärtige Erscheinung des Einzelnen, der Ziel und Zweck, Ursprung und Absicht der Rede wäre. Der Sexus, in der deutschen Verwendung des Wortes Rendezvous auf ebenso verschämte wie lüsterne Weise präsent, käme in dem, was das Wort zum Klingen bringt, sublimiert zu sich selbst. Wie die Rede nicht laut zu sein braucht, weil sie gegenwärtig ist, widerführe dem Sexus erst dort Gerechtigkeit, wo er sich im gelingenden, ins Schweigen übergehenden Ausdruck erfüllt und vergißt. Vielleicht ist deshalb das Wort Rendezvous, das ja eine Aufforderung ist, der einzige Appell, der sich nur leise sagen läßt; wer ihn schreit oder auch nur das Ausrufezeichen setzt, das der Bedeutung nach dahinter erscheinen könnte, es dem Sinn nach aber niemals darf, bringt zum Verstummen, wovon es spricht.

Heute ist das Wort sogar als eingedeutsches aus der Sprache nahezu verschwunden und zu dem Archaismus geworden, der das von seinem Klang evozierte Versprechen schon lange ist. Vielleicht kommen Worte überhaupt gar nicht deshalb außer Gebrauch, weil ihrer lexikalischen Bedeutung keine Alltagserfahrung mehr korrespondiert, sondern weil die an sie geknüpften, im Alltag gar nicht präsenten Evokationen und Phantasien, die ihren Triebgrund bilden, in den Menschen auf nichts mehr treffen, was ihnen entspricht; weil ihrem Klang in den Menschen gleichsam nichts mehr entgegenkommt. Wer aber nicht versteht, was im Wort Rendezvous mitklingt, versteht auch nicht, weshalb die Verse „Dunkel war's, der Mond schien helle" wirklicher sind als die Realität, die sie in witzelnder Absicht entstellen. Umso weniger es verstanden wird, umso leichter läßt sich der Witz kapieren, zu dem sie erstarrten.

Wir Androiden

Vom Beginn einer wunderbaren Facebook-Freundschaft

Als sie sich kennenlernten, waren sie freudig erstaunt, wie gut sie sich verstanden, obwohl sie so verschieden waren. Manchmal sprachen sie davon, wie seltsam es sie berühre, von jenen, die einem am nächsten stehen, zu erfahren, daß auch die inzwischen „auf Facebook gegangen" sind. Irgendwie habe man, bei aller Sympathie, plötzlich das Gefühl, es mit Androiden zu tun zu haben, deren wahre Existenz einem bislang verborgen geblieben sei. Dieses Gefühl verband sie. Sie spielten mit der Theorie, daß es eine geheime Arbeitsagentur gebe, die ihre prekären Klienten täglich und nächtlich in Parks und Einkaufszentren, Straßencafés und Diskotheken schicke, damit die Städte weiterhin als bevölkert, das öffentliche Leben als bunt und vielfältig erscheine, obwohl alle sich längst ins Schneckenhaus des eigenen Selbst zurückgezogen hätten. Zu diesen schwer Vermittelbaren gehörten wohl auch die lässig Lächelnden, die einen davon zu überzeugen suchten, lediglich die eigene Unflexibilität sei schuld daran, daß man noch immer nicht auf Facebook gegangen sei, obwohl man dabei, wenn man es richtig mache, nur gewinnen könne. Das seien die Marketingexperten in eigener Sache, die sich mit der Erfahrung, daß nichts so viel Lust verschafft wie die Selbstaufgabe ans Allgemeine, eine neue Existenz gegründet hätten.

Doch Facebook ist keine Arbeitsagentur, sondern ein Staubsauger, der Stecknadeln und Scherben so bereitwillig schluckt wie Fusseln und Filz. Facebook ist die wahre Demokratie, die sogar für jene, die sie verabscheuen, immer ein Plätzchen frei hält. Es ist kein Ort für Polemik oder Negativität, Beleidigungen oder Zwistigkeiten. Die einzige Sprache, die es kennt, ist der Jargon des jovialen Hinter-dem-Rücken-Redens, der verständnissinnigen Anspielungen und des schamlosen Für-sich-selber-Werbens. Dort ist es einfacher, jemanden zu denunzieren, als mit ihm zu streiten, und es gibt keine Lobesworte, die sich nicht über das stellen, was sie loben. Statt Urteile hinterläßt man Wegmarken nach Art von Heidegger und Struppi, und die sogenannten Freundeskreise zerstören die Solidarität, mit deren Versprechen sie werben. Wer einmal auf Facebook gegangen ist, kann nicht mehr zurück. Legt er die Mitgliedschaft nieder, wird sein Konto nicht gelöscht, sondern stillgelegt, und er verwandelt sich auch virtuell in jenen Untoten, der er im wirklichen Leben wahrscheinlich schon immer war. Was einmal öffentliches Gespräch gewesen sein mag, wird bei Facebook zur endlosen Kette der Meinungen und private jokes. Wer Postings schreibt, die länger als 15 Zeilen und von halbwegs komplexer Syntax sind, gilt mit Recht als Sonderling, der den adäquaten Gebrauch des Mediums erst noch lernen muß. Facebook übt Verrat an jedem Eingedenken. Hier kann man Fan von Adorno und Marx, Freud und Benjamin werden und sich mit den Gestorbenen, deren Erbe ausgeschlagen wurde, auf Du und Du wähnen wie mit Lena oder Justin Bieber. Und während man sich im Leben, das nur mehr Anhängsel seiner eigenen Kommunikation ist, mit denen entzweit, die einem am meisten bedeuten, überdauern Facebook-Freundschaften wie gute Astronautennahrung Raum und Zeit.

Facebook hat den Begriff der Freundschaft seiner Wahrheit überführt. Verdächtig war er schon immer. Man beruft sich auf ihn meist erst dann, wenn man mit dem Rücken gegen die Wand steht und nichts mehr zu retten ist. Weit häufiger als der freien Assoziation der Verschiedenen dient er der Erpressung und der üblen Nachrede. Was wahre Freunde einander wert sind, glaubt nur zu wissen, wer jedem Freund zugleich dessen falsche Freunde meint vorrechnen zu dürfen. Freundschaft ist ein Ausschlußkriterium. Sie darf nicht mit Geschäft vermischt werden, wenn sie sich nicht korrumpieren will, aber sie darf auch nicht zur Liebe werden, will sie sich nicht zerstören. Gute Freunde müssen einander zugestehen, was sie selber verachten, und sind, damit die Freundschaft bestehen bleibt, auf andere Freunde angewiesen, mit denen sie über die abwesenden Freunde lästern dürfen. Die Freundschaft soll ersetzen, was Liebe und Bekanntschaft nicht leisten können, und ist damit ebenso überlastet wie unterfordert. So verkommt sie über kurz oder lang zur Routine, sofern sie nicht am Bedürfnis nach allzu großer Nähe zugrunde geht. Darauf reagiert Facebook, indem es die Freundschaft zugleich abschafft und universalisiert. Hier wird noch der eigene Gegenspieler zum Freund und jeder Freund zum potentiellen Gegenspieler. Freunde in der Wirklichkeit, mit denen man sich auf Facebook befreundet, sind von diesem Augenblick an auch in der Wirklichkeit andere als zuvor. Freunde, die nicht auf Facebook sind, werden mitgeschleift wie zurückgebliebene Alte, weil es sie nur in der Wirklichkeit gibt und man ihnen alles, was die anderen schon wissen, erst mühsam persönlich erklären muß. Und wie bei jedem Gesellschaftsspiel arbeiten alle, die miteinander spielen, immer auch gegeneinander. Erst dank Facebook können selbst überzeugte Kosmopoliten die dorfgemeinschaftliche Fähigkeit perfektionieren, bei jeder Äußerung seismographisch zu registrieren, wer sie hören kann und wer nicht. Achte immer genau darauf, hinter wessen Rücken du mit wem sprichst, und dein Freundeskreis wird wachsen wie ein guter Hefeteig, von dem am Ende alle zehren können.

Auch die beiden Freunde wüßten nicht, in welche Untiefen sie ohne das soziale Netzwerk, das die verschwundene Gesellschaft ersetzt hat, gestürzt wären. Sie hatten sich lange nicht gesehen, es hatte Unstimmigkeiten zwischen ihnen gegeben, doch als sie sich auf Facebook wieder begegneten, waren sie überrascht, wie ähnlich sie einander waren. Sie waren beide Fans von Adorno und Johnny Cash, Alfred Hitchcock und Schönberg. Sie hatten 17 gemeinsame Freunde, von denen sie sechs persönlich kannten. Der eine beantwortete die Freundschaftsanfrage des anderen prompt. Ihnen gefielen die gleichen Locations, in ihren Postings spielten sie sich die Bälle zu. Viermal begegneten sie sich bei derselben Party und redeten unbeschwert miteinander, frei von Spannungen und Gefühlen. Seither haben sie öfter als früher Kontakt, ihr Dialog ist intensiv, ihr Verhältnis zur Vergangenheit ironisch. Was war das für eine alberne Vertrautheit, die uns damals verband, fragt sich jeder für sich, aber niemals laut. Sie arbeiten miteinander schon an ihrem zweiten Projekt, streß- und widerspruchsfrei. Was sie damals trennte, wollen sie nicht mehr wissen, seit das

Medium die voneinander Getrennten verband. In schwachen Momenten spielen sie mit dem Gedanken, auf der Adorno-Seite den „Gefällt mir nicht mehr"-Button zu drücken, da der Professor die Möglichkeiten der modernen Kommunikation wohl allzu pessimistisch eingeschätzt hat. Aber in letzter Sekunde schrecken sie zurück, weil sie sich mit ihm doch so heimelig fühlen wie mit dem Teddy auf dem Dachboden, den man in Augenblicken der Sentimentalität an die Brust drücken kann. Könnten sie sich an ihre Theorie von der Arbeitsagentur erinnern, würden sie ihres einstigen Irrtums gewahr: Es gibt keine Agentur und keine Verschwörung, alle tun alles aus freiem Willen und fühlen sich wohl dabei. Aber sie haben ihre Theorie vergessen, wie man Kinderträume vergißt. Und wenn jemand sie ihnen ins Gedächtnis ruft, weisen sie den Eindringling zurück. Wahre Freunde sind sich selbst genug und müssen an nichts erinnert werden.

Verschlossen und verriegelt
Kleine Typologie der Liebesbekundung

Dû bist mîn, ich bin dîn.
des solt dû gewis sîn.
dû bist beslozzen
in mînem herzen,
verlorn ist das sluzzelîn:
dû moust ouch immêr darinne sîn.

Das Mittelalter scheint nicht nur eine Zeit peinlicher Strafen, sondern auch peinlicher Schwüre gewesen zu sein. Der anonyme Spruch, den Mediävistikstudenten im ersten Semester als Beispiel einer gelungenen ästhetischen Umsetzung der mittelalterlichen Liebesauffassung kennenlernen, weil Chiasmus und Paarreim das Ritual unwiderruflicher Verpflichtung zum Ausdruck bringen, das in jener Epoche die liebende Verbindung begründete, klingt für heutige Ohren wie der Urteilsspruch eines unerbittlichen Richters. Die Beschwörungsformel, mit der das lyrische Ich dem Du die Gewißheit vermitteln will, im Herzen des Geliebten „beschlossen" zu sein, schlägt in den letzten beiden Zeilen um in die Drohung, daß es aus diesem Herzen kein Zurück mehr gebe, weil der Schlüssel „verloren" sei. Das Herz des lyrischen Ichs wird nicht an die geliebte Person verschenkt, sondern für sie zum Kerker, in dem sie nicht einfach „beschlossen", also aufgehoben, sondern auch gefangen ist. Das Ich trägt dem Gedicht zufolge daran keine Schuld, denn es verbirgt den Schlüssel nicht und hat auch nicht vergessen, wo er liegt, sondern der Schlüssel ist gleichsam objektiv verloren und kann nicht wiedergefunden werden. Was in der hermetischen Lyrik der Moderne bestimmend für die ästhetische Form wird – sich in einer Weise dem Verständnis zu verschließen, daß ihr Rätsel durch keine Deutung aufgelöst, sondern nur in seiner Unzugänglichkeit begriffen werden kann –, stellt sich hier als Attribut der Liebe dar. In ihrem lyrischen Ausdruck kristallisierte sich später jenes Subjekt, dessen Widerschein, die ästhetische Autonomie, inzwischen nahezu erloschen ist. Die Verbindung von amouröser und juristischer Rhetorik, die den Spruch prägt, hat sich in Heiratszeremonien und Poesiealbumssprüchen bis heute erhalten. Der Schwur, mit dem das Ich dem Du als seinem Richter die Treue bekundet, ist zugleich ein Urteilsspruch über die geliebte Person, der sie in die Kammer des liebenden Herzens bannt. Doch der Unwiderruflichkeitsgestus, der sich leicht als Reflex einer inhumanen Zeit denunzieren läßt, die zwar Personen, aber keine Individuen kannte, bringt auch ein frühes Bewußtsein für das zum Ausdruck, was später individuelle Liebe heißen sollte: den Geliebten nicht vergessen zu können. Daß der Schlüssel, der die geliebte Person aus dem Herzen entlassen könnte, ebenso für das Ich wie für das Du verloren ist, artikuliert eine Ahnung von der Untrennbarkeit von Liebe und individueller Erinnerung. Weil der Schlüssel verloren ist, der das Vergessen ermöglichen könnte, ist das Du so unwiderruflich ins Herz des Ichs gebannt, wie das Ich dem Eingedenken an die Liebe zu dem oder der Einzigen auch dann nicht entkommen kann, wenn die Verbindung nicht mehr besteht. Darin leuchtet die Einheit von Dauer und Vergänglichkeit auf, die dann in der romantischen Liebe gepriesen wird. Die rituelle, von subjektivem Ausdruck kaum affizierte Form des Gedichts bringt für einen Augenblick jene Subjektivität zur Anschauung, der sie selbst im Wege steht.

Heutige Liebende verewigen ihre Namen oder Initialen hingegen auf Vorhängeschlössern, die keinen Raum mehr abschließen, sondern, sich scheinbar selbst genügend, an den Geländern und Laternen der Brücken hängen, von denen aus die Paare den Schlüssel in den Fluß werfen. Massenhaft praktiziert wurde der Brauch zuerst Anfang der Jahrtausendwende in Italien, er stammt jedoch aus Osteuropa und soll zur Zeit des Ersten Weltkriegs in Serbien üblich gewesen sein. Heute hängen an der Kölner Hohenzollernbrücke, der Brooklyn Bridge und den Pariser Seine-Brücken teils Hunderte solcher Schlösser. Die Last der Liebesschwüre ist bleischwer und verursacht mitunter strafrechtlich relevante Statikprobleme. In Venedig und Berlin ist der Brauch deshalb verboten und wird als Ordnungswidrigkeit geahndet; in Rom ist er nur unter Auflagen erlaubt. In Köln dagegen ist im vergangenen Sommer ein Drogenabhängiger wegen Diebstahls von etwa 50 Liebesschlössern zu drei Monaten Gefängnis verurteilt worden. Mag sein, daß man in ihm einen Volksschädling sah, ist man im Rheinland doch offenbar der Ansicht, daß die Schlösser nicht nur „ein Symbol von hohem emotionalen Wert“ seien, sondern auch „ein Gefühl von Heimat“ zum Ausdruck brächten. Das glaubt jedenfalls Dagmar Hänel, Leiterin der Abteilung Volkskunde des Rheinischen Instituts für Landeskunde und Regionalgeschichte, die zum Valentinstag im Februar 2013 dem *Kölner Stadt-Anzeiger* zu Protokoll gab, ein Liebesschloß zeuge von regionaler Verbundenheit: „Es aufzuhängen bedeutet, sich zu verorten.“

Doch kein neuer Trend zu Treue und Scholle drückt sich in den Liebesschlössern aus, sondern die Torschlußpanik von Ohnmächtigen, denen Liebe eine solch leere Erfahrung und zugleich eine solch leere Notwendigkeit ist, daß sie das Schloß, das nur in Hinsicht auf das von ihm Verschlossene Bedeutung erhält, zum einzig Bewahrenswerten erheben. Es gibt nichts, was hinter dem Schloß verborgen wäre, weder der Keller des Unbewußten noch das Zauberreich der Hoffnungen, und doch muß sein Metall exponiert werden – als Sinnbild einer Exklusivität, deren Objekt verschwunden ist und die sich auf nichts anderes bezieht als auf sich selbst. Die Namen und Initialen der Liebenden starren von den Schlössern als Signaturen einer Subjektivität, die den Subjekten ausgegangen und nur noch als Kürzel präsent ist. Nicht an Treue gemahnen die Schlösser, sondern sie evozieren Verlust, Tod und Verbrechen: Von Brücken springen Selbstmörder in den Tod; verschlossene Schlösser, die nichts abschließen, lassen an Diebstahl denken oder weisen zumindest auf etwas hin, das fehlt; Schlüssel in den Fluß werfen Ganoven, die Spuren beseitigen, oder Verzweifelte, die alles für immer hinter sich lassen wollen. Die liebende Verbindung, die durch das Schloß bekräftigt werden soll, wird durch die Evidenz, daß es auf nichts als sein verlorenes Objekt verweist, wider Willen entlarvt: Die Liebe ist unsubstantiell und unentbehrlich geworden, immer schon verschwunden und unentrinnbar zugleich. Läßt das Bild von der verschlossenen Kammer des Herzens im mittelalterlichen Schwur ebenso an einen Kerker denken, wie es die Ausschließlichkeit der individuellen Liebe antizipiert, so erinnern die Liebesschlösser mit den im Fluß versenkten Schlüsseln an Menschen, die miteinander keine Erfüllung finden und ohne einander nicht sein können.

Andere Formen der Liebesbekundung, denen heute etwas Altmodisches eignet, obschon sie noch üblich sind, bringen dagegen die Ahnung zum Ausdruck, daß eine gemeinsame Zukunft ungewiß, aber möglich ist. Zu diesem Typus zählen die in Schulbänke und Baumstämme geritzten oder auf Häuserwände und aufs Straßenpflaster gemalten Herzen mit Namen oder Initialen. Im Gegensatz zu den Schlössern, die eine bedrohliche Endgültigkeit haben, haftet ihnen ein Hauch vom flüchtigen Charme der Pubertät an. Während die Schlösser sich dagegen sperren, entfernt zu werden, obwohl sie gleichsam an nichts anderem als an sich selber hängen, können die geritzten oder gemalten Herzen durch den Lauf der Zeit verwittern, überdeckt und unkenntlich werden; das Bewußtsein um ihre Vergänglichkeit ist ihnen bereits eingeschrieben. Während die Schlösser massenhaft auftreten und einen undurchdringlichen Wall bilden, der die beabsichtigte Zartheit und Intimität dementiert, tauchen die Herzen in Baumstämmen und auf Fassaden vereinzelt auf, und sind sie einmal zahlreicher, konterkarieren sie einander eher, als sich zu formieren; ihre Intimität bleibt, so albern sie wirken mögen, erhalten. Der Gestus, mit dem sie gezeichnet oder geritzt werden, hat nichts Endgültiges, sondern etwas Beiläufiges, und bewahrt die Erinnerung an den glücklichen Zufall, der die Verbindung schuf. Deshalb ist die berührendste Erscheinungsform dieses Typus das in den Schnee gezeichnete Herz, das nur unter der Bedingung erscheinen kann, daß es verschwindet, und so die inmitten der vergehenden Zeit aufleuchtende Dauer, an die das Zeichen erinnert, am reinsten zur Anschauung bringt.

Verändert hat sich das Verhältnis zur Öffentlichkeit, das sich in den Liebesbekundungen zeigt. Die Liebesschlösser treten nicht nur massenhaft in Erscheinung, sondern werden auch

zum Anschauungsobjekt von Touristenmassen, unter denen nicht selten diejenigen sind, die die Schlösser wie einen Nachlaß zu Lebzeiten hinterlassen haben. Die gemalten und geritzten Herzen haben zwar ebenfalls den Charakter einer öffentlichen Bezeugung, aber sie sind nicht exponiert wie die Liebesschlösser; vielmehr befinden sie sich an übergangenen und übersehenen Orten, in Nischen der Öffentlichkeit wie die glückliche Liebe selbst. Im Gegensatz zu der aus dem proletarischen Milieu über die Subkulturen in die Popkultur importierten Mode, sich Liebesherzen und –initialen auf den Körper tätowieren zu lassen, gehen Gewaltsamkeit und existentielles Pathos den Liebesbekundungen in Holz und auf Beton ab. Sich die Liebe auf den Leib zu schreiben, legt nicht nur nahe, man sei so vergeßlich, daß ein anderes Objekt oder die unwillkürliche Erinnerung als Modus des Angedenkens nicht genüge, sondern frönt einem Blut- und Schmerzkult, der die brutale Endgültigkeit, die in den Liebesschlössern veräußerlicht und von den Liebenden gleichsam zurückgelassen wird, am eigenen Fleisch exekutiert. Die Inschriften an Bäumen und Fassaden behalten dagegen den Anschein eines Ornaments, das abbröckeln und verfallen kann und gerade darin dem Ausgedrückten gerecht wird.
Doch daß Liebe, um wirklich zu werden, nach angemessenem Ausdruck verlangt, ist ohnehin eine anachronistische Ansicht. Während man Briefe heute fast nur noch schreibt, wenn eine Katastrophe eingetreten ist, weshalb handschriftliche Briefe mittlerweile statt Freude Furcht erzeugen, werden zur Liebesbekundung die Formate der SMS, E-Mails oder der öffentlichen Tweets und Facebook-Einträge benutzt, wie auch die Aufforderung zur „Kontaktverwaltung“ sich unterschiedslos auf Geschäfts- und Liebespartner bezieht. So schrieb Serena Software, „Markführer für die orchestrierte Anwendungsentwicklung“, zum jüngsten Valentinstag einen „kreativen Twitter-Wettbewerb“ zwecks Auszeichnung des „besten Liebes-Tweet an die Entwicklungs- und Administrationsabteilu ng“ aus. Das ist nicht einfach Symptom eines Kapitalismus, der statt Zuverlässigkeit Liebe zum Chef verlangt – es bezeugt, daß wir alle, wenn wir uns an den geliebten Menschen richten,

im Grunde nur noch mit der Kommunikation kommunizieren, die der einzig verbliebene Gegenstand jedes affektiven Impulses ist. Gefühls-Coaches loben es als Ausdruck menschlicher Offenheit, wenn man die Schemata der Kommunikation nicht nur reproduziert, sondern sie erfüllt und zum Objekt der eigenen objektlosen Liebe erhebt. Im mittelalterlichen Liebesspruch öffnet sich der Schematismus, der keine lyrische Subjektivität und nur die Erfüllung der Form kennt, für einen Augenblick jenem subjektiven Impuls, dem er entgegensteht. Die emotive Kurznachrichtenselbstaussprache dagegen bringt den unfrei losgelassenen Impuls als Willkür zu sich selbst. Wer ohne jede Arbeit an der sprachlichen Form einfach nur mal eben sagt, was er nur mal eben sagen wollte, beweist nicht Spontaneität, sondern jene fixe Dummheit, die heute dafür gehalten wird. So fällt die von der objektivierten Form emanzipierte Sprache in eine Idiotie zurück, die die Minnelyrik als Beitrag zur Moderne erscheinen läßt.

Die Augen, der Mund, die Nacht, der Tag

Es läßt sich über den Sexus, darin besteht heutzutage Einigkeit, allenfalls sachlich oder vulgär reden. Als seine einzigen Erscheinungsformen im Medium der Sprache gelten der anatomische Report oder die Zote. In der Pornographie, die den sinnlichen Leib zum bloßen Körper und das Glück des Augenblicks zum kruden Effekt erniedrigt, finden Sachlichkeit und Vulgarität zueinander. Die Erotik hingegen ist der Gegenpart der Pornographie: Wo diese alles entblößt, lebt jene vom Schweigen; wo diese selbst das Intimste ans Licht der Öffentlichkeit zerrt, verleiht jene noch dem Allgemeinsten die Aura der Intimität. Eben deshalb aber ist Sprache im emphatischen Sinn immer schon Kritik der Pornographie. Wenn Sprache pornographisch werden will, muß sie sich selbst durchstreichen, regredieren auf die Faktizität der Körper, die sich nie in Sprache verwandeln läßt, ohne transzendiert zu werden. Sprache selber ist Artikulation von Sinnlichkeit: Sie kann umschmeicheln oder liebkosen, angreifen oder brüskieren. Sie ist eine Ausdrucksform des Leibes.

Im Mai 1961, als der italienische Dichter Alberto Moravia, Autor des später von Jean-Luc Godard verfilmten Romans *Die Verachtung*, die durch ihre Rolle in Luchino Viscontis *Rocco und seine Brüder* bekannt gewordene Schauspielerin Claudia Cardinale für die Zeitschrift *Esquire* interviewen sollte, war das italienische Kino gerade dabei, den Eros der Sprache zu entdecken. Im Werk Michelangelo Antonionis, vor allem in seinem Film *Die Nacht*, der 1961 Premiere hatte, ist Sprache immer beides zugleich, Entfremdung und Versöhnung, Berührung und Hindernis. Dennoch sind die wenigen Augenblicke, in denen seine Protagonisten einander nahe sind, Momente der Sprache, nicht des Verstummens. Das Gespräch, das Moravia mit Cardinale geführt hat und das nun in hervorragender Übersetzung vorliegt, erscheint im Nachhinein als Kommentar zum Kino Antonionis und vorweggenommene Antwort auf die bekannte Szene aus Godards Film, in der Michel Piccoli über den nackten Körper von Brigitte Bardot streichelt, um aufzuzählen, welche ihrer

Körperteile er liebt. Während aber Godard vorführt, wie der Leib durch Verwandlung in Sprache seinen Zauber verliert, vollzieht sich bei Moravia die Verwandlung von Sprache in Sinnlichkeit. Daß die Sprache kein Feind des Leibes sein muß, sondern imstande ist, überhaupt erst Intimität zu stiften, gehört zu den wichtigsten Motiven von Moravias Werk. Im Interview mit Cardinale wird diese Einsicht zum Movens des Dialogs. Gleich zu Anfang verwahrt sich Moravia gegen den Voyeurismus üblicher Star-Interviews und erklärt, sich nicht um die Meinungen oder Erlebnisse seiner Gesprächspartnerin zu kümmern, sondern nur deren „Erscheinung" in den Blick nehmen zu wollen: „Es interessiert mich nicht, welches Ihre Ansichten zur Politik sind oder zur Liebe, zur Kunst, zu Frauen und Männern, zu Italien, zu Amerika, zum Kino, zur Religion (...) Im Grunde interessiere ich mich für all das nicht, was offenbar das unverzichtbare Material von Interviews darstellt." Die Elemente, die nach geläufiger Meinung den Charakter einer Person ausmachen, seien in Wahrheit „Dinge, in denen Sie Millionen anderer Menschen gleichen und die Sie in keiner Weise unverwechselbar machen". Unverwechselbar sei nicht die Innerlichkeit, sondern die Oberfläche: „Stellen Sie sich vor, in Ihrem Paß wären statt Ihrer physischen Beschreibung Ihre Vorlieben, Ihre Weltsicht, Ihr bisheriges Leben und Ihre zukünftigen Pläne verzeichnet – glauben Sie, daß Sie dadurch erkennbar würden? Nein, (...) Sie würden in der Anonymität versinken." Was die Menschen für ihr Eigenstes halten – ihre Weltanschauung, ihre Erfahrungen, ihre Hoffnungen –, ist in Wahrheit das Austauschbarste. Sie selbst sind sie in dem, was sie als Äußerlichkeit verachten – in ihrer „Erscheinung".
Viel Zeit verbringt Moravia damit, Cardinale ihren Körper beschreiben zu lassen oder ihn selbst zu beschreiben. Die Haare: „Leicht gewellt, so daß sie Ihnen nicht leblos auf Schultern und Brust fallen, sondern einen Eindruck von Lebendigkeit und Bewegung vermitteln und mit ihren Wellen die Rundungen Ihres Körpers begleiten." Die Augen: „Von einem ziemlich dunklen Braun, aber sehr leuchtend und glänzend". Der Mund: „Schmollend, verachtungsvoll und vor allem ein bißchen grob, bäurisch". Die Hände: „Hände eines Jungen oder die einer

dünnen, mageren Frau." Obwohl er sie tatsächlich fast nach Art eines Paßkontrolleurs befragt, nimmt Moravia ebenso wenig die Rolle des männlichen Autokraten ein, wie Cardinale das Klischee des weiblichen Echos erfüllt. Vielmehr sprechen beide miteinander, um etwas aufblitzen zu lassen, das im Genre des Interviews fast nie entsteht: den Einklang von Intimität und Diskretion. Moravia läßt den Voyeurismus des Star-Interviews umschlagen in eine intime Kommunikation, wie sie nicht einmal unter Geliebten, sondern nur unter freundlich gesonnenen Fremden stattfinden kann. Sie ermöglicht es ihm, Cardinale fast die Hälfte des Gesprächs lang darüber zu befragen, wie sie zu Bett geht und wieder aufsteht. Das „Verschwinden" in der Nacht und das „Erscheinen" am Tag nämlich seien die beiden genuin menschlichen Handlungen: „Bei Tag sind die Dinge zu sehen, in der Nacht verschwinden sie. Der Tag ist folglich die Zeit der Objektivität, so angefüllt ist er, ja überbordend von sichtbaren Dingen, die uns ihre Präsenz gleichsam aufdrängen; die Nacht hingegen ist die Zeit der Subjektivität: Schwarz und ohne Dinge, wird sie von unseren Phantasien ausgefüllt, von unseren Trugbildern, unseren Irrtümern, unseren Träumen." Nur der Mensch aber könne den „Wunsch" verspüren zu verschwinden: „Und dies tut er jeden Abend, indem er zu Bett geht. Er verschwindet zunächst in der Dunkelheit seines Zimmers und dann, sobald er einschläft, im Dunkel seines Bewußtseins." Die Kleider, die der Mensch beim Verschwinden in der Nacht ablege, fungierten als Übergangsobjekte in die Welt des Tageslichts: „Wenn Sie zu Bett gehen und einschlafen, schaffen Sie sich ab, lösen Sie sich nach und nach auf; wenn Sie aufwachen und aufstehen, setzen Sie sich ebenso schrittweise wieder zusammen, bilden Sie sich neu." Mittelpunkt des Gesprächs ist nicht zufällig eine Erzählung Cardinales von einem ihrer Träume, in dem sie aus einem Fenster fällt und „beim Aufprall zerspringt", was keine „unangenehme, sondern eine „merkwürdige Empfindung" sei: Der Leib, im Alltag scheinbar identisch mit der individuellen Person, erscheint im Traum als Fremdes, das der Träumende beobachten kann wie ein unabhängiges Objekt. Als ein solches Objekt vermag der Gesprächspartner sich auch im Dialog zu erkennen, wie Moravia ihn begreift. Gerade im Äußerlichen zeigt sich das Unbewußte: „Sie müssen daher keine Angst haben, ich könnte in Ihrem Innersten lesen. Was es in Ihnen zu lesen gibt, steht auf der Person selbst geschrieben." Dieser Maxime folgt auch der Gesprächsband, der gerade dadurch, daß er Diskretion wahrt, die erotische Substanz der Sprache offenbart. Wer ihn, ergriffen und verwirrt, wieder schließt, ist selbst verwandelt.

Alberto Moravia: *Claudia Cardinale. Ein etwas ungewöhnliches Gespräch*, München 2010

Das schönste Kleid

Freiheit ist heute ein Schimpfwort, das anderen um die Ohren haut, wer um jeden Preis die eigene Borniertheit verteidigen möchte. Ich habe die Freiheit zu tun, was ich will, heißt nichts anderes als: Ich bestehe auf meiner Beschränktheit und lasse mich von niemandem in Frage stellen. Wer es dennoch tut, betreibt Freiheitsberaubung, Erpressung, Nötigung, oder wie sonst die herabgesunkenen Begriffe des Rechts lauten, die im alltäglichen Sprachgebrauch längst keine Tatbestände, sondern nur noch verstockte Empfindungen bezeichnen. Mit der Freiheit kann man den Menschen immer kommen, wer sie im Munde führt, darf sich sicher sein, daß seiner Lüge Recht gegeben wird. Jeder billigt jedem jederzeit die Freiheit zu, den Freund zu verraten, den geliebten Menschen im Stich zu lassen und die eigene Klugheit von gestern dem Stumpfsinn von heute preiszugeben.

Wer die Menschen nicht nimmt, wie sie sind, sondern sie daran erinnert, was sie sein könnten, wird als versponnen, arrogant oder übergriffig dem Urteil der Mehrheit überantwortet, die inzwischen tatsächlich fast immer aus 99 Prozent besteht. Der Konsens muß nicht durch Manipulation erst hergestellt werden, sondern reproduziert sich spontan und freiwillig in jedem Kindergarten, jeder Familie und jeder Projektgruppe. So sehr sie alle einander verachten, so einig sind sie sich darin, ihr Recht auf Unbelehrbarkeit zu schützen. Weil die Freiheit ebenso aus der Welt verschwunden ist wie die Unschuld, pocht jeder auf seine Teilhabe am Schuldzusammenhang als letzte Freiheit, auf die niemand verzichten will. Die im Freiheitspathos des frühen Bürgertums noch mitklingende Hoffnung auf eine Welt, welche des Rechts ledig wäre, weil die zu Menschen geworden Individuen es verwirklicht haben, ist depraviert zur Freiheit als Rechtsgut, das jeden zum legitimen Besitzer der eigenen Kläglichkeit macht.

Getilgt wurde jede Erinnerung daran, daß Freiheit ohne Großmut und glückliche Selbstpreisgabe nicht zu denken ist. Sie ist weit eher ein Geschenk, das einem zufällt, als ein Recht, das man besitzt. Das bürgerliche Recht ist die Bedingung ihrer

Möglichkeit, aber nicht sie selbst. Die formellen Freiheiten, als deren Träger es die Individuen setzt, bleiben leer, solange die unteilbare Freiheit, auf die sie verweisen, nicht verwirklicht worden ist. Je weniger die Menschen sich jene eine Freiheit auch nur vorzustellen vermögen, welche die partikularen Freiheiten abschafft, indem sie sie einlöst, umso kleinlicher klammern sie sich an die formellen Freiheiten, die in der falschen Gesellschaft Mittel zur Aufrechterhaltung der Unfreiheit sind. Die Meinungsfreiheit gerät zum Vorwand, um den Voluntarismus des eigenen Urteils gegen jeden Widerspruch abzudichten, während die Wahlfreiheit die notwendige Unfreiheit jeder Entscheidung sanktioniert. Gerade aber weil die Sehnsucht nach der unteilbaren Freiheit verkümmert, inflationiert der Freiheitsbegriff.

So kann eine postmoderne Informatikerpartei den Slogan „Freiheit statt Angst" kapern und zur Drohung gegen alle ummünzen, welche sich der angemaßten Meinung widersetzen, die den in Blogs und Foren aggressiv vor sich hinurteilenden Kommunikationsautisten zur letzten Identität geronnen ist. Joachim Gauck indessen, der keine Parteien mehr, sondern nur noch Bürger kennt, erntet mit zünftigen Kalauern wie „Die Tradition der Freiheit ist lang und lebendig im Südwesten" oder „Ich bin sicher, die Mongolen werden sich ihre mühsam errungene Freiheit nicht wieder nehmen lassen" allenfalls in der bürgerlichen Restpresse den verdienten Hohn. Nicht die linken Meinungsmedien nannten seinen Schmonzes beim Namen, sondern die *Frankfurter Allgemeine Sonntagszeitung*, als sie in seinen Reden ein „freiheitliches Grundrauschen" vernahm, das „wie ein Tinnitus" alles Denken störe. Wobei die Störung freilich den Kern der Sache ausmacht, die Gauck nur beschwört, während der Aktivbürgermob bereits mit wütender Munterkeit zur Tat schreitet.

Gaucks Freiheitsrhetorik ist nur der Überbau einer Praxis, die längst von jenen exekutiert wird, die das Reden über Freiheit schon immer zu pathetisch und weitschweifig fanden. Statt von Freiheit sprechen sie von Emanzipation, und wo er noch von Werten raunt, treibt es sie zur Handlung. Sie verfügen über keine Fähigkeiten, sondern über Kompetenzen, und haben die sexuelle

Libertinage zur Geschlechtergerechtigkeit, die Arbeit zum Projekt und die Gesellschaft zum Netzwerk heruntergebracht. Sie beschwören die Mobilisierung ihrer Anhängerschaft wie Ernst Jünger oder Ernst Niekisch und haben so viel mit der kollektiven Organisierung ihrer selbst zu tun, daß ihnen die einzelnen Menschen, um deren Freiheit es doch gehen soll, ebenso zum Hindernis der emanzipatorischen Sache werden, wie ihnen die Sprache Hindernis der Propaganda ist.

Nicht in Gaucks Freiheitsreden, sondern in der Flugblatt- und Pausenaufsatzflut dieser Sprechautomaten der Emanzipation kommt die falsche Gesellschaft auf der Höhe der Zeit zu sich selbst. So steigt die Anzahl der politischen Aktivisten exponentiell mit der Ohnmacht jedes Einzelnen, die umso großspuriger ihr ureigenes So-und-nicht-anders-Sein verteidigen, je erbärmlicher das Leben ist. Und doch genügt ein Blick in ihre nichts erblickenden Augen und optimistisch verhärmten Gesichter, um zu erkennen, daß gerade sie wie alle sind. Wie alle, die jeden Morgen mit der Zielsicherheit von Untoten einen alles andere als neuen Tag beginnen, um ihn als Somnambule in die Nacht zu verlängern, deren vielstimmiges Schweigen sie mit freudlosem Feiergeräusch übertönen. Man muß sie nur einmal gesehen haben, die sie alle längst nicht allein dem Begriff nach, sondern mit Haut und Haaren entleerte Arbeitskraftsbehälter sind, um zu ermessen, wie es heute um die Freiheit bestellt ist.

Je stärker aber Freiheit dahin tendiert, ein Wort zu sein, dem kaum eine Erfahrung mehr entspricht, desto wichtiger wird Sprache für die Erkenntnis dessen, was Freiheit meinen könnte. Das mal freiheitliche, mal emanzipatorische Rauschen, das alles Reden von Freiheit grundiert, damit sich jeder bei den bekannten Satzbausteinen das Seine vorstellen kann, hat den Gedanken der Unteilbarkeit von Freiheit preisgegeben. Bewahrt wird er nicht in der Phrase, die jeder nach Maßgabe der eigenen Willkür mit beliebigen Projektionen füllen kann, sondern in der spezifischen Erfahrung, in der eben deshalb das Allgemeine aufscheint. Nicht zufällig hat sich Freiheit in den frühen Grundtexten der kritischen Theorie, in denen das Wort Freiheit nur selten und das Wort Emanzipation fast nirgends fällt, in die vergangenen, aber unverlierbaren Erfahrungen der Kindheit zurückgezogen.

Das mythische Bild, zu dem diese sich in der Erinnerung verdichten, ist das des Feiertags. Der Feiertag unterbricht die lineare Zeit, die ihn hervorgebracht hat, um sie zu öffnen für das Eingedenken an das, worum sie die Menschen bringt. Sein religiöser Gehalt wird überstrahlt von der profanen Erwartung, die er weckt und die das besondere Dogma transzendiert. Walter Benjamin schreibt in der *Berliner Kindheit um Neunzehnhundert*" über die letzten Abende vor dem Weihnachtsfest: „Inzwischen stand bereits auf der Veranda der Baum, den meine Mutter insgeheim gekauft und über die Hintertreppe in die Wohnung hatte bringen lassen. Und wunderbarer als alles, was das Kerzenlicht ihm gab, war, wie das nahe Fest in seine Zweige mit jedem Tage dichter sich verspann. In den Höfen begannen die Leierkästen die letzte Frist mit Chorälen zu dehnen. Endlich war sie dennoch verstrichen und einer jener Tage wieder da, an deren frühesten ich mich hier erinnere. In meinem Zimmer wartete ich, bis es sechs werden wollte. Kein Fest des späteren Lebens kennt diese Stunde, die wie ein Pfeil im Herz des Tages zittert. Es war schon dunkel; trotzdem entzündete ich nicht die Lampe, um den Blick nicht von den Fenstern überm Hof zu wenden, hinter denen nun die ersten Kerzen zu sehen waren. Es war von allen Augenblicken, die das Dasein des Weihnachtsbaumes hat, der bänglichste, in dem er Nadeln und Geäst dem Dunkel opfert, um nichts zu sein als nur ein unnahbares und doch nahes Sternbild im trüben Fenster einer Hinterwohnung."

Die Unabgegoltenheit des Versprechens, an das der Feiertag erinnert, ist in seiner Heimlichkeit und unnahbaren Intimität, in jeder seiner Gesten gegenwärtig, und eben dies macht sein Wunder aus. Weil er nicht Erfüllung, sondern Vergegenwärtigung der unerfüllten Erwartung ist, verleiht die lange Frist bis zum Festtag diesem erst seine Wahrheit. Weil die Erwartung aber stets Erwartung blieb, sind die Tage des Eingedenkens Tage der Verheißung und der Trauer zugleich. Ein Echo dieser Erfahrung findet sich in Adornos Vignetten über das Glück des Logierbesuchs, der dem Kind die Ferne fremden Lebens gegenwärtig macht, oder über die Heimkunft nach den Ferien, wenn dem Kind die elterliche Wohnung neu und festlich daliegt und es sich im Einmaleins der Zimmer zu Hause fühlt, wie es ein ganzes Leben lang nur die Lüge behauptet. Daß nicht anders einmal die Welt, unverändert fast, im stetigen Licht ihres Feiertags erscheinen könnte, ruft zugleich in Erinnerung, was die Sprechautomaten mit ihren Projekten, Mobilisierungen und Netzwerken den Menschen Tag für Tag ausreden: daß sich, damit Freiheit wirklich werde, gar nicht viel ändern muß, sondern bloß alles. Und daß die Revolution, von der daherzureden sie bereits verrät, nicht Ergebnis schweißtreibender Arbeit oder zäher Agitation wäre, sondern die Sache einer einzigen, langen Minute, in der allein geschehen kann, was in Hunderten Jahren nicht gelingt.

Warum auch sollte ausgerechnet das Ereignis, dessen einziger Zweck darin besteht, daß fortan alle Menschen ganz viel Zeit und keine Angst mehr haben, ihnen die Lebenszeit rauben. „Stell dir vor, das Leben wär einfach / und wir hätten ganz viel Zeit. / Ich hätte mein schönstes Hemd an / und du dein schönstes Kleid. / Würden wir dann zufrieden sein / vor lauter Liebe und Glück? / Würden wir uns alles geben / oder hielten wir etwas zurück? / Stell dir vor, das Leben wär einfach / und wir könnten uns einfach freuen. / Dann wäre es sicher ganz einfach für dich, / die Prinzessin der Freiheit zu sein", heißt es in einem kleinen Liebes- oder vielleicht auch Kinderlied Funny van Dannens, dessen unironische Naivität und zarte Vorsicht der Ahnung dessen, was Freiheit meinen könnte, den einzig gemäßen Ausdruck verleiht.

Im Bild des Feiertags ist die Erinnerung daran bewahrt, daß Freiheit keine Belohnung ist, die den Menschen nach endloser Plackerei für die gute Sache zukommt, sondern der wahr gewordene Kindertraum, schon am nächsten Tage werde alles gut. Erst wenn alle eines schönen Morgens unbeschwert erwachen, um in ihren schönsten Kleidern den ersten Tag der Menschheit als ersten Tag des eigenen Lebens zu begrüßen, werden alle wissen, daß es geglückt ist.

Regardful Country

Der tautologische Mißklang des Wortes „Kulturlandschaft", eines der beliebtesten Zeugnisse sprachveredelter Stumpfheit, mit denen das Deutsche die Weltbürgergesellschaft beglückt, bringt das damit bezeichnete ästhetische Verbrechen angemessen zum Ausdruck. Wo Landschaften, die bereits ihrem Begriff nach bearbeitete Natur und daher Kultur sind, die der ersten Natur wie der Zivilisation feindliche Protzvokabel als zusätzlichen Authentizitätsnachweis angeklebt bekommen, darf man sicher sein, daß es sich nicht um Orte des Einstands von Natur, Individuen und Geschichte, sondern um zu Denkmälern erstarrte Hinterlassenschaften bodenständigen Ungeistes handelt. Wann immer Dummheit, Hybris, Schicksalsgläubigkeit und Naturverfallenheit einer der längst ins hinterste Hinterland dringenden kosmopolitischen Kälte mit tumbem Stolz trotzenden Regionalhorde zu einem sinnlich erfahrbaren Ganzen zusammentreten, entsteht in Deutschland eine Kulturlandschaft. Daß selbst der von guten wie bösen Geistern verlassene sachsen-anhaltinische Sandklump von den örtlichen Gauverwaltern so genannt wird, ist daher kein Widerspruch, sondern konsequent. Und daß die von naturwüchsigem Kunstrasen grundierte schlechte Unendlichkeit gewisser Nordseedeiche ebenso wie die dumpfe Erdlochenge typischer Schwarzwaldhäuser Geist und Gesinnung der Bewohner unverfälscht artikuliert, läßt sich nicht bezweifeln.
Wenn an dem Wort von der Kultur etwas dran ist, das über die Lüge der Kultur hinausgeht, bringen es solche Landschaften zur Anschauung, die der Kultivierung, deren Zeugen sie doch sind, glücklich entronnen scheinen. Darin hat die Begeisterung, mit der Urlauber sich an der Schönheit südeuropäischer Landschaften erfreuen, ihre Wahrheit. Hier hat die Arbeit, die die Menschen der Natur angedeihen ließen, ihre Kultivierung im nicht allein ästhetischen, sondern zuvorderst im agrarischen Sinn, tatsächlich eine Natur erst hervorgebracht, die vollkommener erscheint als die rohe, der sie sie abgewannen. Nur daß die ästhetische Vollkommenheit den Zwang, die Gewalt und die blinde Notwendigkeit ver-

gessen läßt, die die nützliche Arbeit weit stärker als das Bedürfnis nach Schönheit bestimmt. Die Landschaften des europäischen Nordens dagegen werden gerade für das Unwirtliche geliebt, mit dem sie jeder Kultivierung, sei es im Dienste von Verwertung oder Veredlung, zu widerstehen scheinen. Wird an den Landschaften des Südens bewundert, was sie durch Eingriff der Menschen im scheinbaren Einklang mit ihrem eigenen Gesetz hervorbringen, läßt man sich im Norden von der Rohheit beeindrucken, mit der die Landschaft jedem Versuch trotzt, sie den Menschen anzuverwandeln. Nur den deutschen Kulturlandschaften aber ist es gelungen, Verhunzung durch Arbeit und unwirtliche Brutalität in sich zu vereinen. Deshalb pendeln deutsche Sozialpädagogen in den Ferien zwischen Norwegen und der Toskana hin und her, um die gleichsam in die Abziehbilder des Schönen und des Erhabenen auseinandergefallenen Hälften dessen zu bestaunen, was ihre Nation gewordene Provinz so geschmacklos wie öde vereint. Weder dem Norden noch dem Süden kommensurabel ist die englische Landschaft, obgleich gerade sie historisches Urbild des Begriffs des Erhabenen ist. Selbst in den kärgsten Regionen des Nordens zeigt sie sich eher spröde als roh, und noch das in scheinbar unendliche Weiten sich erstreckende Niemandsland, in das man in ihren Mooren mit traumwandlerischer Leichtigkeit gerät, entbehrt nie Spuren des Menschlichen. Daß dieses Niemandsland in englischen Kriminalromanen nicht allein Landstreicher und Unholde, sondern luxuriös beschuhte Edelmänner und Damen in Weiß bevölkern, ist nicht phantastisch, sondern realistisch; wie der englische Garten den ästhetischen Schein wilder Natur in sich aufgenommen hat, gemahnt dort noch die krude Natur an die fernen Ausläufer eines von ihr gar nicht zu unterscheidenden Gartens. Adorno schreibt im Aphorismus „Paysage“ in den *Minima Moralia* über die amerikanische Landschaft, deren „Mangel“ liege darin, „daß in ihr die Hand keine Spur hinterlassen hat“: „Das bezieht sich nicht bloß auf das Fehlen von Äckern, die ungerodeten und oft buschwerkhaft niedrigen Wälder, sondern vor allem auf die Straßen. Diese sind allemal unvermittelt in die Landschaft gesprengt, und je glatter und breiter sie gelungen sind, umso beziehungsloser und gewalttätiger steht ihre schimmernde Bahn gegen die allzu wild verwachsene Umgebung. Sie tragen keinen Ausdruck. Wie sie keine Geh- und Räderspuren kennen, keine weichen Fußwege an ihrem Rande entlang als Übergang zur Vegetation, (...) so entraten sie des milden, sänftigenden, Uneckigen von Dingen, an denen Hände oder deren unmittelbare Werkzeuge das ihre getan haben. Es ist, als wäre niemand der Landschaft übers Haar gefahren. Sie ist ungetröstet und trostlos. Dem entspricht die Weise ihrer Wahrnehmung. Denn was das eilende Auge bloß im Auto gesehen hat, kann es nicht behalten, und es versinkt so spurlos, wie ihm selber die Spuren abgehen." Die „Schönheit der amerikanischen Landschaft" aber, heißt es im selben Zusammenhang, liege darin, „daß noch dem kleinsten ihrer Segmente, als Ausdruck, die unermeßliche Größe des ganzen Landes einbeschrieben ist".

Die Spuren, die die Hand der Menschen in der englischen Landschaft hinterlassen hat, sind nicht zuvorderst die Spuren nützlicher Arbeit, sondern solche des Geltenlassens der Zweckfreiheit selbst. Was in ihr noch im schutzlosesten, wildesten Land von ferne an einen Garten erinnert, entspringt nicht einfach der Nutzbarmachung des Landes, sondern ist Ausdruck des ihr Entronnenen, der ihrer Kultivierung nie gänzlich kommensurablen Natur, die anders als die unwirtliche, ins Anorganische tendierende des Nordens der menschlichen Landschaft nie schroff und roh widersteht, sondern von ihr, als ihr Anderes, erst hervorgebracht wird. Freilich ist die Erhabenheit der englischen Landschaft selbst Zeugnis jahrhundertelanger Herrschaft. Schon früh war hier die Natur Privatbesitz, einer jedoch, der weder restlos ökonomisch nutzbar gemacht wurde noch, wie in der geometrischen Architektonik des französischen Gartens, zum Ausdruck gesellschaftlicher Hierarchie erstarrte. Vielmehr wurden weite Teile des Besitzes, gleichsam als vergemeinschaftetes Privatland, der Natur wie der Öffentlichkeit zurückgegeben, Ausdruck von Reichtum und Großzügigkeit einer aristokratischen leisure class, die es nicht aus protestantischer Verantwortungsethik, sondern aus im besten Sinn verantwortungslosem Luxus heraus als angemessenen

Ausdruck ihrer Macht ansah, das Überflüssige gewähren zu lassen, statt es zum bloßen Ornament des Eigenen zu degradieren. Deshalb haben die Wege durchs Land dort nirgends den Charakter der halbwegs befestigten, von Markierungen gesäumten, für Naturvögelkollektive prädestinierten deutschen Wanderwege, stellen durch ihre spröde Zartheit aber auch die grenzerfahrungssüchtigen Outdoor-Touristen bloß, die in ihnen die Herausforderung des eigenen kläglichen Selbst suchen. Nur hin und wieder von Weisern gesäumt, die weniger auf vorhandene Wege zeigen, als daß sie gleichsam sanft deren Richtung andeuten, sedimentieren sich die Spuren der Menschen in der englischen Landschaft mit einer Vorsicht, die die Natur, in die sie sich einzeichnen, gewähren läßt. Noch das kärgste Felsenland wirkt auf traurige Weise getröstet, wie verwitterte Fabrikgebäude, die im mittleren Norden die Naturlandschaft schroff durchsetzen, so alt wie die Landhäuser zu sein scheinen, die wiederum an sie erinnern. Die Zeugnisse der in sich selbst gefangenen Naturgeschichte weisen blind zugleich auf die Versöhnung hin, um die jene die Menschen betrügt.

Erscheint die amerikanische Landschaft, als wäre niemand ihr übers Haar gefahren, scheint die Wildheit der englischen durch ein Jahrhunderte währendes Streicheln erst entstanden zu scin. Die mitten in der Landschaft aufragenden Tore, die das öffentliche Privatland voneinander abgrenzen und deren Schilder freundlich dazu auffordern, sie stets zu schließen, obgleich sie immer offen sind, geben ein Bild dafür ab: Die Aufforderung, auch das unwirtliche Niemandsland nicht einfach blindlings zu durchqueren, sondern es in dem, wie es wurde, zu achten, ruft in Erinnerung, daß noch die beglückende Menschenleere den Menschen gehört. Und daß man, statt sich als losgelassener Naturbursche brachial durchs Unkraut zu schlagen, sich auch im Freien umwenden möge, um Türen zu schließen, hält zu jener Rücksicht an, deren gestischer Impuls den Bewohnern dieses Landes so selbstverständlich ist wie niemandem sonst. Während aber die amerikanische Landschaft in jedem ihrer Segmente auf die Weite des ganzen Landes verweist, birgt die englische in jeder Nuance eine Weite, die das Land, das die Enge in seinem Namen trägt, gar nicht hat. Die Landschaft selbst legt Zeugnis davon ab, daß das exemplarische Inselland weniger eine Insel ist als jede europäische Nation. Ihre Weite aber ist selbst geworden durch die Gesellschaft, die sie hervorbrachte. Noch ihr Wildes zeugt von einem Begriff von Zivilisation, den die Zivilgesellschaft preisgegeben hat, wie die distanzierte Freundlichkeit ihrer Hauptstadt von einer Urbanität, die in ihr selbst zerfällt.

Nichts stockt
Über den kommenden Aufstand und die Notwendigkeit, ihn zu verhindern

Lucile: Es ist doch was wie Ernst darin. Ich will einmal nachdenken. Ich fange an so was zu begreifen. Sterben – Sterben – Es darf ja Alles leben, Alles, die kleine Mücke da, – der Vogel. Warum denn er nicht? Der Strom des Lebens müßte stocken, wenn nur der eine Tropfen verschüttet würde. Die Erde müßte eine Wunde bekommen von dem Streich. Es regt sich Alles, die Uhren gehen, die Glocken schlagen, die Leute laufen, das Wasser rinnt und so so Alles weiter bis da, dahin – nein! es darf nicht geschehen, nein – ich will mich auf den Boden setzen und schreien, daß erschrocken Alles stehn bleibt, Alles stockt, sich nichts mehr regt. (sie setzt sich nieder, verhüllt sich die Augen und stößt einen Schrei aus. Nach einer Pause erhebt sie sich.) Das hilft nichts, das ist noch Alles wie sonst, die Häuser, die Gasse, der Wind geht, die Wolken ziehen. – Wir müssen's wohl leiden.

Georg Büchner: *Dantons Tod*

Dantons Tod ist ein Revolutionsstück als Epitaph auf die Revolution. Es kennt keine Protagonisten im Verstande der bürgerlichen Dramatik mehr, die im Austragen der Widersprüche, welche ihre Handlungen motivieren, den Spannungsbogen schließen und die Szenenfolge zu ihrem so notwendigen wie sinnvollen Schlußpunkt führen würden. Der Dialog der Figuren folgt keinem Modus der Selbstaussprache, sondern ist selbst bereits Literatur, von Büchner collagiert aus Chroniken und Archiven. Wo dennoch ein Ausdrucksmoment die Sprache durchdringt, schlägt sie um ins Lyrische. Das Drama aber ist nicht mehr die Gattungsform, die dem handelnden Individuum angemessen wäre, sondern Manifestation der Totenstarre der Gesellschaft, Kulissengeschiebe für ein im Voraus entschiedenes Spiel. Aus der Borniertheit der Figuren gegeneinander folgt keine versöhnende Aufhebung der Widersprüche, sondern die Totalisierung der Ohnmacht. Dan-

ton, der verantwortungslose Genußmensch, den die Propagandisten des Tugendterrors dem Ressentiment des Pöbels als Beispiel für jene Revolutionsschmarotzer vorführen, die „sonst in Dachstuben lebten und jetzt in Karossen fahren", verwirklicht zwar für sich selbst, was als Allgemeines Inbegriff menschlichen Glücks wäre, verrät dafür aber das Glück der anderen, funktionalisiert Frau und Geliebte, wie nur ein linker Bandenchef es vermag, und verfehlt in diesem Verrat auch sich selbst als Individuum. Robespierre, als erbarmungsloser Asket Charaktermaske im Dienst der zum Selbstzweck geronnenen „Sache" gegen das persönliche Glück, liquidiert mit diesem auch alles, was jener „Sache" einzig Legitimation verliehe. Das Volk, das sein eigenes Unglück ebenso haßt wie jedes Anzeichen von Glück beim Nebenmenschen, himmelt nach Belieben Robespierre als Kämpfer gegen das Schmarotzertum oder Danton als Kämpfer gegen die Entsagung an und brüllt mal „Es lebe Danton!", mal „Es lebe Robespierre!", bloße Hetz- und Akklamationsmasse der jeweiligen Tendenz.
Die Phantasie Luciles, der Frau Camille Desmoulins', die angesichts des Verrats an der Revolution und der drohenden Hinrichtung ihres Mannes und seiner Gefährten dem Wahnsinn verfällt, ist absurd wie jede Wahrheit. Siebenmal erscheint in ihr das Wort „Alles". „Alles", auch die kleine Mücke und der Vogel, darf „leben", deshalb müßte „Alles" stocken, wenn „nur der eine Tropfen verschüttet würde". Jeder einzelne Tod, jedes verhinderte Glück müßte als unabweisbare Widerlegung des Ganzen das Ganze erstarren lassen in Furcht und Schrecken vor sich selbst. Der „Strom des Lebens", der eben nicht das subjekt- wie objektlose Fließen der Lebensphilosophen und ihrer deleuzianischen Adepten meint, sondern das individuierte Leben, in dem „Alles" das Einzelne nicht aufhebt, sondern zu sich kommen läßt, müßte sich selbst negieren im Angesicht der eigenen Verfehlung. Doch dieser „Strom des Lebens" ist nichts Gegebenes, sondern ein erst zu Schaffendes. Das „Alles" aber, das gegeben ist, „regt sich", wie „die Leute laufen", „das Wasser rinnt", „der Wind geht" und „die Wolken ziehen", nach dem Takt des Uhrenschlags und der leeren Progression. Das ist die zur Totalität gewordene zweite Natur, wie sie „den

Leuten" gefällt, in der sie Tritt fassen, sich treiben lassen und von der sie sich doch, um Menschen zu werden, befreien müßten. Zu sich zu kommen, hieße nicht mitzulaufen, sondern zu verharren und im Augenblick der Regungslosigkeit die allgemeine Regsamkeit als Totenstarre zu entziffern: Noch das endlose Rinnen des Wassers ist nicht dessen Bestimmung, sondern sein Fluch, wie der des Menschen die sinnlos verrinnende Zeit. Deshalb ist in dieser Szene das Niedersinken Ausdruck des Lebendigen, das Aufstehen aber gleichbedeutend mit der Resignation in das, was sowieso geschieht und was man „wohl leiden" muß, um nicht vollends zugrunde zu gehen.

Apokalyptik und Messianismus

Der Doppelsinn von Luciles „Wir müssen's wohl leiden", das wie nebenbei die Identität von Affirmation und Qual benennt, ist den sei es libertär-hedonistischen, sei es asketisch-leninistischen Danton- und Robespierre-Simulanten heutiger Tage nicht einmal spurenweise gegenwärtig. Weil sie niemals niedergesunken sind, um sich die Augen zu verhüllen vorm gleißenden Schmerz der Realität, und nie die Sehnsucht überwinden mußten, einfach nicht mehr aufzustehen, um all das nicht länger „leiden" zu müssen, delirieren sie vom „kommenden Aufstand" wie vom Messias, dessen Versprechen sie sich mit jenem endgültig vom Hals schaffen wollen. „Der Messias" nämlich, so bringt Franz Kafka den feinen, aber entscheidenden Unterschied zwischen messianischem und apokalyptischem Denken auf den Punkt, „wird erst kommen, wenn er nicht mehr nötig sein wird, er wird erst nach seiner Ankunft kommen, er wird nicht am letzten Tag kommen, sondern am allerletzten."[1] Er wäre kein Prophet des apokalyptischen Umschlags von Untergang in Erlösung, sondern der erste Gast einer befreiten Menschheit, die selbst dafür gesorgt hat, daß er „nicht mehr nötig" ist, indem sie sich der todessüchtigen Hoffnung auf den „letzten Tag" im Namen des „allerletzten" entschlug, der zugleich der erste Tag jener Menschheit wäre. Hätte sie den Messias „nötig", er würde sich ihr nicht zeigen, so wie man sich nur Menschen schenken kann, die einen nicht aus Not, sondern aus Freiheit begehren. Die Apokalyptik sehnt die Konvergenz von Fortschritt und Niedergang im Moment der Krisis herbei, vor dem sie die Menschen raunend warnt, und kann sich Erlösung nur als totale Einlösung dessen vorstellen, was ohnehin geschieht – als „Entfesselung aller die Krise des ‚Endes' beschleunigenden und herbeiführenden Gewalten", in der „Geschichte sich vollendet", indem sie „zusammenbricht"[2]. Die Krisis ist hier nicht einfach eine Zäsur, sondern vor allem Gipfelpunkt der Entwicklung hin zur Katastrophe, die nicht zu vermeiden, sondern aus dem geschichtlichen Prozeß hervorzutreiben sei, weil sie ohnehin schon immer in ihm stecke. Der Messianismus hingegen, den Kafka vor der Vereinnahmung durch apokalyptische Traditionen zu retten sucht, setzt an die Stelle des totalen Vollzugs der schlechten Gegenwart den Hiatus, die Unterbrechung, welche die nur negativ zu fassende Erlösung von der empirischen Wirklichkeit radikal trennt und sie gerade dadurch fürs Diesseits rettet: „An Fortschritt glauben heißt nicht glauben daß ein Fortschritt schon geschehen ist. Das wäre kein Glauben."[3] Nach Maßgabe dieses Gesichtspunkts, den Kafka mit den frühen Vertretern der kritischen Theorie teilt, der Einsicht nämlich, daß in Wahrheit „noch nichts geschehn" ist[4], daß Geschichte im emphatischen Sinn überhaupt noch nicht begonnen hat, kann Revolution niemals darin bestehen, sogenannte Tendenzen der realen geschichtlichen Bewegung auf die Spitze zu treiben oder zu ihrem Ende zu führen, sondern allein in der Unterbrechung des blinden Prozesses, der als die Geschichte der Menschen nur erscheint. Konsequent hat Walter Benjamin, in erstaunlicher Übereinstimmung mit jenem „es darf nicht geschehen" von Büchners Lucile, die Katastrophe als den Normalfall, als „nicht das jeweils Bevorstehende, sondern das jeweils Gegebene" bestimmt – „Daß es ‚so weiter' geht, *ist* die Katastrophe"[5] –, als einen Prozeß also, den es gerade anzuhalten gelte, statt sich von der Katastrophe, die mit ihm identisch ist, dessen Ende zu erhoffen. Und konsequent diagnostiziert Kafka, nur „unser Zeitbegriff" lasse „uns das Jüngste Gericht so nennen, eigentlich ist es ein Standrecht"[6], nichts also, das am Ende der Zeiten erst käme und auf das hin die Menschen ihr Leben auszurichten hätten, sondern ein sich ständig im Hier und Jetzt vollziehender, erbarmungsloser Prozeß im doppelten Sinn. So kann Kafka lange vor dessen realem Siegeszug in sarkastischer Parodie die Wahrheit des Positivismus aussprechen: „Das Negative zu tun, ist uns noch auferlegt, das Positive ist uns schon gegeben."[7] Vom Fluch des Gegebenen führt kein Weg in die Versöhnung, wie das Negative keine heroische Tat, keinen Kult der Destruktion bezeichnet, sondern deren Abschaffung im Namen des unheroischen, fast schon verscheuchten Lebens.

Linke Eigentlichkeit

Die Propagandisten des „kommenden Aufstands" sind ihrem phrasenhaften, durch Giorgio Agamben gefilterten Rekurs auf Benjamin zum Trotz keine Messianisten, sondern Apokalyptiker und Integrierte in Personalunion. Ihr Manifest, das als Treppenwitz der Kulturindustrie unter dem Label „Flugschrift" bei Dussmann zwischen Loki Schmidt und Hans-Olaf Henkel ausliegt, ist kein postmoderner *Hessischer Landbote*, sondern die Stadtguerilla-Variante von Botho Strauß' *Anschwellendem Bocksgesang*, der seinerzeit zu Unrecht als Manifest eines „rechten" Backlashs gegen „linke" Zumutungen wahrgenommen wurde, während er doch eher dem endgültigen Verrat der Linken an der Wahrheit vorarbeitete. Wie Strauß beschwört das „Komitee" begriffslos und raunend die Ausweglosigkeit und Verfallenheit der Zivilisation, um die Menschen zu ermuntern, das mißglückte Projekt endgültig gegen die Wand zu fahren und sich als die Wurmfortsätze des Kapitals, die sie ohnehin nur seien, zu annihilieren. Wie Strauß die „iranische Revolution" von 1979 als ein erstes Anzeichen von „Verwerfungen" begrüßt, in deren Folge das „heisere Fauchen der Empörten", die „Schein-Worte" der schal gewordenen Kritik, das „Gezisch, Gebell, Gehüstle" endlich erstickt würde, als welches die Alltagssprache der zu niederen Tieren herabgewürdigten Mitbürger dem Propheten des „Vorgefühls" erscheint[8], so feiert das „Unsichtbare Komitee" die Ausschreitungen in den französischen Vorstädten samt ihren allbekannten Begleiterscheinungen – antisemitische Pogrome, Gruppenvergewaltigungen, Mißhandlungen – als „Freudenfeuer (...) voller Versprechungen" und authentische Tathandlung „auf der Höhe der Situation", der der Mob eher gerecht werde als seine marionettenhaften Repräsentanten: „Selbst in ihrem Schweigen scheint die Bevölkerung unendlich viel erwachsener als all die Hampelmänner, die sich zanken, um sie zu regieren. Ein x-beliebiger *Chibani* aus Belleville ist in seinen Worten weiser als jeder unserer sogenannten Führer mit all seinen Erklärungen."[9] Wobei die Sehnsucht nach „Führern", die nicht mehr nur so „genannt" werden und die handeln, statt zu „erklären", kaum überhört werden kann.

Wie sich Strauß in Indifferenz gegen den öden Parlamentarismus der „Massendemokratie" gefällt – „Man kann tun, was man will: morden oder beten, revolutionieren oder freie Parlamente wählen" –, erklärt das „Komitee" die stumpfsinnig Verdrossenen, die den Eindruck erwecken, „nur noch die Urnen sprengen zu wollen, indem sie aus reinem Protest wählen", ja die in Wirklichkeit „nur noch *gegen die Wahl selbst*" wählen, zu namenlosen, lediglich ihrer selbst noch nicht bewußten Volkshelden. Und wie Strauß das massenkulturelle „Weltschaugewerbe", den „Zirkus", das „Regime der telekratischen Öffentlichkeit" als Agenturen einer „systemkonform arbeitenden Schattengesellschaft" ausmacht, die „Gleichgültigkeit" und „Müdigkeit" erzeuge, sieht das „Komitee" von den „metropolitanen Teile(n) des Territoriums" ein „Bordell-Licht" ausgehen, das „den ganzen Planeten" bestrahle, während „die Milizen (...) sich bis ins Unendliche vervielfachen (...) und dabei gleichzeitig eine immer unverschämtere juristische Deckung genießen." Gleich Strauß dämmert ihnen aber auch manchmal die Einsicht, daß die Linke womöglich ihre Existenz hindurch Avantgarde der konformistischen Selbstzurichtung der Individuen gewesen ist. Wie Strauß die linke Intelligenz mit vollem Recht als „Weltmoderatmacher" und „gut schreiben könnende Analphabet(en)" geißelt, deren „nach allen Seiten hin durchschaubare Sprache" nicht annähernd einen Zustand treffe, der wie „der Mars auf Erden" sei, so polemisiert das

„Komitee" in den gelungenen Passagen seines Pamphlets etwa gegen die Öko-Bewegung: „Es gibt keine Umweltkatastrophe. Es gibt diese Katastrophe, die die Umwelt ist. Die Umwelt ist das, was dem Menschen übrig bleibt, wenn er alles verloren hat. (...) Wir sind Nachbarn in einer planetarischen Miteigentümerversammlung geworden"; oder gegen das linksautistische „Networking"-Geschwätz mit seinem Universum aus „kybernetischen Einsamkeiten". In ihrer Schrift steckt auch ein verschenkter Versuch der Kritik an der geistigen Ödnis und Sinnesarmut, mit der die Linke die Welt überzogen hat.
Doch wie Strauß bei einer rechten, so landen sie bei einer linken Eigentlichkeit, die sich in der gemütskitschigen Larmoyanz bemerkbar macht, die das Manifest durchzieht. Strauß findet die Gesichter seiner Mitbürger hochmütig und kalt und würde gern ein paar echte Gefühle aus ihnen herausschänden: „Wie sähe, denke ich oft, mein protziger Nächster aus, wenn ihn der jähe Schmerz oder Kummer träfe? Vielleicht träte zum Vorschein dann seine Würde. Man muß sie doch wenigstens einmal gesehen haben, bevor man sie ins gesetzliche Glaubensbekenntnis aufnimmt." Das „Komitee" freut sich, daß die Menschen heute schon weiter sind und ihre Verzweiflung nicht mehr hinter der Fassade zivilisierten Hochmuts verbergen. Überall entdeckt es „Leidensblicke" angesichts der „großen Kälte": „Diese Gesellschaft wird bald nur noch zusammengehalten durch die Spannung aller gesellschaftlichen Atome auf eine illusorische Heilung hin. Das ist ein Kraftwerk, das seine Turbinentätigkeit aus einem gigantischen Tränenstau zieht, der immer kurz davor ist, sich zu ergießen." Als bestände die Katastrophe darin, daß den Menschen das Weinen verboten wäre, und nicht darin, daß ihnen Weinen und Trauer längst so fremd sind wie der Mars, auf dem sie in Wahrheit ständig leben. Und wenn Strauß daherstolziert wie ein Hölderlin-Papagei, während das „Komitee" den zynischen Jargon linker Guerilleros pflegt, spricht das nicht gegen den Vergleich, sondern dafür, daß die versprengten Restbestände des Anarchismus ebenso zu Schablonen des renitenten Selbstausdrucks geworden sind wie die Ruinen der bürgerlichen Ideengeschichte. Der Unterschied ist nicht, daß Strauß auf der rechten, das

„Komitee“ auf der linken Seite stände, sondern daß er ein linker Bildungsbürger, das „Komitee“ eine linke Kommune ist. Ihr geistiger Werdegang ist identisch: Von halbverdauter materialistischer Kritik über Foucault, Deleuze und Baudrillard zu Heidegger und Jünger; vom Kritiker zum Partisanen.

Anonymität und Größenwahn

Der Kritiker bürgt für die Verbindlichkeit seiner Worte, indem er mit bürgerlichem Namen unterschreibt, der Partisan braucht die Anonymität. Eine Anonymität, die ihm nicht einfach notwendiger Schutz vor dem Zugriff der Herrschaft, sondern Herzensangelegenheit ist. Das Ansinnen, der von der dekadenten Zivilisation korrumpierten Eigentlichkeit zum Ausdruck zu verhelfen, indem man sich zum Sprachrohr des großen Ganzen macht, verbindet Strauß mit dem „Unsichtbaren Komitee“, in dessen Mißverständnis von Kollektivismus das Ideal freier Kollektivität ebenso auf den Hund kommt wie das Lob des Einzelnen in Strauß’ angemaßtem Außenseitertum. Gilt jedoch Strauß der Dichter als „schwache Stimme“ im „Bordell der ewig schief gehenden Lüste“, als Eremit, der sich wie ein „marginales Vorkommnis eines längst gefüllten Buchs“ fühlt, dessen „Volk“ also zunächst ein imaginäres ist und nichts mit den „Bürgerähnlichen“ gemein hat, die sich in der Zivilgesellschaft tummeln[10], so meint das „Komitee“ das Volk, zu dessen Echo es sich macht, unmittelbar in der Wirklichkeit vorzufinden. In einer der unheimlichsten Passagen ihres Manifests heißt es: „Dieses Buch ist mit dem Namen eines imaginären Kollektivs unterzeichnet. Seine Verfasser sind nicht seine Autoren. Sie haben sich damit begnügt, etwas Ordnung in die Gemeinplätze der Epoche zu bringen, in das, was an den Tischen der Bars, hinter den geschlossenen Türen der Schlafzimmer gemurmelt wird. (...) Sie haben sich zu den Schreibern der Situation gemacht.“ Für Strauß ist der Dichter der Prophet eines imaginären Volkes von Eingeweihten, das „Komitee“ sieht sich als „imaginäres Kollektiv“, das im Namen des realen, aber stummen Volkes spricht. Geistiger Bezugspunkt beider ist das Theorem vom Verschwinden des Autors, wie es von Barthes und Foucault statuiert worden ist, denen sie die Stichworte ihres Selbstverständnisses entnehmen. Barthes ersetzt den Autor durch den „Schreiber" und das individuierte Wort durch das „Buch": „[D]er Schreiber, der die Nachfolge des ‚Autors' antritt, hat keine Leidenschaften, Stimmungen, Gefühle oder Eindrücke mehr in sich, sondern jenes gewaltige Wörterbuch, aus dem er ein Schreiben schöpft, das keinen Stillstand kennen kann"[11]. Und Foucault beschließt seine Betrachtungen über den Funktionswandel der Autorkategorie mit der Utopie eines entindividualisierten Sprechens, das vom weißen Rauschen nicht zu unterscheiden wäre: „Man kann sich eine Kultur vorstellen, in der Diskurse verbreitet oder rezipiert würden, ohne daß die Funktion Autor jemals erschiene. Ganz gleich welchen Status, welche Form und welchen Wert ein Diskurs hätte und welche Behandlung man ihm angedeihen ließe, alle würden sich in der Namenlosigkeit des Gemurmels entrollen."[12] Dieser beklemmende Gegenentwurf zur messianischen Namenssprache, die den bürgerlichen Namen aufhöbe, indem sie jedem Ding der Erscheinungswelt seinen wahrhaften Namen verliehe, ist in den antisemitischen Pogromen und misogynen Gewaltexzessen Praxis geworden, die das „Unsichtbare Komitee" sich zum Vorbild nimmt. Da der Mob nicht mehr durch „die Zugehörigkeit zu einer Klasse, Rasse oder einem Wohnviertel", sondern nur durch den „Haß auf die existierende Gesellschaft" vereint werden kann, darf der „kommende Aufstand" ganz im Sinne von Barthes und Foucault keine Individuen mit „Leidenschaften, Stimmungen, Gefühle(n) oder Eindrücke(n)" kennen, sondern muß reiner Ausdruck der einzig verbliebenen Leidenschaft, des Hasses, sein, der alle zusammenschweißt, indem er sie annulliert. Idiosynkrasien sind individuell wie der sprachliche Ausdruck, Haß ist anonym und vorsprachlich: ein Gemurmel, das sich nie zum Augenblick der Erkenntnis, aber endlich zum Schrei der Vernichtung verdichten kann. Dann ist die revolutionäre „Situation" gekommen: „Der Brand vom November 2005 ist ihr Modell. Kein Anführer, keine Forderung, keine Organisation, aber Worte, Gesten, Komplizenschaften. Gesellschaftlich nichts zu sein, ist keine erniedrigende Situation, Quelle eines tragischen Mangels an Anerkennung – anerkannt sein: von wem? –, sondern im Gegenteil die Bedingung für maximale Aktionsfreiheit. (...) Die Fresse derer zu sehen, die in dieser Gesellschaft jemand sind, kann einem helfen, die Freude zu verstehen, in ihr niemand zu sein."

Gesichter kann man streicheln, in Fressen muß man schlagen. Die vielleicht ärmliche, aber überlebensnotwendige Sehnsucht, „jemand" zu sein, als atomistisches Individuum wenigstens formell in der Gesellschaft der Konkurrenten anerkannt zu werden, wird im Namen der mannhaften Ehre, „in ihr niemand zu sein", für nichtig erklärt. Daher ist es nicht kriminell, sondern Zeichen heroischen Partisanentums, wenn Frauen, die, statt unterm Joch islamischer Sittlichkeit zu vegetieren, durch Bildung, Karriere oder individuelle Liebe „jemand" werden wollen, kurzerhand ermordet werden; wenn Jungen sich in der Schule allein durch Brutalität und Dummheit hervortun statt durch Leistungen; wenn Bürger, die in der Öffentlichkeit nicht belästigt werden wollen, als „Spießer" zusammengeschlagen werden. So sehen sie aus, die „kommenden Aufstände", auf die ein Kollektiv hofft, das in der Formel „ICH=ICH" nur den Anspruch sieht, „man selber zu sein und Pepsi zu trinken", weil es zwischen Identitätszwang und Selbstidentität nicht unterscheiden kann. Die Mühe, Reste eines kohärenten Ich zu bewahren, denunzieren sie als „Zustand des permanenten Halbverfalls", dem der Totalverfall vorzuziehen sei: „Aber meine Schwächen können auch, als Fakten genommen, zur Zerschlagung der Hypothese des Selbst führen. Sie werden dann zu Widerstandshandlungen im laufenden Krieg. Sie werden Rebellion und Energiezentrum gegen alles, was sich verschworen hat, uns zu normalisieren, uns zu amputieren. (...) Für den, der verweigert, sich selbst zu verwalten, ist die ‚Depression' nicht ein Zustand, sondern ein Übergang (...) Von da an gibt es keine andere Versöhnung als die medikamentöse, und die polizeiliche. Genau deswegen schreckt diese Gesellschaft ja nicht davor zurück, ihren zu lebendigen Kindern Ritalin aufzuzwingen". Revolutionär sei es, die eigenen „Schwächen" als „Energiezentrum" zu erschließen, um mit der „Zerschlagung" des Selbst auch die Gesellschaft zu zerschlagen, die die Arroganz besitzt, einem ein solches Selbst zuzumuten. Das Selbst, die Subjektform, in der das lebendige Ich sich verfehlt, die es aber auch als Marktsubjekt setzt und sein Fortleben qua Selbstverwertung ermöglicht, soll nicht überschritten, sondern in der Regression liquidiert werden, die weder Subjekte noch Namen kennt. Aus diesem antipsychiatrischen Wahn erklärt sich die paranoide Warnung vor Medizin und Pharmazie, die sich durch das ganze Manifest zieht. Wo Schwäche und Depression als „Widerstandshandlungen“ firmieren, ist jeder Versuch ihrer medikamentösen Linderung eine Form der Kollaboration. Wer die Medizin zu Rate zieht, weil er weiter leben, ja einfach nur weiter funktionieren will, um nicht vor der Zeit zugrunde zu gehen, ist ein Feigling, während die Mutigen ihrem Größenwahn freien Lauf lassen. In dieser Verachtung der Bürger, die an ihrem armen Ich hängen, statt sich aufzugeben in Identifikation mit dem Ganzen, liegt die tiefste Affinität zwischen Strauß und dem „Komitee“. Beide bereiten, jeder für sich und gegen den andern, das Bündnis zwischen Mob und Elite vor, das die Zivilisation an ihr verdientes Ende bringen soll.

Was fällt, das muß man stoßen

Der dem gesamten Manifest zugrundeliegende rhetorische Trick besteht darin, den Lebensalltag in den westlichen Gesellschaften schon im Hier und Jetzt nach dem Modell der verwahrlosten Vorstädte Lateinamerikas oder der alles durchdringenden Manipulation und Kriminalisierung im Baltimore der nicht umsonst populären Krimiserie *The Wire* zu denken, wo in der Tat der Ausnahmezustand Normalfall und Gesellschaft zur chaotischen Bandenherrschaft regrediert ist. Nach dem nietzscheanischen Motto, zu stürzen, was schon fällt, das immer schon ein Aufruf zur Selbstbarbarisierung und Gegenprogramm zur rettenden Kritik gewesen ist, macht man das Schlechte noch einmal schlecht, um wie durch Zauberhand gerade dadurch das Positive in ihm aufleuchten zu lassen. Wo es um den deprimierenden Status quo zivilisatorischer Errungenschaften, insbesondere innerhalb der Geschichte der

Gefühle geht, werden soziologische Gemeinplätze, die in anderem Zusammenhang einer richtigen Erkenntnis nahe kämen, zu einem diffusen Gesamtgefühl von Täuschung, Betrug und Frustration collagiert, mit dem man die Massen in ihrer Verachtung für die Restbestände der Sozialität bestätigen will, damit sie sich diese endgültig vom Hals schaffen. Im Grunde sind Kritik und Erkenntnis gar nicht mehr nötig, weil jeder der Triftigkeit des eigenen Hasses sicher ist: „Es wäre Zeitverschwendung, einzeln aufzuführen, was alles in den bestehenden sozialen Beziehungen im Sterben liegt. Man sagt, daß die Familie wiederkommt, daß die Paarbeziehung wiederkommt. Aber die Familie, die wiederkommt, ist nicht diejenige, die weggegangen war. Ihre Rückkehr ist nur eine Vertiefung der herrschenden Trennung, über die hinwegzutäuschen sie hilft, wodurch sie selber zu einer Täuschung wird. (...) Das Paar ist wie die letzte Stufe des großen gesellschaftlichen Fiaskos. Es ist die Oase in der Mitte der menschlichen Wüste. Man kommt dorthin, weil man unter dem Vorzeichen des ‚Intimen' alles sucht, was so offensichtlich die zeitgenössischen sozialen Beziehungen verlassen hat: Wärme, Einfachheit, Wahrheit, ein Leben ohne Theater und Zuschauer. Aber wenn das verliebte Schwindelgefühl vergangen ist, läßt die ‚Intimität' ihre alte Kutte fallen: Sie ist selber eine gesellschaftliche Erfindung (...) Es gibt dort nicht mehr Wahrheit als anderswo, auch dort herrschen die Lüge und die Gesetze der Fremdheit."

Daß Intimität keine „Oase", sondern ein noch recht junges und stets bedrohtes Ergebnis individueller und kollektiver Anstrengungen, also tatsächlich im emphatischen Sinn eine „gesellschaftliche Erfindung" ist, läßt sich wahlweise bei Elias oder Luhmann lernen, und vom „Gesetz der Fremdheit" als dem Gesetz der Gesellschaft handelt frontenübergreifend die gesamte Soziologie. Auch daß, wer Familie für einen wärmenden Naturverband und Liebe für eine Entspannungsübung hält, sich selbst und die Welt mißversteht, sei zugestanden. Doch nicht um solche Arbeit an der Desillusionierung geht es dem „Komitee", sondern darum, die bloße Tatsache, daß etwas eine „gesellschaftliche Erfindung" ist, als Hetzpropaganda gegen Gesellschaft überhaupt in Dienst zu nehmen. Die abschätzige Rede vom „verliebten Schwindelgefühl", das nichtig sei und über die Wirklichkeit hinwegtäusche, ist verräterisch. Verliebtheit kann allein unter dem keineswegs nur zerstörerischen „Gesetz der Fremdheit" überhaupt entstehen; in Menschen, die man immer schon kennt, verliebt man sich nicht. Verliebtheit ist die Begeisterung für den einen Fremden, der einem, als selber Fremdem, ähnlich ist. In ihr erkennt die für Augenblicke freie Individualität sich selbst, indem sie sich vergißt. Verlieben kann man sich immer nur in den Einzigen, Unwiederholbaren; wer das Unwiederholbare nicht kennt, hat sie nie erfahren. Deshalb muß, wer die Gesellschaft vernichten und die von ihr unterdrückte Kollektivität reanimieren will, Intimität und Verliebtheit Hassen, als jene Gefühle, in denen Zivilisation, wenn auch nur für Momente, gelingt. Erst im Blutopfer an der Intimität, das jedem nimmt, was allein ihm zufiel, kommt die ersehnte „Bedingungslosigkeit", durch keine gesellschaftlichen Vermittlungen gemildert, zu sich: „Im Tod des Paares sehen wir aufregende Formen von Kollektivität entstehen, jetzt, wo Sex völlig abgenutzt ist, wo Männlichkeit und Weiblichkeit alte, mottenzerfressene Kostüme anhaben, wo drei Jahrzehnte steter pornographischer Innovationen jeglichen Reiz der Übertretung und der Befreiung erschöpft haben. Was es an Bedingungslosem in den Verwandtschaftsv erhältnissen gibt, beabsichtigen wir durchaus zum Gerüst einer politischen Solidarität zu machen, die für staatliche Einmischung ebenso undurchdringlich ist wie ein Zigeunerlager."

Was hier mit „Bedingungslosem in den Verwandtschaftsverhältnissen" gemeint ist, ahnt, wer die „undurchdringlichen" Familienverhältnisse im realen „Zigeunerlager" kennt, wo unter dem Druck von Armut und Angst Minderjährige zu Raub und Prostitution angehalten werden und Eltern, Tanten und Onkel immer zugleich Bandenchefs sind, die sich die unbedingte Loyalität ihres Rackets durch affektive Zuwendung erpressen. Erst in der Abenddämmerung unserer Zivilisation, da von Geschlechtlichkeit nichts als die Nachahmung eines Routine gewordenen Rollenspiels übrig ist, erwacht die Hoffnung, auch die noch Integrierten könnten ausreichend Selbsthaß angestaut haben, um den Schwindel des Verliebtseins mit dem Schwindel des Amoklaufs und das Glück der Intimität mit dem Wahn kollektiver Verschmelzung zu vertauschen. Darum hofft das „Komitee" nicht auf die Selbsterkenntnis, sondern auf den Selbsthaß des republikanischen Bürgers, der in denen, die ihn auslöschen wollen, seine Erlöser erblickt: „Der Franzose ist mehr als jeder andere der Enteignete, der Elende. Sein Haß gegen den Fremden verschmilzt mit dem Haß gegen sich selbst *als Fremden*. Seine mit Entsetzen vermischte Eifersucht auf ‚die Vorstädte' drückt nur sein Ressentiment aus gegen alles, was er verloren hat. Er kommt nicht umhin, diese sogenannten ‚Problemviertel' zu beneiden, wo noch ein bißchen gemeinschaftliches Leben fortbesteht, einige Verbindungen zwischen den Wesen, nichtstaatliche Solidaritäten, eine informelle Ökonomie". Was in Wahrheit Momente eines zu rettenden Glücks sind – die Sublimierung des dumpfen Affekts zum intimen Gefühl, die Transzendierung des bornierten Gemeinschaftslebens zur bürgerlichen Öffentlichkeit, die Entwicklung der Subsistenz- zur Warenwirtschaft, die Befreiung namenloser „Wesen" zu individuellen Menschen – wird als „Enteignung" diffamiert. Das „Eigentliche", das dem Bürger dabei genommen wird, verkörpern seine gespensterhaften Komplizen, die „Banden", die „Passanten auf der Straße anmachen, Ladendiebstahl begehen" und „Autos anzünden": „Diese Banden, die vor der Arbeit flüchten, den Namen ihres Viertels annehmen und gegen die Polizei Widerstand leisten, sind der Albtraum des, auf französische Weise individualisierten, guten Staatsbürgers: Sie verkörpern all das, worauf er verzichtet hat, die ganze Freude, die möglich ist und die er nie erreichen wird." Die „Freude" nämlich, endlich die Rolle von Verbrecher und Märtyrer zugleich zu spielen, indem man seinen Namen zugunsten dem seines Stalls aufgibt, niederschlägt, was den eigenen Tunnelblick stört, und sich nimmt, was immer man will, verwahrloste Häuser, herrenlose Autos, herrenlose Frauen. Damit macht sich das „Komitee" tatsächlich zur Guerilla-Avantgarde, wie Pohrt sie beschrieben hat, als Kollektiv von Berufsganoven, die ihre eigene Illegalität zur einzig wahren Legitimität erklären, auf daß aus „kollektiver

Selbstunterwerfung (...) soziale Kohärenz" entstehe[13]. Unheimlich ist nicht allein diese Phantasie, unheimlich ist, daß ihr von den Bürgern, an die sie appelliert, mit wachsender Sympathie begegnet wird, als fände der alte Mann, der in der U-Bahn von Halbwüchsigen zusammengeschlagen wird, weil er sie gebeten hat nicht zu rauchen, seine Wahrheit in dieser Gewalt.

Brennende Autos, erstarrte Zeit

Während das „Komitee" sich am Bild der brennenden Autos berauscht, das immer wieder leitmotivisch in ihrem Manifest beschworen wird, sahen Benjamin und Büchner in den zerschossenen Turmuhren, mit denen die Juli-Revolutionäre von 1830 die lineare Zeit gleichsam für den Augenblick des Neuen zum Stehen brachten, die Allegorie der Revolution. Eine Allegorie, die sich mit dem Umschlag der Französischen Revolution in terreur, begleitet von der Einführung eines neuen Kalenders, zu diesem Zeitpunkt freilich bereits dementiert hatte. Dennoch ist die Gegenüberstellung beider Bilder unabdingbar, um den Verrat, den das „Komitee" und seine Adepten nicht nur an Benjamin, sondern am revolutionären Messianismus überhaupt begehen, abzuheben vom uneingelösten Versprechen, das in Benjamins Überlegungen zum Zusammenhang von Revolution und Zeit beschlossen liegt. Wer Autos in Brand steckt, hält nicht die Zeit an, sondern die Mobilität. Daß die scheinbar so „wilden" Attacken in den französischen Vorstädten sich dezidiert gegen das Versprechen urbaner Mobilität richteten, gegen das Versprechen, der eigenen Clique zu entkommen, deren Zwang sich im naturwüchsigen Kreislauf des täglich selben, an die Rituale des eigenen Milieus gebundenen Alltags sedimentiert, hat zuerst Pascal Bruckner gesehen: „Milchbärtige Randalierer, manche zwölf oder dreizehn Jahre alt, greifen Bus-, Zug- und Metroschaffner an, verwüsten systematisch öffentliche Einrichtungen, terrorisieren die kleinen Leute und Werktätigen, die neben ihnen in den Wohnsilos wohnen und dann zusehen dürfen, wie ihr einziges Arbeitsgerät, ihr Auto, in Flammen aufgeht. Das Anzünden von Autos soll nicht nur einen Mythos treffen, der den Franzosen heilig ist, es vollendet auch eine Isolierung, indem es die Bewohner daran hindert, ihre Mietskasernen zu verlassen. Jegliche Mobilität soll offensichtlich verhindert werden."[14] Nicht um sie zu sich selbst zu bringen, sondern um ihnen noch die wenigen ärmlichen Mittel zu nehmen, ihr wie immer auch borniertes Selbst zu pflegen, und sie ganz und gar dem tumben Zeitrhythmus des öden Milieus zu unterwerfen, werden den Vorstädtern die Autos angezündet.

Das Milieu, der Kiez, das kleine Stück verwahrlostes Land innerhalb der verwahrlosten Stadt, häßlicher Nachfolger der selbst schon häßlichen Scholle, ist der Ort der zyklischen Zeit, an dem alles sich wiederholt und keine Bürger, sondern Rumtreiber leben, hyperaktive Refraktäre, die gerade, weil ihnen jede Mobilität genommen ist, in permanenter Hektik und gestauter Aggression in sich selbst kreisen: „Dauernd Abwechslung suchen heißt für sie, in kurzen Intervallen dauernd dasselbe tun zu müssen. (...) Der anfängliche Eindruck von Quirligkeit und Umtriebigkeit verflüchtigt sich so schnell wie die Spannung in den Memoiren echter Gangster. Kaum hat die Geschichte angefangen, wird sie endlos. (...) Unentwegt grasen die *gang boys* die gleichen Plätze ab wie Wachpersonal beim Rundgang, das Revier wird dabei eng wie ein Käfig."[15] Ihr Zentralmedium ist nicht das Auto, das es ermöglicht, die sinnlose Zeit zu straffen, um endlich anzukommen, wo man hinwill, sondern, wie schon Pohrt erkannt hat, das Handy als Fetisch einer auf der Stelle tretenden „rastlose(n) Motorik"[16], das vielleicht nicht zufällig bei den Gewaltexzessen, die aus der Langeweile erwachsen, eine wichtige Rolle spielt. Entsprechend perhorresziert das „Komitee" die „Metropole", deren einzig revolutionärer Ort die „Quartiere" seien, gerade jene Terrains also, in denen die negative Aufhebung des Gegensatzes von Stadt und Land am besten gelungen ist: „Das Paradox will, daß die Orte, die am offensichtlichsten unbewohnbar sind, als einzige noch auf eine gewisse Weise bewohnt werden. Eine alte, besetzte Bruchbude wird immer bevölkerter wirken als diese Komfortwohnungen, in denen man nur seine Möbel abstellen und die Dekoration perfektionieren kann, während man auf den nächsten Umzug wartet. Die Elendsviertel sind in vielen Megapolen [sic] die letzten lebenden, lebenswerten Orte und – das ist wenig überraschend – auch die tödlichsten." Der Tod schafft erst das Leben, erst die Verwahrlosung läßt alles erblühen: Wie der Raum enturbanisiert und „unbewohnbar" gemacht werden muß, damit er wahrhaft „bevölkert" werden kann, muß die Zeit von etwas technisch Beherrschbarem, das gerafft oder in die Länge gezogen, gedehnt oder übersprungen werden kann, wieder auf ihre unentrinnbare zyklische Form zurückgeführt werden. Deswegen brennen Häuser dort ebenso wie Autos aus. Das Leben aber, das solche Territorien „bevölkert", ist keines der Individuen mehr, sondern das des Unkrauts, das den Raum tatsächlich nicht als strukturiertes Ensemble, sondern nur als „Territorium", und die Zeit nicht als sinnhaltige Form der Erfahrung, sondern als zielloses Vegetieren kennt.

Wie die lineare Zeit, welche die Uhren zugleich messen und erzeugen, das Pendant zur Warenform, gleichsam die ihr äquivalente Anschauungsform ist, spiegelt die zyklische Zeit den im autochthonen Stumpfsinn gefangenen, bornierten Lebenszyklus der Stämme, Ethnien und „Kulturen" wieder, der durch die lineare Zeit zerschmettert worden ist wie die Idiotie des Landlebens durch die modernen Verkehrsmittel. Da man diese nicht wiederherstellen kann, aber doch auf ihr Niveau regredieren will, erklärt man der Mobilität den Krieg und implementiert sie als Pseudomobilität, in Form von Sport, Games, Fitneß und permanenter Selbstmobilisierung gegen das eigene Ich, in den Alltag der Rumtreiber, die schon rein gestisch zu dem aggressiv geladenen Bündel, zu jener Zeitbombe werden, als die einige von ihnen dann später explodieren: „Sie können alles, nur nicht stillsitzen, Zuschauen ist eine Qual für sie. Sie müssen mitmachen und ‚sich einbringen', sie besitzen ein starkes Bedürfnis nach schierer physischer Aktivität."[17] An diese durch den Stumpfsinn der zyklischen Zeit nach Innen gestaute und böse gewordene Aktivität, die längst nicht mehr nur die gang boys, sondern auch viele gute Bürger in sich spüren, appelliert das „Komitee", wenn es, wie zum Hohn auf

Büchners und Benjamins Idee der Revolution als Unterbrechung, schreibt: „Es geht nicht mehr darum zu warten – auf einen Lichtblick, die Revolution, die atomare Apokalypse oder eine soziale Bewegung. Noch zu warten ist Wahnsinn. Die Katastrophe ist nicht das, was kommt, sondern das, was da ist. Wir befinden uns schon jetzt in der Untergangsbewegung einer Zivilisation. Das ist der Punkt, an dem man Partei ergreifen muß."

Das Bild von den zerschossenen Uhren steht für den gescheiterten, im allegorischen Bild aber auch bewahrten Versuch, die leere Progression, als welche Zeit sich von den Menschen, deren Anschauungsform sie ist, losgelöst und verselbständigt hat, erstarren zu lassen und zu öffnen auf eine Zeit hin, die kein sei es zyklischer, sei es linearer Prozeß ständiger Wiederholung, sondern Modus der Entfaltung der Wahrheit wäre. Es ist gleichsam der Versuch, in der Wirklichkeit jenes „Verweilen" zu ermöglichen, nach dem sich der Engel der Geschichte sehnt, damit die „Katastrophe", die „vor *uns*" als „eine Kette von Begebenheiten" erscheint, nicht länger „unablässig Trümmer auf Trümmer häuft"[18]. Benjamins Engel aber *entfernt* sich von dem, worauf er starrt, und wird blind mit dem Rücken in die Zukunft getrieben. Dieser Blick der Ohnmacht, der, heute zumal, unumgänglich und verbindlich für jeden triftigen Gedanken ist, wird vom „Komitee" in vollendete Unwahrheit überführt, indem es aufruft, sich der „Katastrophe", die es gegen Benjamin und mit Heidegger und Agamben als „Untergangsbewegung einer Zivilisation" bestimmt, in die Arme zu werfen. Die doppelte Optik von Benjamins Engel, daß nämlich *uns* als Fortschritt erscheint, was er als Katastrophe erkennt, wird aufgegeben zugunsten eines nach vorn gerichteten Blicks, der im Vollzug der Katastrophe die Erlösung sieht. Benjamins Engel zählt die Toten und ist konstitutionell unfähig zur Prophetie. Das „Komitee" aber dekretiert als apokalyptisches Prophetenkollektiv: „Der Tag wird kommen, an dem die Hauptstadt, diese grauenhafte Versteinerung der Macht, völlig zerstört sein wird, aber das wird am Ende eines Prozesses sein, der überall weiter fortgeschritten sein wird als dort." Und gibt nebenbei zu erkennen, auf wessen

Seite es in Büchners Drama stände, indem es „Regieren" als die Fähigkeit verhöhnt, „durch tausend geschickte Täuschungen den Moment hinauszuschieben, an dem die Menschenmenge einen hängen wird". Klar ist also: Es muß alles noch schlimmer werden, damit alles besser wird; und es wird Tote geben. Für die Anhänger von Robespierre und Danton werden sich Statisten finden. Nur die Rolle der Lucile ist vakant. Sie ruft am Ende, kurz vor dem Schafott, in absurder Einlösung des Begriffs der Revolution, der Zurückwendung bedeutet, wie auch Benjamins Engel der Zukunft den Rücken kehrt und sich zum Fortschritt, der ein Sturm ist, zurückwendet, „Es lebe der König" – gegen Robespierre und gegen Danton, aber nicht für den empirischen König, sondern für den wirklichen, den individuellen Menschen.

Anmerkungen

1) Franz Kafka: *Beim Bau der chinesischen Mauer und andere Schriften aus dem Nachlaß.* Nach der Kritischen Ausgabe hg. von Hans-Gerd Koch, Frankfurt a. M. 1994, 182
2) Gershom Scholem: *Die jüdische Mystik in ihren Hauptströmungen*, Frankfurt a. M. 1967, 270
3) Kafka, a. a. O., 182
4) Ebd., 229
5) Walter Benjamin: *Gesammelte Schriften.* Hg. v. Rolf Tiedemann und Hermann Schweppenhäuser, Bd. I.2: *Abhandlungen*, Frankfurt a. M. 1974, 683
6) Kafka, a. a. O., 235
7) Ebd., 232
8) Botho Strauß: *Anschwellender Bocksgesang*, in: *Der Pfahl. Jahrbuch aus dem Niemandsland zwischen Kunst und Wissenschaft*, Nr. VII, München 1993, 9 ff., hieraus alle nicht anders ausgewiesenen Strauß-Zitate.
9) Unsichtbares Komitee: *Der kommende Aufstand*, Hamburg 2010; hieraus auch alle weiteren Zitate des „Komitees".
10) Botho Strauß: *Die Erde – ein Kopf.* Büchner-Preis-Rede 1989, in: Deutsche Akademie für Sprache und Dichtung (Hg.): *Büchner-Preis-Reden 1984–1994*, Stuttgart 1994, 127 ff.,

hier 130 ff.

11) Roland Barthes: *Der Tod des Autors*, in: Ders.: *Das Rauschen der Sprache. Kritische Essays* IV, Frankfurt a M. 2005, 57 ff., hier 61

12) Michel Foucault: *Was ist ein Autor?*, in: Ders.: *Schriften zur Literatur*, München 1974, 7 ff., hier 31

13) Wolfgang Pohrt: *Brothers in Crime. Die Menschen im Zeitalter ihrer Überflüssigkeit. Über die Herkunft von Cliquen, Banden, Rackets und Gangs*, Berlin 2000

14) Pascal Bruckner: *Der Schuldkomplex. Vom Nutzen und Nachteil der Geschichte für Europa*, München 2008, 170

15) Pohrt, a. a. O., 121 f.

16) Ebd., 119

17) Pohrt, a. a. O., 119

18) Benjamin, a. a. O., 697

Augen zu und durch

Die Nacht zum Tag zu machen, ist heute eher eine Drohung als ein Versprechen. Der muntere Hedonismus, mit dem die Parole kokettiert, bemäntelt nur halbherzig die Resignation, die ihr zugrunde liegt. Wo alle sich vom Morgengrauen bis zur Abenddämmerung mit wütender guter Laune und hoffnungslosem Optimismus auf die Nerven gehen, ist die Nacht, wenn sie denn überhaupt noch stattfinden darf, nicht mehr die Zeit von Traum und Geheimnis, sondern höchstens der zugelassenen Erschöpfung. Das abstoßende Ideal des braven Bürgers, der morgens fröhlich und leistungsbereit zur Arbeit schreitet, um abends nach getanem Tagwerk zufrieden in traumlosen Schlaf zu sinken, existiert nur noch als Karikatur einer biederen Vergangenheit. Seit es kaum mehr Bürger gibt, die sich auf das Gleichmaß ihrer Arbeit ebenso verlassen können wie auf den überraschungslosen Gutenachtkuß der Ehefrau, ist jeder zur prospektiven Ich-AG geworden und muß zwischen den Arbeits- und Ruhephasen seines zum Projekt heruntergekommenen Lebens ebenso kreativ vermitteln wie zwischen Beziehung und Beruf.
Die lässig hingeworfene Frage, bei wem man denn heute pennen könne, an der Gewohnheitsstudenten und Freizeitlinke einander zu erkennen pflegen, zeugt nicht von sympathischer Bedürfnislosigkeit und Spontaneität, sondern von vollzogener Anpassung an eine Welt, in der sich die Menschen buchstäblich um ihren Schlaf bringen. Pennen ist Schlafen in Armut und Unfreiheit, nichts als glückloser Vollzug eines Naturzwangs, kein Geschenk, das man entgegennimmt, sondern ein kärgliches Schicksal, in das man sich fügt. Die intime Konzentration des glücklich Schlafenden aber, der der Welt verloren gegangen und doch ganz bei sich selber ist, existiert im Bewußtsein der meisten Menschen nur noch als Erinnerung an eine Kindheit, von der man nicht einmal weiß, ob man sie jemals hatte.
Die Geschichte des Schlafs ist untrennbar von der Geschichte der Elektrifizierung der Nacht. In der von den frühen Großstadtliteraten und Feuilletonisten beschriebenen Mischung aus Panik und Begeisterung, mit der die Stadtbewohner auf die

Verwandlung des nächtlichen Lebens durch Leuchtreklame und Werbung reagierten, blitzte eine Ahnung von der unbewältigten Naturgeschichte der Menschheit auf. Die durch fortgeschrittene Naturbeherrschung erlangte Fähigkeit der Menschen, die Nacht zum Tag zu machen, ist Bedingung aller Urbanität und läutete den Siegeszug der Städte über das Land ein. Erst in deren künstlichem Licht trat die objektive Finsternis des Landes zutage, wo der Lebenslauf der Menschen sich nie vollends vom Stand der Sonne emanzipiert hat. Erst das nächtliche Licht und der wilde Lärm der Städte aber haben auch überhaupt erst die Schönheit und lebendige Stille der natürlichen Nacht erfahrbar gemacht, die eben nicht nur Natur ist, sondern vom Gesellschaftswesen, das der Mensch ist, erst als solche erkannt werden muß. Indem die Fähigkeit, die Nacht zum Tag zu machen, die Trennung zwischen beiden Sphären von der unerbittlichen Monotonie des Naturzyklus befreite, hat sie auch den Schlaf vermenschlicht. Seitdem ist er nichts mehr, das die Menschen mit den Tieren bloß gemeinsam haben, von denen sie sich wecken lassen wie der Bauer vom krähenden Hahn, sondern das Intimste, das sie miteinander teilen können. Indem sie Räume, Kleider, Lieder, Geschichten und Rituale erfanden, die nur dem Schlaf gewidmet sind, und den Übergang vom Tag zur Nacht individualisierten, haben sie den Schlaf vom blinden Naturzwang in ein Geschenk verwandelt, das jeder sich selbst und anderen machen kann. Seither erst ist Schlafen nichts, das einfach alle tun müssen, sondern die unverlierbare Erfahrung jedes Einzelnen.

Doch wie die Technik nie nur ein Mittel zum bestimmten Zweck ist, sondern den ohnmächtig ihr gesellschaftliches Schicksal vollstreckenden Individuen zur blinden Notwendigkeit wird, so ist auch das künstliche Licht zum natürlichen geworden, in dessen Bann fortan alle stehen. Vielleicht sind Licht und Elektrizität überhaupt die triftigsten Beispiele für den Umschlag von naturbeherrschender Technik in undurchdrungene zweite Natur. In der panischen Euphorie der Städter angesichts der Elektrifizierung der Nacht äußerte sich auch die Furcht vor dieser Erkenntnis.

Das undurchdringliche Dunkel am Ende jedes Tages, das nach Maßgabe nützlicher Arbeit keine Erträge abwirft und dennoch unvermeidlich scheint, erinnert wie der Schlaf an die unbewältigte erste Natur. Die totale Vergesellschaftung manifestiert sich nicht nur in irgendwelchen „sozialen Systemen", wie die sich zur Pseudonaturwissenschaft erniedrigende Soziologie das zu nennen pflegt, sondern in der ganz konkreten, sich in der individuellen Erfahrung sedimentierenden Verwandlung des Leibes in den Körper, aus dem jede Erinnerung daran getilgt sein soll, daß der Mensch als Gesellschaftswesen auch Naturwesen ist. Im glücklichen Schlaf aber kommt der Körper als der Leib zu sich selbst, als der er sich in der Müdigkeit, der Erschöpfung, der Ausfallerscheinung gegenüber der scheinhaften Selbstidentität des wachen Subjekts Geltung verschafft. Völlige, einer Behandlung unzugängliche Schlaflosigkeit führt ausnahmslos zum Tod. Was als seltene, einstweilen nicht behandelbare Krankheit von der Normalität des gesellschaftlichen Lebens abgespalten und den Ärzten überantwortet wird, zeigt negativ an, daß das Bedürfnis nach der totalen Vergesellschaftung des Schlafes selbst mit dem Todestrieb verschwistert ist. Glücklicher Schlaf aber ist das Urbild nicht des Todes, sondern der versöhnten Natur. Im Schlaf nimmt das individuelle Leben sich selbst zurück in der lebendigen Ruhe, aus der es als individuelles wieder erwachen kann.

Doch die immer umfassendere Departementalisierung des Lebens, die Zerstückelung des Tages und der Nacht in diverse Arbeits-, Freizeit-, Beziehungs- und Ruhephasen, die die emphatische Vorstellung von einem eigenen Beruf längst ebenso illusorisch gemacht hat wie die von einem eigenen, nicht ziellos verrinnenden Leben, exorziert mit dem glücklichen Schlaf auch die Möglichkeit eines solchen Erwachens. So ist die zivilisatorische Fähigkeit, die Nacht zum Tag zu machen, selbst zur zivilisationsfeindlichen Technik geworden. Weil die Menschen die Nacht als den kärglichen Rest verachten, zu dem sie sie selbst gemacht haben, übertönen sie ihre lebendige Stille mit Lärm und leuchten ihre Schwärze aus, bis sie so öde geworden ist wie der grelle Alltag.

Der Schlaf indessen muß sich, weil auf ihn leider noch immer nicht ganz verzichtet werden kann, mit der toten Zeit zufrieden geben, die das sinnlose Leben ihm übrigläßt. Deshalb befaßt sich die sogenannte Schlafmedizin inzwischen fast ausschließlich mit Schlaftechniken und Schlafstörungen, Schlafstadien und REM-Phasen, protokolliert Hirnströme und klassifiziert Insomniesymptome. Schlaf ist ihr keine Erscheinungsform der menschlichen Naturgeschichte, die als geschichtliches Phänomen zu begreifen wäre, sondern naturwissenschaftlich beherrschbare, krude Natur, bloßes Material gesellschaftlicher und individueller Zurichtung wie die Menschen selbst. Ihre populärsten psychologischen Kategorien sind „Streß" und „Energie", vom Sexus weiß sie so wenig wie vom Unbewußten. Schlafstörungen interpretiert sie nicht als Hinweis auf einen unausgetragenen Widerspruch zwischen Körper und Leib, Psychischem und Somatischem, sondern allein als Indiz dafür, daß die totale Integration noch immer nicht ganz gelungen, daß der individuelle Mensch noch immer nicht eins ist mit der gesellschaftlichen Person, auf deren Identität er nicht nur im Beruf, in der Liebe und im Alltag, sondern auch im Traum vereidigt sein soll, den er mit geschlossenen Augen und versiegelten Sinnen ebenso erbarmungslos gegen sich selbst durchstehen soll wie das ganze Leben.
„Streß" und „Energie" sind der Schlafforschung keine qualitativen Begriffe, die etwas Abzuschaffendes oder Freizusetzendes meinen, sondern bezeichnen quantitative Größen, deren Verhältnis optimal reguliert werden soll. Deshalb ist im humanen Betrieb mit flachen Hierarchien, wie ihn diverse Kultur- und Kreativberufler kennen, mittlerweile das „Power Napping", auch liebevoll „Kraftnickerchen" genannt, zur probaten Selbsttechnologie avanciert. Fortschrittliche Unternehmen und progressive Bürogemeinschaften sind stolz auf ihre betriebsinternen „Ruheräume" mit individueller „Entspannungsmusik". Zehn bis 30 Minuten reichen für den, der in der Nacht schon längst keine Ruhe mehr findet, um sich seiner Tätigkeit als kreativer Umnachteter mit somnambulem Enthusiasmus widmen zu können. Was der „Coffee to go" für den besinnungslos agilen Großstädter, das ist der „Power Nap"

für den glücklich verblödeten Freiberufler. „Das Problem ist, (...) die Ruhephasen in den Arbeitsalltag zu integrieren. Hier muß man weg vom Stechuhr-Denken", sagt Jürgen Zulley, Leiter des Schlafmedizinischen Zentrums der Universität Regensburg, dessen beruflicher Titel bereits ausplaudert, daß ihm alle Menschen potentielle Patienten sind.

Wahr daran ist, daß der Schlaf gesellschaftlich heute tatsächlich als die Störung erscheint, von der die Schlafmediziner ihn vermeintlich kurieren wollen. Die Individuen selbst empfinden ihn als archaisches Relikt, dessen sich selbstbewußte Gegenwartsmenschen schämen müssen wie der Liebe, der Entzückung oder der Trauer. Das Antlitz des glücklich Schlafenden aber ist das Urbild der Gewaltlosigkeit wie der Wehrlosigkeit ohne Angst. In ihm nimmt das Leben seine blinde Rohheit zurück im Namen des ewigen Friedens, der nichts anderes wäre als das vom Naturzwang befreite Leben selbst. Deshalb leuchtet allein im Antlitz des Schlafenden, der doch wie aus der Welt gefallen scheint, die unverwechselbare Physiognomie des individuellen Menschen auf, der er im Alltag nicht ist. Deshalb auch ist die Nacht nicht nur die Zeit des Schlafs, sondern auch der Liebe, die wie der glückliche Schlaf das grelle Licht der schlechten Welt fürchtet. In den Zeilen von der Nachtigall und der Lerche, die die bange Eintracht von Liebe und Schlaf in unwiederholbarer Schönheit zum Ausdruck bringen, blitzt die Erkenntnis auf, daß der Tag, der das Glück zerstört und seither nicht aufgehört hat, immer wieder zu beginnen, nicht der wirkliche Tag ist, zu dem die Menschheit erst erwachen muß.

Farblose Phantasien
Zur kindgerechten Deformation von Kinderbüchern

Wer Mitte der siebziger Jahre geboren wurde und das damals in linken wie in bürgerlichen Familien noch recht verbreitete Glück genossen hat, von den Eltern als Individuum statt als Gegenstand progressiver Gesinnungszurichtung behandelt zu werden, der wird sich an die Reihe der Pixi-Bücher erinnern, kleine, erholsam unbelehrende, einfach erzählte und mit Liebe zum Detail bebilderte Geschichten für Kinder meist vor dem Vorschulalter. Heute ist die Pixi-Reihe flächendeckend durchpädagogisiert und führt statt Erzählungen für junge Kinder Bände zur politischen Bildung für Infantile aller Altersgruppen im Programm. Der Band *Pixi Wissen: Politik und Demokratie* wurde 2009 von Hamburger zivilgesellschaftlichen Gruppen und linken Parteien daher nicht etwa als öde, konformistisch und deshalb komplett überflüssig, sondern als rassistisch und sexistisch, mithin als zu wenig konformistisch und nicht auf der Höhe staatsbürgerlicher Subjektformation, beanstandet. Seine Sprache sei nicht gegendert, und unter den abgebildeten Kindern befinde sich kein Kind mit nichtweißer Hautfarbe. Hingewiesen worden waren die ehrenamtlichen Teilhabepolizisten auf den Mißstand durch Schüler, die sich daran störten, daß in dem Buch ein „Schulleiter" vorkomme, obwohl sie selbst eine Schulleiterin hätten, und daß die Hautpigmentierung der fiktionalen Figuren durchweg eine andere sei als die ihrer türkischen und afrikanischen Klassenkameraden.

In der Tat hätten angesichts der Beschwerde bei den Pädagogen die Alarmglocken schrillen sollen. Nicht aber, weil das Pixi-Buch den weiblichen und nichtweißen Teil der Menschheit diskriminierte, sondern weil die Minderjährigen, statt die Sta atsbürgererziehungswerbung kurzerhand in die Tonne zu hauen, offenbar gleich ihren verblödeten Eltern sich und alle anderen allein als Zugehörige von amtlich anzuerkennenden Cliquen, Ethnien und Kulturgemeinschaften zu denken vermögen und sich dementsprechend ausgegrenzt fühlen, sobald sie in einem Buch, das sie lesen müssen, nicht mit all ihren ureigenen Partikulareigenschaften angemessen repräsentiert sind; weil sie also die angeblich so kindertypische Fähigkeit zur Phantasie, zum Absehen von der empirischen Wirklichkeit im Modus der Einbildungskraft, ebenso wenig entwickelt zu haben scheinen wie ihre Erziehungsberechtigten die vermeintlich erwachsene Fähigkeit zur Abstraktion. Daß das Wort „Schulleiter" Frauen nicht ausgrenzt, sondern einschließt, weil es keinen unverwechselbaren Menschen, sondern eine *Funktion* bezeichnet, deren Ausübung unabhängig vom Geschlecht des sie ausübenden Menschen ist oder doch sein sollte; daß Kinder sich in guten Büchern durchaus mit Figuren zu identifizieren vermögen, die ein anderes Geschlecht und eine andere Hautfarbe haben als sie selbst, weil ästhetische Erfahrung erst dort beginnt, wo nicht einfach die Wirklichkeit verdoppelt, sondern eine andere geschaffen wird, die zugleich fremder und vertrauter ist als die empirische; daß deshalb auch Migrantenkinder nicht permanent Bücher über Migrantenkinder lesen müssen, sondern ihnen Raupen, Elefanten oder Pinguine interessantere Protagonisten sein können als die Zivilgesells chaftsphantome des politischen Unterrichts – all das hat bei dem Streit um das Buch keine Rolle gespielt. Im Grunde fand überhaupt kein Streit statt.

Da der Verantwortliche für das Pixi-Buch unglücklicherweise ein weißer Mann war, ist es umgehend und widerspruchslos upgedatet worden und enthält nun auch nichtweiße und weibliche Menschenschablonen, wie in jeder zeitgemäßen Unternehmenswerbung neben den dummdreist lächelnden Charaktermasken der Mehrheitsgesellschaft ebenso dummdreist lächelnde Asiaten, Schwarze, Muslima mit Kopftuch und neuerdings auch Behinderte mit Rollstuhl an der Beleidigung für Geist und Auge ihren genuinen Anteil haben. Erst wenn noch das letzte Büro ein munterer Minoritätenpark geworden ist, in dem auch die, denen man früher, und auch damals schon meist zu Unrecht, wegen ihres Exotenstatus bereichernde Fähigkeiten unterstellt hat, sich diensteifrig um einen Platz auf Augenhöhe mit dem Kollektiv der autochthonen Automaten bemühen, ist die Menschheit endlich gleich- und totgestellt.

Bummel und seine Freunde

Nicht nur meine Erinnerung an die Pixi-Bücher dürfte eine völlig andere sein. Auch eines meiner Lieblingsbücher im Alter von drei oder vier Jahren, *Bummel, der Zug*, würde jedoch bei heutigen Gleichstellungsbeauftragten keine Gnade finden. Es erzählt von einem Bummelzug mit Knollennase, der eines Tages, weil die Zeiten sich ändern, zu einem Schnellzug umfunktioniert wird. Weil er daraufhin bei seinen Fahrten keine Muße mehr hat, um Landschaft und Leute zu beobachten, um die Orte und Menschen der eigenen jungen Jahre im Vorbeizuckeln zu grüßen und der heimlich Geliebten ein Wölkchen zu schicken, wird er depressiv und kollabiert. Bummels Ärzte, die Zugmechaniker, verordnen ihm weniger Streß und kürzere Arbeitszeiten und verwandeln ihn zurück in den Bummelzug, der er früher war. Zufrieden pfeifend durchquert er so wieder das Land, das sich, wie er durch seine gemächlichere Gangart überhaupt erst bemerken kann, durchaus glücklich verändert hat und in dem er sich nun, der Alte und eben dadurch ein anderer geworden, wieder wohlfühlt. Natürlich ist auch das eine heteronormative, eurozentrische, kolonialistische und erzreaktionäre Geschichte. Bummel ist männlich, dabei noch nicht einmal als schwul markiert und macht sich keine Gedanken darüber, was seine Kollegen in Lateinamerika und Afrika der indigenen Dorfbevölkerung antun, ja er vertritt sogar einen sturen Antileninismus, er ist Fortschritts- und Technikskeptiker, und es dürfte mediokren Antideutschen nicht schwerfallen, seiner Geschichte nachzuweisen, daß sie letztlich den Stuttgart-21-Gegnern in die Hände spielt.
Doch all das hat wohl kein Kind jemals interessiert. Was die Geschichte reizvoll und berührend macht, ist vielmehr ein alter Trick der Kinderliteratur, in dem zugleich der Wahrheitsgehalt aller bedeutenden Kunst steckt, die phantasierende Verwandlung eines in seiner Funktion für die Menschen aufgehenden Gegenstands in ein Subjekt mit eigenen Gefühlen,

Gedanken, Hoffnungen und Erinnerungen, einem eigenen Gesicht und einem eigenen Blick. Diese Verwandlung verwandelt die empirische Welt in eine der Wirklichkeit zum Verwechseln ähnliche und dennoch ihr widersprechende. Der eigentlich langweilige, eingeschränkte Alltag der Menschen, die essen, schlafen, Wäsche aufhängen, ihre Kinder zur Schule bringen und mit dem Zug zur Arbeit fahren, wird dadurch, daß Bummel ihn kennt, daß er Sehnsüchte, Enttäuschungen und Episoden des eigenen Lebens mit ihm verbindet, daß er sozusagen zum lebendigen Gedächtnis der Menschen wird, die ihn wie ein totes Ding benutzen, gleichsam verzaubert und enthält im Modus ästhetischen Scheins das Glück und die Zartheit, die ihm empirisch mangeln. Die Techniker, die Bummel ebenso reparieren wie behandeln, werden zu sorgenden Freunden, denen mehr und anderes an ihm liegt als die instrumentelle Absicht, ihn wieder in Stand zu setzen, eine ins Liebevolle spielende und dadurch dem Alltag widersprechende Reflexion der Tatsache, daß es empirisch eher die Ärzte und die Fürsorger sind, die die Menschen reparieren. Und erst durch das ihm verordnete langsame Tempo und die Erkenntnis, daß er nicht für alles, was er kann, auch geeignet ist, gewinnt Bummel einen physiognomischen Blick für die Veränderung seiner Umgebung und seiner selbst.

Die kindliche Neigung, tote Dinge als Subjekte mit eigenem Geltungsrecht zu behandeln, in ihnen Gefühle und Gedanken zu erkennen und sogar mit ihnen zu reden, dieses Residuum im Grunde regressiven magischen Denkens, das der Erwachsene in der Einbildungskraft sublimiert, aber nie verliert, wird in authentischer Kinderliteratur zum Widerspruch gegen eine Wirklichkeit, in der die Menschen einander zu toten Dingen gemacht haben. Das vergessene Menschliche an den Menschen wandert ein in die Objekte, welche mit den lebendigen Stimmen und Blicken begabt werden, die in den Menschen erstorben sind. Im Fetischismus der ästhetischen Idolatrie ist die Humanität aufgehoben, die in der fetischistischen Gesellschaft unter den Menschen nur als Idee existiert. So sind alle Kinderliteratur und alles Kinderspiel der eigenen Bestimmung nach Widerstand gegen die Erziehung, die sie bloß in den

Dienst nimmt. Während die progressive, antisexistische und antirassistische Erziehung die ideologischen Momente hypostasiert, die sich in Kinderliteratur wie in aller Kunst aufspüren lassen, und sich ebenso erfahrungslos wie kunstfremd auf die Darstellung des Geschlechterverhältnisses, der Klassen- und der Ethnienproblematik, sei es bei Astrid Lindgren, Otfried Preußler oder den Brüdern Grimm kapriziert, als hätte jedes gute Kinderbuch die Triple-Oppression-Theorie zu veranschaulichen, und während sie nicht an der immer eklatanteren ästhetischen Armut der Kinderbücher Anstoß nimmt, sondern nur deren ideologisch konformes Update anstrebt, das ebenjene Verarmung erst recht befördert, entzündet sich die ästhetische Erfahrung, wie bei allen ästhetisch autonomen Gebilden, auch in Kinderbüchern erst an dem, worin sie mehr sind als die Summe der ideologischen Versatzstücke, historischen Vorurteile und Beschränktheiten, die sie wie alle Kunst notwendigerweise, aber stets in verwandelter Form, mitschleifen. Was sich in belanglosen und doch unvergeßlichen Büchlein wie den alten Pixi-Heften andeutet, kommt in der bedeutenden Kinderliteratur, die eben deshalb keine Literatur für Kinder, sondern Weltliteratur ist, zu sich selbst, in Lewis Carrolls *Alice*-Romanen, Alan Alexander Milnes *Winnie-the-Pooh*, Lyman Frank Baums *The Wizard of Oz*, Felix Saltens *Bambi*, Astrid Lindgrens *Karlsson vom Dach*, Maurice Sendaks *Wo die wilden Kerle wohnen* und Guus Kuijers *Das Buch von allen Dingen*, aber auch in der *Wizard of Oz*-Verfilmung mit Judy Garland, den tschechischen Kinderfilme der siebziger Jahre, Jaco Van Dormaels *Toto der Held* und Ingmar Bergmans *Fanny und Alexander* – Werke, die in einem viel tieferen und genaueren Sinn Kindergeschichten sind, als es die bloße Altersgruppenbezeichnung suggeriert. Die sich von den mimetischen Impulsen kindlicher Wahrnehmung scheinbar am weitesten entfernenden Autoren der Moderne schließlich, Franz Kafka, Robert Walser und Samuel Beckett, Arno Schmidt, Ilse Aichinger und Friederike Mayröcker, nähern sich der Komplexion ihres ästhetischen Verfahrens folgend in ihrem Sprachduktus und ihrer Denkform wiederum dem Kindlichen an.

Phantasie, Objekt, Individuum

Die geschlechter- und ethniengerecht renovierten Pixi-Bücher dagegen sind Symptom einer Zeit, die statt Kinder und Erwachsene nur noch Langzeitdebile kennt und die die Grenze zwischen Kinder- und Weltliteratur, die in den bedeutenden Werken aus der immanenten Logik der Form heraus aufgehoben wird, kulturindustriell liquidiert hat. Gestalten wie Harry Potter, Buffy und die Figuren des mittlerweile intergenerationell beliebten Fantasy-Genres, deren Komplexität allseits bewundert wird, sind ebenso vielschichtige wie eindimensionale Konglomerate verschiedener Diskurse, kultureller Ikonographien, von Nerdwissen und sonstigen „intertextuellen Bezügen", die vor lauter Anspielungs- und Ebenenreichtum der Phantasie als Zutat des Subjekts, die den Gegenstand, an dem sie sich entzündet, erst zu sich selber bringt, keinen Raum mehr lassen. Ästhetische Phantasie nämlich setzt die Fähigkeit zur Abstraktion und zur Konkretion zugleich voraus. Sie ist entgegen der beliebten lebensreformerischen Sicht keineswegs „anschaulich", sondern abstrakt, weil sie die empirische Welt in ihrem Sosein gerade nicht verdoppelt, sondern sie zum Ausgangspunkt der Einbildungskraft nimmt, die stets über sie hinausweist. Phantasie ist also gar nicht denkbar ohne die Fähigkeit zur Abstraktion, zum bestimmten Absehen vom Gegebenen, dessen Defizienz sie im Modus der Imagination festhält und negiert. Zugleich ist sie jedoch konkreter, als es die zur Phrase von der Kreativitätsförderung heruntergekommene Forderung unterstellt, Kinder müßten träumen dürfen, um zu erfahren, daß die Welt mehr bereithalte als das je schon Vorhandene. Indem sie nämlich das Erträumte für konkret nimmt, den Bummelzug nicht als bloßen Repräsentanten des Prinzips kommunitaristischer Übersichtlichkeit, die Hexe nicht als pure Allegorie einer bösen Weiblichkeit und die wilden Kerle nicht als bloße Versinnbildlichung archaischer Männlichkeit, sondern diese Figuren als unverwechselbare Individuen mit einem eigenen, der Willkür des Subjekts inkommensurablen Leben auffaßt, nimmt die Phantasie die Träume ernster und strenger als ihre pädagogischen Apologeten, nicht als Schäume, die die harte Realität ein wenig weicher machen, sondern als wirklicher denn die Wirklichkeit, von der jeder als Kind besser als später wußte, daß sie einem mit dem Tode droht und daß Furcht, Ekel und Grauen vor ihr berechtigt sind. Darin liegt das Wahrheitsmoment der realitäts- und selbstvergessen sich in ihrem Objekt verlierenden Obsession, ohne die keine ästhetische Erfahrung, ja wahrscheinlich überhaupt keine Erfahrung, keine Erkenntnis und keine Liebe möglich ist.

Der obsessive Affekt heftet sich bei den politischen Kinderbuchsäuberern dagegen nicht mehr an den Gegenstand, den sie als von ihrer subjektiven Willkür unabhängigen gar nicht wahrzunehmen vermögen, sondern an dessen totale Zurichtung. Wie Harry Potter, Buffy und andere Kultfiguren infantiler Erwachsener sich dadurch auszeichnen, daß sie buchstäblich ausgedacht, nämlich aus den unterschiedlichsten kulturellen und ästhetischen „Kontexten" restlos zusammengesetzt und dadurch im schlimmsten Sinne unnaiv sind, weshalb sich *mit* ihnen zwar allerlei kulturwissenschaftliche Bastelübungen anstellen, *an* ihnen jedoch keine ästhetischen Erfahrungen machen lassen, so gilt den Kinderbuchsäuberern das ästhetische Objekt als restlos in seinen vermeintlichen oder tatsächlichen ideologischen Referenzen aufgehender Nicht-Gegenstand, der von vornherein nur als Ergebnis und Mittel politischer und gesellschaftlicher Instrumentalisierung in den Blick kommt. Mit Nullfragen der Art „Wie politisch sind Kinderbücher?", die die Antwort, daß selbstredend alle total politisch sind, immer schon kennt und keine abweichende duldet, reklamieren sie die progressive Lufthoheit über den Babybetten, die ihnen ohnehin sicher ist. Tatsächlich besteht ihr Projekt in nichts anderem als in der Vernichtung der Phantasie. Die Kinder, um deren Wohl sie sich so besorgt zeigen, werden von ihnen ebenso verachtet, nämlich als bloßes Prägematerial der eigenen Willkür behandelt, wie die Literatur ihrer bornierten Kunstfremdheit nichts anderes als potentielle, eben nur im Dienst der guten statt der bösen Sache zu verwendende Propaganda ist.

Die Kunst in ihrer Erscheinungsform als Kinderliteratur ist das Walzwerk, mit dem man die noch unreife Zivilgesellschaftsknete so lange traktiert, bis der Subjektklumpen dauerhaft die erwünschten Züge trägt. Weder werden die spezifischen Werke als ästhetische Objekte, die der subjektiven Erfahrung entgegenstehen und durch diesen Widerstand gegen die partikulare Subjektivität ästhetische Erfahrung erst möglich machen, wahr- und ernstgenommen, noch gelten Kinder als zumindest der Möglichkeit nach autonome Individuen, aus denen jemals anderes werden könnte als das gelungene Resultat gesellschaftlicher Dressur. Daß ein kolonialistischer Autor wie Rudyard Kipling, weil er Künstler und nicht ehrenamtlicher Sprachwächter war, Werke schaffen konnte, die seine besondere Ideologie hinter sich lassen, ja ihr widersprechen, ist ihnen ebenso unbegreiflich wie die Tatsache, daß ein individuelles Leben das Produkt unzähliger Einflüsse ist, denen es *entspringt*, die es also übersteigt, statt sie nur zu reproduzieren, und daß eben deshalb kein einziger Mensch je Rassist geworden ist, weil seine Eltern „Neger" statt „N-Wort" gesagt haben (ersteres bezeichnet zumindest einen lebendigen Gegenstand der Erscheinungswelt, letzteres nur noch die Bezeichnung selbst). Ein Rassist, Chauvinist oder Antisemit, ein im Panzer von Meinungen und Ressentiments verstockter autoritärer Charakter wird man infolge spezifisch mißlungener Individuation, an der die Prägung durch Eltern, Schule und Freunde, Literatur und Populärkultur ihren Anteil haben mag, welcher freilich nicht vorhersehbar ist, bei der jedoch eigene Wünsche, Enttäuschungen und Begierden, die unwiederholbar individuelle und doch der ersten Natur sich nie vollends entwinden könnende, dem Subjekt nie gänzliche transparente eigene und doch nicht nur eigene Triebgeschichte eine bedeutendere Rolle spielen als die tatsächlich *ideologische*, nämlich an der Oberfläche verbleibende Frage, mit welchen Puppen man gespielt, welche Wörter man zu Ohren bekommen und ob man beim Kindergeburtstag Schoko- oder Negerkußwettessen veranstaltet hat.

Die Kinderbuchsäuberer aber wollen nichts davon wissen, daß man ein böser Mensch – und in jedem steckt, wie sie selbst beweisen, die Möglichkeit dazu – auf ebenso unwiederholbare Weise wird wie ein intelligenter oder ein langweiliger, und daß die individuelle Geschichte eines Menschen, deren sozialer Abklatsch seine Biographie genannt wird, nicht bloßer Effekt der Summe seiner gesellschaftlichen Prägungen ist. Damit aus dem ebenso hilflosen wie sich omnipotent wähnenden Menschenbündel, das jeder zu Beginn seines Lebens ist, ein individueller Mensch wird, bedarf es eines Hinzutretenden, der naturalen wie der sozialen Prägung Inkommensurablen. Dieses Hinzutretende aber ist weder ein von der Natur dem Menschen fertig beigelegtes Geschenk, eine bezeichnend so genannte „Anlage" also, noch Ergebnis einer besonders ehrenwerten Erziehung, auf die die Eltern dann womöglich stolz sein können, es ist weder objektives Fatum noch Resultat subjektiver Entscheidung, sondern entspringt der unwiederholbaren Konstellation von erster und zweiter Natur, von Zufall, Geschichte und individuellem Impuls, die dem Subjekt nicht einfach geschieht und die doch nicht in seiner Macht steht, die vom blinden Zusammenspiel aller abhängt und über die eben deshalb kein Einzelner wirklich etwas vermag. Im Haß auf dieses Wunder, das der gesellschaftlichen Totalität zum Trotz, ja in gewisser Weise wegen ihrer, alles individuelle Leben noch in seinem Mißlingen ist (wenn es ein gelingendes unter den gegebenen Umständen überhaupt gibt), sind sich Rassisten und Antirassisten, Deterministen der Natur und Deterministen der Gesellschaft einig. Sie kümmern sich um das Kind, ob nun im Namen regressiver Unschuldssehnsüchte oder progressiver Vergesellschaftung, nur deshalb mit solchem Eifer und Geifer, weil sie tilgen wollen, was sie nicht ganz zu Unrecht in ihm vermuten: die Möglichkeit des Neuen, von dem schlechterdings niemand weiß, was einmal daraus wird. Weil niemand das weiß, muß partout etwas daraus gemacht werden, damit aus dem Kind, wie es unisono mit Ursula von der Leyen alle sozial verantwortungsbewußten Eltern plärren, „später etwas wird", damit es nicht wie die Blöden wird, damit es kein Rassist, kein Sexist und kein Nazi wird, damit es, wie die beliebte Drohung lautet, „einen guten Start" im Leben hat, damit es jedenfalls später nicht zum lebenden Vorwurf gegen die Menschheit wird, die es hervorbrachte.

Abfall und Geschichte

Die Ahnung, daß das kärgliche, traurige, weit hinter seinen Möglichkeiten zurückbleibende Leben aller Menschen heute ein unwiderleglicher Beweis gegen die ihren eigenen Begriff verratende Menschheit sein und daß man selber zur Avantgarde dieses Verrats gehören könnte, dürfte der ihnen selbst unerkannt bleibende Grund für die moralinsaure und bösartige Selbstgewißheit sein, mit der die Kinderbuchsäuberer sich als Verteidiger von Fortschritt und Gerechtigkeit aufspielen. Weil sie längst nicht mehr daran glauben, daß die Menschen es vielleicht einmal aus eigener Einsicht heraus besser machen könnten, müssen sie selber eigenhändig aus den Kindern bessere Menschen machen, und Sprache und Kunst sind ihnen bloßes Material zu diesem Zwecke wie die Kinder selbst. Deshalb war der Streit um die Sprachsäuberung der Kinderbücher von Preußler und Lindgren, aus denen die „Hexe" und der „Neger" getilgt werden sollten, fast ausschließlich einer um den richtigen Umgang mit dem angeblichen Skandalon, nicht um die Frage, ob nicht vielmehr das eigentliche Skandalon das Reinigungsbedürfnis der selbsternannten Sprachwächter sei. Die Disko in der *Jungle World* zum Thema (Nr. 24, 2013) spiegelt die stillschweigende Einigkeit darüber, daß „Gebrauchskunst" (wie eben die Kinderliteratur) dem Gang der Geschichte anzupassen sei, exemplarisch wider. Wie als Warnung, dem Verbrecher-Verlag bitte bloß keine Kinderbücher anzubieten, dekretierte Jörg Sundermeier unter der leider eher nach Wolf Jobst Siedler klingenden Überschrift *Gegenwärtiges Deutsch*, ein Kinderbuch sei, „bei allem Respekt vor Preußler, kein Schiller- oder Goethe-Text", und es sei „seit über 100 Jahren üblich, in Texten, die man Kindern und Jugendlichen anbietet, Änderungen vorzunehmen, da sie didaktische Aufgaben zu erfüllen haben". Leute, die den „Neger" und die „Hexe" bei Lindgren und Preußler stehen lassen wollen, sind für Sundermeier Chauvinisten, die „lieber Wörter in Kinderbüchern lesen wollen, die einen Teil der Leserschaft beleidigen, als daß sie zulassen wollen, daß die Welt sich wandelt".

Nun hat sich die Welt freilich sogar zwischen 1933 und 1945 gewandelt, und selten waren die Deutschen so eifrig darin, ihre Sprache dem Wandel anzupassen, wie in jenen Jahren. Sundermeier geht es natürlich um die Anpassung an den *richtigen* Wandel, an einen Fortschritt, der wie durch einen Zauber mittlerweile seine destruktive Dialektik verloren zu haben scheint und dem zu folgen daher Ausweis progressiven Bewußtseins sei. Die Überzeugung jedoch, daß der Wandel der Welt, dessen spezifische Qualität zu bestimmen man schon gar nicht mehr für notwendig erachtet, restlos alles und erst recht die ohnehin nur als Mittel der Erziehung oder Unterhaltung taugende „Gebrauchsliteratur" zu erfassen habe, ist in sich selber bereits Ausdruck der Sehnsucht nach Autorität und der Verachtung von Geschichte, die immer Geschichte des Verloren, Uneingelösten ist und mit der Kunst das Schicksal teilt, zum Abfall des Zeitgenössischen zu werden. Das klingt auch bei Ivo Bozic an, der zwar mit Recht die Willkür von Eltern kritisiert, die ihren Kindern die eigene Gesinnung andienen wollen, sich zugleich aber darüber mokiert, daß „olle Schinken wie *Pipi Langstrumpf* oder *Jim Knopf und Lukas, der Lokomotivführer* noch immer weit oben auf den Bestsellerlisten stehen" und „die steinalten Märchen" sich „bis heute halten": „Doch wer will sich wundern, daß Märchen aus dem Mittelalter mittelalterlich sind?" – Abgesehen davon, daß die Märchen der Brüder Grimm, um die es geht, zwar teilweise Bearbeitungen mittelalterlicher Stoffe, ihrem Gehalt nach aber genuin romantisch und daher im historischen Sinne zeitgenössisch sind, indizieren die Gleichsetzung des Epochenbegriffs mit der umgangssprachlichen Phrase und die lebensmittelkundliche Metaphorik, daß Kunst wie Geschichte als Waren mit Verfallsdatum angesehen werden, die nach Ablauf der Frist entsorgt werden sollten, will man sich nicht den Zeitgeistmagen verderben. Uneinigkeit besteht über die Art der Entsorgung. Die einen plädieren für Sofortmaßnahmen, die anderen glauben, daß die schimmeligen Kulturgüter noch eine Weile vor sich hin gammeln können, während die junge Generation, ernährungsbewußt wie sie ist, auf ihren nachhaltigen Kulturplantagen für den gesünderen und frischeren Nachschub sorgt, der teilweise sogar dank Düngung mit gequirlter Klassikergülle erblühen konnte. Einig sind sich alle darin, daß Geschichte das genannt wird, was nicht mehr zu gebrauchen ist, sei es, weil es nicht mehr seinen Zweck erfüllt, sei es, weil zu viele sich dadurch beleidigt oder peinlich berührt fühlen, sei es, weil seine Entstehung einfach zu lange zurück liegt. Zum Kulturgut erhoben und aufbewahrt wird nur, was mumifiziert und der Geschichte scheinbar enthoben ist: gute alte Leichen wie Goethe und Schiller eben, aber keine fauligen Gebrauchsautoren, deren Degout linke Schnüffler schon immer besser als konservative zu erspüren wußten. Doch weil nichts organisch Gewordenes unverderblich ist, werden irgendwann wohl auch die Mumien drankommen.

Daß Geschichte gerade das Überholte im Jetzt, das der Gegenwart, die nach wie vor die falsche ist, Inkommensurable bezeichnet und eben darin die historische Erfahrung der ästhetischen ähnelt, ohne daß beide identisch wären, wird bei all dem überhaupt nicht mehr bemerkt. Die alles andere als unproblematische Unterscheidung zwischen autonomer und Gebrauchsliteratur, die sehr viel später erst vollzogene Zuordnung von Literatur zu qua Alter definierten Zielgruppen und erst recht die Annahme, es spreche gegen und nicht für eine Literatur, daß in ihr „Wörter" begegnen, die „einen Teil der Leserschaft beleidigen", sind zu verschiedenen Zeiten aus unterschiedlichen Gründen statthabende Reaktionen auf den historischen Prozeß, dem die Werke, die sedimentierte Geschichte sind, ohne in dieser aufzugehen, stets auch widerstehen. Ihr Widerständiges, die Tatsache, daß ihre Form Geschichte nicht blind vollzieht, sondern sie in der ästhetischen Konfiguration erinnert und transzendiert, ist im der jeweiligen Gegenwart Inkommensurablen, womöglich Anachronistischen bewahrt. Nicht weil sie eine diskriminierende Wirkung hätten, sondern weil sie, in ihrem historischen, aber vor allem in ihrem phantasmatischen Gehalt, als Konfigurationen ästhetischer Einbildungskraft, Vergangenes vergegenwärtigen und Unabgegoltenes erinnern, sollen die bösen Worte getilgt werden. Das ästhetische Bild der Hexe und des Negers, an dem sich der Funken kindlicher Phantasie entzündet, überstrahlt das mit dem Wort Bezeichnete; das Ungebändigte, dämonisch Lockende, das darin mitschwingt, ist ein Versprechen, das die empirische Wirklichkeit eben nicht macht. Deshalb ist „Hexe" als Figuration ästhetischer Einbildungskraft nie einfach ein sexistisches Bild der Frau, „Neger" nie nur ein rassistisches Bild des Schwarzen. Was die Worte sagen, steckt in dem, was im von ihnen Bezeichneten nicht aufgeht. Wer sie wegen ihres vermeintlich diskriminierenden Gehalts vorgibt renovieren zu müssen, exorziert in Wahrheit die Phantasie, die im Wort bewahrt bleibt.

Magisierte Rationalität

Weil die ästhetischen Bilder und die Einbildungskraft, die sich an sie heftet, den diskursiver Sprache innewohnenden Identitätszwang suspendieren, machen sie wahr, was die identitätskritisch daherkommende, dekonstruktivistisch geschulte antirassistische Unvernunft vorgeblich anstrebt, in Wahrheit aber fürchtet: In der Einbildungskraft, die sich in den ästhetischen Konfigurationen artikuliert, ist Negersein etwas anderes als Schwarzsein, Frausein etwas anderes als Hexesein, an das es zwar erinnert, mit dem es aber nicht identisch ist. Jede ästhetische Figur ist die Aufhebung des Kerkers, in den im empirischen Dasein die Worte die Menschen sperren. Diese verwandelnde Kraft der Sprache im Modus des Ästhetischen, ihr mimetischer Gehalt im Gegensatz zur bloßen Bezeichnungsfunktion in der Kommunikation und damit das genuin Kindliche an ihr, wird von den Kinderbuchsäubern, die darin mit Recht die Möglichkeit unreglementierter Freiheit und damit von Vernunft selbst vermuten, mit derselben abergläubischen Wut verfolgt, mit der die von ihnen so geliebten indigenen Stämme böse Geister zu exorzieren suchten. Was als pompöse Entzauberung ideologischer Verblendung im Namen von Rationalität und Aufklärung daherkommt, ist tatsächlich im schlechtesten Sinn rationalisierter, sich gegen seine eigenen Impulse abdichtender Aberglaube.

Deshalb ist es kein Widerspruch, daß dieselben, denen die empirische Realität nichts als eine Konstruktion und die Sphäre des Ästhetischen nichts als Diskurseffekt ist und die den harmlosesten Abhub der Erscheinungswelt als Produkt irgendwelcher „Praktiken" und „Politiken" zu entlarven wissen, einzelnen Worten ganz buchstäblich Zauberkraft zutrauen: Die Worte „Neger" und „Hexe" gelten ihnen zugleich als vollständig entleert, als bloße Momente diskursiver Strategien, die in sich selber keine Substantialität besäßen, wie auch als erfüllt mit Verderbnis, als wären die Worte Viren, die das Böse übertragen könnten wie ungeschützter Sexualverkehr Geschlechtskrankheiten. Die instrumentelle, pragmatistische Auffassung von Sprache und Kunst, der Worte und Werke nichts als in sich leere Träger von Bedeutungen sind, schlägt um in Magie, der die Worte und Werke zu Zaubergegenständen werden, die entweder diskriminierende oder sozialpflegerische Wirkung auf diejenigen ausüben, die man mit ihnen traktiert: „Schwarze Menschen und andere People of Color" würden, heißt es im Blog „Mädchenmannschaft" mit der dort üblichen Neigung zur unfreiwilligen Selbstbloßstellung, durch „weiße" Kinderbücher „unsichtbar gemacht und schon unseren Kindern wird eine weiße Welt aufgezwungen". Wenn solche Bücher schon in der Welt seien, so müsse man sich zumindest mit den von Infektion bedrohten Kindern zusammensetzen, um ihnen zu sagen: „Hört mal, in diesen Büchern steht ein Wort, das böse ist." Die beliebte Rede von der „Unsichtbarkeit" vorgeblicher Minoritäten, die die treffendere Formel von der Diskriminierung ersetzt hat, zeigt an, daß man sich der eigenen Mischung aus Verfolgungs- und Größenwahn inzwischen ohne jedes Alibi hingeben darf und gar nicht mehr begründen muß, ob und auf welche Weise bestimmte soziale Gruppen benachteiligt und unterdrückt werden. Die Gegenstrategie zum irgendwie von der Macht betriebenen diskursiven Verschwindenlassen lebender Menschen ist dann deren mit allerlei performativem Geblök und subversivem Tamtam betriebene „Sichtbarmachung", die mittlerweile allen Ernstes den Status

einer politischen Strategie erlangt hat. Bei der nächsten Weltrevolution wird die Rolle des Robespierre vermutlich der Große Mumpitz aus der Sesamstraße spielen.
Eine Gesellschaft aber, in der Bücher nicht gelesen oder ungelesen im Regal verstauben, sondern den Menschen scheinbar aus eigener Kraft heraus gleich eine ganze „Welt" aufzwingen; in der Kinder, die bislang den durchaus begründeten Verdacht hegten, gewisse Menschen, darunter Mama und Papa, seien „böse", von eben diesen erklärt bekommen, daß in Wahrheit die Worte „böse" seien; eine Gesellschaft, in der die auf kindgerecht getrimmten Bücher öder als die Erziehungsratgeber sind, in denen sie empfohlen werden, eine solche Gesellschaft kann wohl wirklich nicht durch Marx und Adorno, sondern nur noch durch den Zauberer von Oz gerettet werden. Der erfüllt am Ende von *The Wizard of Oz*, der ein wahrhafter Kinderfilm und deshalb nicht kindgerecht ist, den Freunden der kleinen Dorothy, dem Blechmann, der gern ein Herz, der Vogelscheuche, die gern ein Gehirn hätte, und dem Löwen, der gern mutig wäre, ihre Wünsche, indem er der Vogelscheuche ein Diplom, dem Löwen einen Orden und dem Blechmann ein Kitschherz überreicht: Das Glück, so viel zumindest weiß Dorothy am Ende, wenn sie aus ihrem Traum bei sich zu Hause wieder erwacht, wird weder herbeigezaubert noch erarbeitet, sondern es liegt auf der Straße oder fällt einem in den Schoß, wäre weder Lohn für Mühe noch Kompensation für Qual, sondern das unverdiente Geschenk, daß man sich, um von anderen geliebt zu werden, nicht um jeden Preis verändern muß. Daß man sich, um es sich vorzustellen, vielleicht gar nicht mit progressiver Verve neue Wörter und Bilder ausdenken, sondern nur die abgelegten an anderer, nämlich richtiger Stelle wiederfinden muß, das dämmert dabei als Ahnung auf. Damit es gelänge, müßte es freilich erst einmal eine Welt geben, in der all das möglich wäre. Bald wird auch der ohnmächtige Kindertraum von ihr aus den Büchern verschwunden sein.

Kein schöner Land

Eine Erinnerung an das vergessene Drittel des Lebens

Die Wiegenlieder, mit denen wir alle einmal als Kinder in den Schlaf gesungen wurden und die in der Erinnerung der Individuen bewahrt bleiben wie sonst nur der erste Kuß, sind vielleicht die sanfteste Form der Anästhesie. Was später eine ganze Reihe unterschiedlicher Rauschmittel vom Alkohol bis zum Morphium in allen möglichen Stärkegraden besorgen, wurde im Wiegenlied eingeübt: die Linderung des Schmerzes, als den jeder Einzelne das Leben erfährt und der betäubt werden muß, damit sich dennoch leben läßt. Viel zu selten wird darüber nachgedacht, warum Kinder überhaupt Lieder brauchen, um einzuschlummern. Ist nicht der ebenso beruhigende wie monotone Gesang, der das Kind mit einfachen Wiederholungen und spielerischen Assonanzen zugleich einlullt und becirct, die früheste Reflexionsform der Gemeinheit der Welt, die niemanden zur Ruhe kommen läßt, jeden Wunsch durchkreuzt und jeden um das bringt, was ihm am teuersten ist? Nur weil keine Kindheit jemals glücklich ist, sondern ausgeliefert dem Alb der Wirklichkeit, den die Erwachsenen als Realitätsprinzip kennen, müssen alle Kinder Nacht für Nacht aus der Welt hinaus- und in die selige Arglosigkeit des Schlafs hineingesungen werden. „Schlaf in himmlischer Ruhe" oder „Kennt auch dich und hat dich lieb" sprechen von einer Welt so voll Geborgenheit und Glück, daß sie gegenüber dem Tagesleben, das nichts davon bereithält, fast als Totenreich erscheinen muß. Nicht zufällig verschwimmen in Schlafliedern wie „Guten Abend, gute Nacht" die Bilder von Tod und Erfüllung ununterscheidbar miteinander. Das romantische Wiegenlied, bei Brentano oder Eichendorff, hat diese noch kunstferne Ahnung zur ästhetischen Erkenntnis geschärft: Der Schlaf, dieser kleine Tod, ist notwendig, damit das wache Leben, das dem Tod ähnlicher ist als der Schlaf, ertragen werden kann.

Der Schlaf gehört zu den wenigen scheinbar unwandelbaren Erscheinungen des menschlichen Lebens. Wie sehr sich die Lebenserwartung und die Wachens- und Schlafensumstände im Laufe der Jahrhunderte auch geändert haben, stets gehörte etwa ein Drittel der menschlichen Lebenszeit dem Schlaf. Noch wo er mit stärkster Willenskraft und medikamentöser Schützenhilfe bezwungen werden soll, scheint er sein Recht mit der Gewalt eines Naturgesetzes geltend zu machen. Wo er aber ausbleibt, macht er krank. Die dem gleißenden Licht der schlechten Welt gehorchenden Menschen empfinden ihn als lästige Notwendigkeit oder Bedrohung, die nicht mehr Schritt fassen können oder wollen, sehnen ihn sich umso stärker herbei, desto seltener sie in ihm Ruhe finden. Glücklicher Schlaf kann nicht erzwungen werden, sondern muß geschehen wie wahre Liebe oder ein sorgloser Tag. Weil immer schon fast alles dem entgegenstand, geben mythologische Darstellungen des Schlafs ihm Wächter an die Seite, die ihn hüten. Als späte Nachfolger dieser Wächter gaukeln die Wiegenlieder dem Kind einen Frieden vor, den es nicht gibt und an den es doch glauben muß, um die Augen zu schließen und das Bewußtsein zu jener Ruhe kommen zu lassen, die nötig ist, um bei Vernunft zu bleiben. Die Stimme, die das Kind in den Schlaf singt, ist der lebendige Statthalter des ewigen Friedens, den alle Menschen kennen, obwohl er niemals Wirklichkeit war.

Solange sie der Gewalt der ersten Natur weitgehend ohnmächtig gegenüberstanden, konnten die Menschen tatsächlich nur schlafen, wenn zuverlässige Hüter ihren Schlaf beschützten. Wer schläft, ist hilflos und ein leichtes Opfer. Deshalb darf der Wachzustand, der noch stets im Bann des Naturzwangs steht, in dem man ständig auf der Hut sein muß, nur suspendiert werden, sofern treue Freunde über den Schlaf wachen. Ein Nachklang davon findet sich heute noch in Horror- oder Abenteuerfilmen, deren Figuren sich angesichts ungeahnter Gefahren ins unmittelbare Naturverhältnis zurückgeworfen sehen. Weil ständig aus der Finsternis die Bestie oder der Feind zu springen droht, sind sie gezwungen, sich beim Schlafen und Wachen abzulösen wie die ersten Menschen oder Pfadfinder beim Geländespiel.

Schon seit sie ihre Autonomie zu entdecken begann, legte Kunst Zeugnis von beidem ab, von der Notwendigkeit des Scheins als Anästhetikum gegenüber einer unerträglichen Realität und vom Versprechen einer Welt ohne Angst, das in dieser wie in jeder Betäubung beschlossen liegt. Wie bereits die Geschichten aus Tausendundeiner Nacht gegen den Tod erzählt sind, kommt fast allen Novellen von Cervantes bis Goethe die Funktion zu, diejenigen, die ihnen lauschen, vorm Tod zu bewahren und zugleich an einen anderen, der Realität entgegengesetzten Ort zu entrücken. Ästhetische Erfahrung ist die sublimierteste Form des Schlafs und dessen Gegenteil, weil sie aufweckt, was im Wachzustand in den Menschen schlafen muß, damit sie funktionieren können. Daher rührt die Affinität der Kunst zum Traum noch in jenen ästhetischen Gebilden, die sich ausdrücklich der dämonischen Logik des Traums entgegensetzen wollen. Die Kunst wie das Spiel sind entwickelte, ihrer selbst bewußt gewordene Formen jener ersten Geste, mit welcher dem Kind ermöglicht wurde, die Vereidigung auf die Tageswelt für die Dauer des Schlummers zu vergessen. Ästhetik ist Anästhetik: Keine authentische Kunst, die nicht in jeder ihrer Konfigurationen dieser untergründigen Verwandtschaft gewahr wäre.

Das bürgerliche Zeitalter hat nicht nur die Autonomie der Kunst proklamiert, sondern auch die Autonomie des Schlafs entdeckt. Vorher war er je nach Standeszugehörigkeit selbstverständlicher Luxus oder lästiger, aber notwendiger Bestandteil des täglichen Kampfes um die eigene Subsistenz. Erst die bürgerliche Ökonomie, die potentiell jeden nicht nur als Warenbesitzer, sondern als Eigentümer des eigenen Körpers und der eigenen Fähigkeiten setzt, hat auch den Schlaf individualisiert. Indem nun systematisch ergründet wurde, welche Bedeutung ihm beim „Erhalt der menschlichen Maschine" zukommt, wie die frühen Aufklärer den Funktionszusammenhang des menschlichen Körpers und Geistes durchaus unmechanistisch nannten, schwand der Schein seiner Naturhaftigkeit und blinden Determination, und der Schlaf wurde mehr und mehr als je eigener geachtet. Weil man seiner im Sinne der bürgerlichen Ökonomie Herr werden mußte, war man zugleich gezwungen, ihm Gerechtigkeit widerfahren zu lassen. Norbert Elias hat gezeigt, wie sich die Individualisierung des Schlafs seit der frühen Blütezeit des Bürgertums in der Architektur und Zimmereinrichtung, der Kleidung und den Alltagsritualen der Menschen niedergeschlagen hat. Die Bettstatt, lange Zeit ein in die ohnehin engen Wohnverhältnisse der einfachen Bevölkerung hineinimprovisierter Schlafplatz ohne Autonomie, ohne Abtrennung zum übrigen Wohnraum, wandelte sich zunächst in der bürgerlichen Wohnung, sehr viel später auch in den Wohnungen der Arbeiter zu einer eigenen, von den Räumen des Tageslebens abgetrennten Sphäre. Besondere Bedeutung kommt dabei dem Schlaf der Kinder zu. Mit der Entstehung des Kinderzimmers, von Kinderspielzeug und Kinderbüchern, schärft sich auch das Bewußtsein dafür, daß Kinder, weil sie von den Zwängen des erwachsenen Lebens freigestellt sein sollen, nicht nur schlafen müssen, sondern auch schlafen dürfen. Darin wiederum entdecken die Bürger den Schlaf als verlockenden Gegenspieler ihres eigenen gesellschaftlichen Daseins: Er ist nun nicht mehr nur Notwendigkeit, sondern Joch und Gunst zugleich. Indem er die bürgerlichen Individuen in ihrem innersten Prinzip in Frage stellt, ist er Statthalter des Glücksversprechens, das sie in ihrem Tagesleben verraten müssen, um sich selbst zu erhalten. Die Freudsche Traumdeutung, welche die imaginäre Produktion des Schlafenden nicht einfach bezwingt, sondern aufschließt und dadurch ernstnimmt, widmet sich einem Gegenstand, der durch die Frühgeschichte der bürgerlichen Gesellschaft überhaupt erst als autonom ins Bewußtsein der Individuen getreten ist.

Mit dem Niedergang des Bürgertums und der schlechten Aufhebung des Gegensatzes zwischen einer verkümmerten Privatsphäre und einer heteronomen Öffentlichkeit schwindet auch das Glücksversprechen des Schlafs. Während die Kinderzimmer zu düsteren Nachwuchsabstellräumen werden, wird das Schlafzimmer der Erwachsenen zur Gruft, in der sie ihre Lüste begraben wie ihre Kunst im Museum. Die als Drohung gemeinte Lüge der Nationalsozialisten, daß künftig nur noch derjenige ein Privatleben habe, der schlafe, bringt in Wahrheit zum Ausdruck, daß auch der Schlaf von nun an nie mehr derselbe sei. Diese Drohung besteht auch nach der formellen Abschaffung jener Herrschaft fort, solange die Bedingungen ihrer Möglichkeit gegeben sind. Wo es noch Schlafzimmer gibt, sind sie nicht letzte Residuen des Intimen, sondern toter, überflüssiger und häßlicher Raum in einer Privatsphäre, die sich ihre Geborgenheit selbst nicht mehr glaubt. Wo die Schlafzimmer verschwunden sind, wurden sie durch beliebig transportable Gestelle, Matratzen und Isomatten abgelöst, mit denen die bunt getünchten Patchworkmenschen ihre flexible Einsetzbarkeit in Intimleben wie Beruf zur Schau stellen. Die Schlafstatt ist nur noch ein Sarg oder Teil eines mobilen Pfadfinderlagers, öde oder pompös, vernachlässigt oder aufgemotzt, schaler Nachklang eines Versprechens, das nie eingelöst wurde.

Die Erinnerung an die ganze Freiheit, die in ihrer bürgerlichen Erscheinungsform als formelles Recht schon keine ganze mehr ist, wanderte indessen in den Anachronismus ein. Fortschritt, Befreiung, Revolte werden noch immer mit dem Aufwachen assoziiert und scheinen nicht anders denkbar zu sein denn als Ergebnis eines alles durchdringenden Morgenappells. Der Wachheitswahn durchzieht die Geschichte des Fortschrittsglaubens vom „Völker, hört die Signale“ und „Wacht auf, Verdammte dieser Erde“ über die herrgottsfrühe Frühstücksmobilisierung in lebensreformerischen Erziehungsheimen bis zum Radiomoderator, der seinen Zuhörern den Fluch, sich allmorgendlich dem Stumpfsinn der Mitmenschen aussetzen zu müssen, als Ausdruck zeitgemäßer Agilität verkauft. Wo Managern die effiziente Nutzung des Sekundenschlafs empfohlen wird und aufgeweckte Dreistigkeit als Ausdruck von Charakterstärke firmiert, wird nicht nur nachhaltig gegessen, sondern auch nachhaltig geschlafen. Erst recht der Beischlaf, den so zu nennen bereits als Symptom von Verklemmtheit gilt, muß ganz und gar nützliche Tätigkeit und hundertprozentiger Lustgewinn sein und darf in nichts mehr an jene einverständige Ruhe erinnern, die im Glücksfall auf ihn folgt und in der vermeintlich euphemistischen Redewendung bewahrt bleibt. Denn keine Stunde darf einfach verschwendet sein. Die Erinnerung an das schöne Leben, das durch solch planvolle Vernutzung vollends unmöglich wird, ist aufgehoben in Zeilen wie „Kein schöner Land in dieser Zeit", die zwar dem Volkslied entstammen, aber nicht das Land des Volkes, sondern das unteilbare Land der Freiheit meinen. Eine Ahnung davon scheint in der konzentrierten Ruhe auf, die das Gesicht des Schlafenden spiegelt und die zu sehen noch heute zu den intimsten Privilegien gehört, die man anderen gewähren kann. Deshalb können nur Liebende wahrhaft glücklich schlafen. Von der Drohung der Wehrlosigkeit erlöst, ist das Gesicht des Schlafenden Sinnbild jenes Friedensschlusses, mit dem die Menschheit nicht nur den Schlaf, sondern das Leben vom Joch der Angst befreit.

Der Schnee von gestern

Wie die Verächter sakraler Schönheit hinter jedem Heiligenbild eine perverse Phantasie entdecken, sehen die Verächter des Schnees in diesem nichts als den Dreck, der nach dessen Verschwinden übrig bleibt. Wenn auch unter dem Pflaster schon lange nicht mehr der Strand liegt, liegt doch unter dem Schnee mit Sicherheit die Scheiße, die in der besinnlichen Jahreszeit unter den Teppich der Reinheit gekehrt wird. Eigentlich, so glaubt der überzeugte Schneefeind, müßten wir ihren Gestank täglich in der Nase spüren und sie an jeder Ecke dampfen sehen, doch der Schnee, dieser lautlos daherkommende Mythologe, deckt sie plötzlich über Nacht ganz einfach zu, als wäre sie nie gewesen. Wie viel ehrlicher ist da der Sommer, der jeden frischen Hundehaufen so richtig zur Geltung bringt und jede indezente Ausdünstung in tausend Nuancen entfaltet. Der Sommer zerrt alles ans Tageslicht: Was stinkt, stinkt schlimmer als je, vor nichts Häßlichem lassen sich die Augen verschließen, und der lärmende Mob belagert die Straßen. Der Winter dagegen zwingt selbst notorische Freunde des urbanen Dauercampings, eine Zeit lang zu wohnen statt zu lungern, und erlegt der Welt eine Stille auf, die von keiner nachts um halb drei zerschlagenen Bierflasche erschüttert werden kann. Die Konturen werden sanfter, die Tage kürzer und die Menschen rücksichtsvoller, als hätten sie neben der Wintergarderobe ihre ausrangierten guten Umgangsformen auf dem Hängeboden entdeckt. All das ist zu schön, um wahr zu sein, und spätestens zu Silvester treten Schneefeinde und Winterhasser den Gegenbeweis an. Dieses freudloseste aller Feste scheint einzig und allein ersonnen worden zu sein, um das Weihnachtsfest zu widerrufen: Auf den christlichen Feiertag folgt die heidnische Regression wie der Rülpser aufs Abendmahl, die bösen Geister werden vertrieben, weil man von allen guten verlassen ist, und beim kollektiven Exorzismus verwandeln sich Familienväter in Guerillakämpfer. Am Tag danach herrscht jene bleierne Stille, die den Menschen schon immer lieber als die sanfte war, und dann dauert es auch nicht mehr allzu lange, bis sich ganze Bezirke wieder in Grillplätze und ganze Wiesen in verbrannte Ödflächen verwandeln. Im Sommer, schreibt Walter Benjamin, fallen die dicken Leute auf, im Winter die dünnen. Das verweist auf den Zusammenhang von Kleidung und Scham. Im Sommer müssen die Menschen sich entblößen und aller Welt zeigen, wie sie wirklich sind. Die erste Restnatur zwingt sie dazu, und wer sich im Hochsommer noch wie im Frühling kleidet, ist selber schuld. Dieser Zwang aber betont nicht die Gleichheit, sondern die Ungleichheit: Wer dick, alt oder bläßlich ist, fühlt sich im Sommer gleichsam von der Natur selbst diskriminiert, die den Schönen und Fitten Recht und allen anderen Unrecht gibt. Im Winter zwingt die Natur die Menschen, ihre Natur zurückzunehmen, sie mummeln sich ein, verbergen die Faktizität ihrer Körper unter zahllosen Kleidungsschichten und stellen so eine Gleichheit her, die, gerade weil sie nicht naturgegeben ist, ihrer Natur als Gleichheit all dessen, was Menschantlitz trägt, entspricht. Deshalb fallen die Dünnen im Winter anders auf als die Dicken im Sommer: nicht als das, was sie nun einmal sind, sondern gleichsam als das, was sie nicht sind; nicht durch den Raum, den ihre Körper einnehmen, sondern durch den Raum, den ihre Kleidung zwischen ihnen und der Kälte einnimmt, vor der sie sie schützt. Das Auffallen im Sommer ist bloßstellend oder roh, das im Winter zart und verbergend, eine ausgleichende Gerechtigkeit.

Schnee hat den Menschen, anders als die Kritiker der Schneeromantik nahelegen, stets eher Angst als Vergnügen bereitet. Die Schneelandschaften der romantischen Malerei sind allesamt Erscheinungsformen eines Erhabenen, dem das Moment der Selbsterhebung verlorengegangen ist, in der das Subjekt sich der Macht über das vergewissert, was es doch zugleich bedroht. Der Schnee ist diejenige Naturgewalt, in der die Natur sich selbst negiert, indem sie ins Anorganische übergeht: kein tosendes Meer, das vom Subjekt im Akt der Vergegenwärtigung heroisch bezwungen werden könnte, sondern eine starre, kalte Fläche, die sich ins Endlose dehnt. Nicht seine Dynamik, seine Statik macht Angst. Leblos und unbeweglich, vermehrt er sich doch ständig und scheint alle Grenzen unkenntlich zu machen, alle Horizonte zu überschreiten. Das Meer ist das ungebändigte Leben, das dem gebändigten gefährlich werden kann, der Schnee ist der sich ständig selbst verewigende Tod. In der Literatur des Biedermeier, die vielen zu Unrecht als spießige Verfallsform der romantischen gilt, gewinnt der Schnee vollends jene Dämonie, die zuvor, etwa im Undinen-Motiv, dem Wasser innewohnte. In den Erzählungen Adalbert Stifters, die in keinem Kompendium der Schauerliteratur fehlen dürften, figuriert Schnee als die endgültige Auslöschung jeder Orientierungsfähigkeit, als Blindheit, Stummheit und Taubheit zugleich, als Absterben jedweder Sinnlichkeit, die doch zugleich als Taumel herbeigesehnt wird, in dem das partikulare Ich für immer untergeht. Es ist allerdings ein Rausch, in dem der Tod anders gegenwärtig ist als im Motiv der Wassers: Nicht die Rückkehr zu uterinen Ursprüngen wird in ihm als erlösende Selbstauslöschung imaginiert, sondern die Selbstnegation der Natur und ihrer lebendigen Bewegung. Deshalb werden Schnee und Kristall in der Literatur der Moderne, je mehr diese die traditionelle Naturmetaphorik aus sich tilgt, ihrerseits zu Chiffren der Individuation. Als erstarrte, in sich zusammengezogene und sich gerade dadurch bewahrende Natur verkörpert das Kristall in sich selbst, was die bloße Natur nicht einzulösen vermag.

Menschen, die im Schnee verschwinden, kommen zu sich selbst, indem sie der Welt verloren gehen. Der Schnee steht, zum ersten Mal vielleicht in Schuberts „Winterreise", für eine Form des Bruchs zwischen Selbst und Welt, die durch keine Versöhnung mehr aufgehoben werden kann. Der Wanderer im Schnee geht einen Weg, bei dem er von niemandem begleitet wird, der zu niemandem und buchstäblich zu nichts führt, der aber gerade deshalb als Weg der Individuation in einer Welt erscheint, in der zu sich selbst zu kommen bedeuten muß, der Welt verloren zu gehen. Die allseitige Verherrlichung des Sommers, in dem das Leben sich endlich nach Herzenslust entfalten darf, und der Haß auf die Jahreszeit, in der die Natur gefriert und erstarrt, zeugt vom heimlichen Bewußtsein um die ständige Drohung, daß ein schönes Leben nur um den Preis der Selbstabtötung, Individuation nur um den Preis des Weltverlusts zu haben sein könnte. Das Todesbild von

Robert Walser, der die letzten Jahre seines Lebens in einer Nervenklinik verbracht hat, zeigt ihn beim Spaziergang zusammengebrochen, inmitten einer Schneelandschaft. Die ganze Anstrengung seiner Literatur galt dem Versuch, im Bewußtsein der allgegenwärtigen Angst, Brutalität und Dummheit eine Sprache voller Zartheit und ohne Harm zu finden, die eine Spur jener ohnmächtig absichtslosen Freundlichkeit bewahrt, an der täglich Verrat geübt wird. Sein Tod war kein tragisches Ende, sondern ein Zufall. Doch scheint das letzte Bild sein Leben zusammenzufassen. Wenn es Sommer- und Wintermenschen gibt, war er ein Wintermensch. Vielleicht ist das jeder, der die Wahrheit hinter dem Lob von Sonne, Luft und Lebenslust ahnt.

Drucknachweise

Die Bauchredner des Affekts: *Jungle World*, Nr. 11/2011

Das sogenannte Ich: *Konkret*, Nr. 12/2012

Was vom Idealismus übrig blieb: Deutscher Hochschulverband (Hrsg.): *Glanzlichter der Wissenschaft. Ein Almanach*, Lucius-Verlag, Bonn 2011

Der Geist als Beute: *Konkret*, Nr. 4/2008

Wer nicht fragt, bleibt dumm: *Jungle World*, Nr. 33/2011

Wie sich Völker bilden: *Jungle World*, Nr. 21/2009

Wo niemand dir was Böses will: *Bahamas*, Nr. 60/2010

Lärm ist geil: *Jungle World*, Nr. 26/2009

Der peinlichste Berliner: *Bahamas*, Nr. 63/2012

Alles häßlich, alles porno: *Konkret*, Nr. 11/2008

Models und Monstren: *Konkret*, Nr. 5/2009

Performative Mobilmachung: *Bahamas*, Nr. 58/2009

Weicher werden: *Jungle World*, Nr. 6/2012

Angriff der Kuschel-Guerilla: *Jungle World*, Nr. 12/2009

Das Ende der Diplomatie: *Jungle World*, Nr. 38/2010

Wir Androiden: *Jungle World*, Nr. 22/2011

Verschlossen und verriegelt: *Konkret*, Nr. 6/2013

Die Augen, der Mund, die Nacht, der Tag: *Jungle World*, Nr. 50/2010

Das schönste Kleid: *Jungle World*, Nr. 18/2012

Nichts stockt: *Bahamas*, Nr. 61/2011

Augen zu und durch: *Jungle World*, Nr. 25/2012

Kein schöner Land: *Jungle World*, Nr. 51/2011

Der Schnee von gestern: *Jungle World* Nr. 2/2011

Die bereits erschienenen Texte wurden durchgesehen und überarbeitet. *Schweigend ins Gespräch vertieft, Regardful Country* und *Farblose Phantasien* sind für den Band geschrieben worden; letzteres ist die ausformulierte Fassung eines Vortrags, der im Frühjahr 2013 in Bonn gehalten wurde. Für den Umschlag wurde eine Kinderzeichnung aus dem 1922 erschienenen Buch *Der Genius im Kinde* von G. F. Hartlaub verwendet.

An der Entstehung und Auswahl der Texte haben viele Menschen durch umsichtige Korrekturen, redaktionelle Hilfe und freundliche Kritik mitgewirkt. Für Anregung und Unterstützung danke ich Thomas Blum, Ivo Bozic, Joachim Bruhn, Marit Hofmann, Jürgen Kaube, Arne Kellermann, Christiane Ketteler, Torsten Liesegang, Heike Karen Runge, Eva Schmid, Oliver Schott, Regina Stötzel, Markus Ströhlein und den Freunden von der *Bahamas*; für das und alles Übrige Sonja Petersen.

Hans-Georg Backhaus

Marx, Adorno und die Kritik der Volkswirtschaftslehre

2013 • 600 Seiten • 34 Euro • ISBN: 978-3-86259-107-7

Es geht um den Begriff der „Kritik" und ebenso ihres Objekts, wie sie Theodor W. Adorno 1942 in seinen „Reflexionen zur Klassentheorie" knapp und präzis formuliert hat: daß Marxens „Kritik der politischen Ökonomie die des Kapitalismus" bedeutet, also die der „politischen Ökonomie" primär nicht als einer ökonomischen Theorie, sondern als eines realen ökonomischen Gesamtsystems - eines „Systems der Entmenschlichung", wobei Adorno die „Unmenschlichkeit" so definiert, „daß die Menschen ... zu Objekten geworden sind". Einer so verstandenen „Kritik der politischen Ökonomie" geht es nicht allein um eine Ideologiekritik apologetischer Wirtschaftstheorien, sondern um eine weit radikalere und umfassendere Kritik, um eine „Kritik der ganzen Geschichte" als einer zu kritisierenden „Geschichte der Herrschaft". Der Untertitel des Marxschen „Kapital" – eben: „Kritik der politischen Ökonomie" – signalisiert in dieser Perspektive vor allem eine umfassende Kritik der Gesellschaft im Sinn jener Idee von „Erkenntnis, die zugleich kritisch" ist.

Alfred Sohn-Rethel

Von der Analytik des Wirtschaftens zur Theorie der Volkswirtschaft

Frühe Schriften

Herausgegeben von Oliver Schlaudt und Carl Freytag

Frühjahr 2012 • 280 Seiten • 20 Euro • ISBN: 978-3-86259-109-1

Dieser Band versammelt erstmals Alfred Sohn-Rethels frühe theoretischen Schriften. Im Zentrum steht die Heidelberger Dissertation von 1928, vermehrt um bisher unveröffentlichte Dokumente, die ihre Entstehung im Zusammenhang seiner Arbeiten während der 1920er Jahre in Positano, Heidelberg und Davos nachzeichnen.

Georg Lukács u.a.

Verdinglichung, Marxismus, Geschichte

Von der Niederlage der Novemberrevolution zur kritischen Theorie

Herausgegeben und eingeleitet von Markus Bitterolf und Denis Maier

Frühjahr 2012 • 500 Seiten • 24 Euro • ISBN: 978-3-86259-105-3

Originaltexte von Georg Lukács aus „Geschichte und Klassenbewußtsein" (1923), dazu Diskussionsbeiträge von Robert Fechner, Gerhard Stapelfeldt, Denis Maier, Timothy Hall, Hans Martin Lohmann, Stephan Grigat, Joachim Bruhn, Fabian Kettner, Biene Baumeister/Zwi/Negator, Gerhard Scheit und Moishe Postone.

„Die **Kritik** ist keine Leidenschaft des Kopfes, sie ist der Kopf der Leidenschaft.“ (**Marx**)

Und das geht **z.B.** so: Backhaus **Dialektik der Wertform** Backhaus **Marx, Adorno und die Kritik der Volkswirtschaftslehre** Benicke **Von Adorno zu Mao** Bindseil **Es denkt** Brendel **Pannekoek** Burgmer **Gespräche mit Agnoli** Böckelmann **Marx und Adorno** Bruhn/Dahlmann/Nachtmann **Kritik der Politik** Bruhn **Was deutsch ist** Bruhn/Gerber **Rote Armee Fiktion** Ellmers/Kettner/Mentz **Theorie als Kritik** Dahlmann **Freiheit und Souveränität** Enderwitz **Sexualisierung der Geschlechter** Gerber **Nie wieder Deutschland?** Göllner/Radonic **Mit Freud** Grigat **Fetisch und Freiheit** Grigat **Feindaufklärung und Reeducation** Gruber/Lenhard **Gegenaufklärung** Harms **Warenform und Rechtsform** Huhn **Etatismus der Sozialdemokratie** ISF **Das Konzept Materialismus** ISF **Flugschriften** ISF **Furchtbare Antisemiten, ehrbare Antizionisten** ISF **Schindlerdeutsche** ISF **Der Theoretiker ist der Wert** ISF **Das Ende des Sozialismus, die Zukunft der Revolution** Kirchhoff **Gesellschaft als Verkehrung** Kreutzer/Schmidinger **Irak** Küntzel **Djihad und Judenhaß** Lukács u.a. **Verdinglichung, Marxismus, Geschichte** Meyer **Nachkriegsphilosophie** Marenssin **Stadtguerilla und soziale Revolution** Mattick **Marxistischer Anti-Leninismus** Maul **Sex, Djihad und Despotie** Maul **Macht der Mullahs** Poliakov **Vom Antizionismus zum Antisemitismus** Paschukanis **Allgemeine Rechtslehre und Marxismus** Postone **Deutschland, die Linke und der Holocaust** Postone **Zeit, Arbeit und gesellschaftliche Herrschaft** Reichelt **Kapitalbegriff bei Marx** Scheit **Quälbarer Leib** Scheit **Jargon der Demokratie** Scheit **Meister der Krise** Scheit **Suicide Attack** Scheit **Verborgener Staat, lebendiges Geld** Selent **Ein Gläschen Yarden-Wein auf den israelischen Golan** Sohn-Rethel **Analytik des Wirtschaftens** Stein **Hitler: Schüler der „Weisen von Zion“** Stapelfeldt **Liberalismus** Stapelfeldt **Der Merkantilismus** Stapelfeldt **Theorie der Gesellschaft** Uwer/Osten-Sacken/Woeldike **Amerika** Thörner **Deutsche Südosteuropa-Politik**

Usw., **usf.**: Werde auch Du Verleger, **Genosse,** und unterstütze die Veröffentlichung dieser Bücher durch Deine **Mitgliedschaft** im **Institut für Sozialkritik!** Näheres unter: www.isf-freiburg.org

ça ira
postfach 273
79002 freiburg
0761 / 37939
info@isf-freiburg.org
www.isf-freiburg.org